線上學習新視界

高中篇

台達磨課師深耕高中職STEM課程

推薦語

（按姓氏筆劃）

鄭董事長說：「教育與環保是我退休後投入回饋社會的主軸」。這本書記載他對數位學習的遠見，也讓我們看到他如何支持團隊來扶持被教育政策拖垮的技職體系。他的堅持及慷慨捐贈是我們後輩要學習效法的地方。彭校長及團隊的超強執行力也令我們佩服，因為他們的努力，臺灣高中生才能在今年 5、6 月新冠疫情肆虐期間做到「停課不停學」，減少學習損失。誠致教育基金會在 2012 年 10 月推出均一教育平臺，投資一億多後，在 2018 年讓它獨立成為均一平臺教育基金會，現在是全國使用人數最多的平臺。我個人深深期望，均一跟 DeltaMOOCx 能一起打群架，讓資源有限的臺灣能成為華文數位學習的領頭羊。　　　　　——方新舟

（誠致教育基金會董事長、誠致科技董事長、均一教育平臺創辦人）

高品質的磨課師不但要有正確教材、優秀老師、高畫質影片，並要有線上作業、考試、互動、諮詢及追蹤學習狀況的平臺。此書詳述台達磨課師完成此浩大工程的歷程，並提供很多利用此平臺可能要注意的事項及如何使用特別資源如 SPOC。能善用此龐大資源的學子將迅速獲得遠超過傳統學習的知識，為臺灣的教育開啟了新的一章。　　　　　——李定國

（中研院院士、中山大學研究講座、前中研院物理所所長）

當臺灣社會從威權統治與拚經濟轉為追求公平正義與幸福時，當教育目標從訓練反共復國生力軍轉為鼓勵自主學習與適性發展時，教育資源如何彌補城鄉／社經／學習快慢等差異，就成了關鍵議題。台達電子文教基金會資助推動 DeltaMOOCx 就在此刻發揮裨益教育轉型的重要功能，可謂企業社會責任的典範。隨著學科教學影片日漸完備，期待未來更多企業與有志之士加入，進一步錄製如鄭崇華先生求學時遇到的良師能將物理與化學融合教學，或讓科技與社會對話交會，或讓學子探索百工百業以適性

發展，再創 DeltaMOOCx 線上教育的新里程碑。　　　　　——林崇熙

（國家教育研究院院長）

　　如果針對「停課不停學」，要找一套高水平的「超前部署」高中系列課程，那台達的磨課師絕對稱得上是經典。因為從 2014 年開始規劃，2015 年我再回建中服務時開拍，其中的數學科教材就是由本校召集的數學學科中心教師錄製。由於其課程經專業教授審查，邀請高中教師親自教學，並不惜巨資租用電視台的專業錄播室錄製，故品質極佳，深受各界好評。　　　　　——徐建國

（建國中學校長）

　　台達電子文教基金會於 2014 年起邀請彭宗平校長推動 DeltaMOOCx 台達磨課師計畫，結合產官學研資源，建置優質線上學習平臺及教材，包含高中職所需之數學、物理、化學、生物、地球科學及電機與電子群科等 6 大核心課程，內容依循課綱，製作謹嚴，且是首個製作技高專業科目數位學習課程的計畫。在 COVID-19 疫情席捲全臺期間，感謝台達磨課師的全力支援，讓教師能實施線上教學及學生能線上自學。本書記錄計畫推動歷程及教師回饋，對於推動線上學習與製作線上課程極具參考價值。

——郭伯臣

（教育部資訊及科學教育司司長）

　　由於新冠疫情，加速了線上教學的推動，很明顯數位科技進步帶來的革新將會成為未來教學的一個重要成分，優質的「磨課師」就特別重要。本書介紹製作高中「磨課師」的理念、方式、過程，著重如何提供便利客製化平臺與其經營，錄製精心設計的高畫質課程，達到更高教學成效，協助克服許多教育上的難題，將是後疫情時代教學，線上線下、虛實整合成常態情況下，各級學校教育最好的參考。　　　　　——陳力俊

（中研院院士、臺灣聯合大學系統校長、前清華大學校長）

這本書所記錄的不僅是一個教育創新的發展過程，更見證了台達電、學界和官方三方面的資源與人力組合，同心協力，以前瞻的視野和創新的決心，奮力突破各種實務上的困難和政府機構制度及預算上的限制，建立了臺灣磨課師平臺的一個重要典範。對於後疫情時代，教學模式由傳統的實體教學移轉成同步與非同步教學並存的混成學習（blended learning），將是無可避免的趨勢。這本書的出版，以結合 SPOC 課程的 DeltaMOOCx 平臺，為臺灣未來的混成學習教學模式，提出了新的方向與思維。

——陳偉泓

（前建國中學校長）

DeltaMOOCx 台達磨課師是結合產官學研、公私協力的公益平臺。此平臺有專業的課程教材審查機制，並且邀請國家教育研究院、教育部國教署委託之學群科中心資深優良教師，共同錄製高品質之優質課程影片，讓優質老師發揮無遠弗屆的影響力。在後疫情時代中，扮演著數位學習的重要推手，並兼顧差異化與適性學習，透過數位課程弭平城鄉教育資源落差，成就每一個孩子。

——彭富源

（教育部國民及學前教育署署長）

台達基金會攜手國教署與國教院，建置高中 / 高工磨課師線上公益平臺，彙集優秀教師團隊，製作優質 STEM 磨課師課程。經過嚴謹的規劃、製作、審查，七年來累計推出 4,000 支教學影片及豐富的練習題，對高中職教育，貢獻卓著。後疫情時代，線上學習將成為重要的學習方式，樂見 DeltaMOOCx 對未來高中職教育，將發揮更大的影響力。

——程海東

（前東海大學校長、前伊利諾大學（香檳校區）教授、
陽明交通大學特聘講座兼策略長）

COVID-19 後國內外大量使用視訊教學，由大量經驗中可明顯看出，其成效與教材教法息息相關。台達磨課師取法乎上，緊跟有「世界最大學校」名聲的可汗學院之創始精神，並做出更符臺灣現狀及需求的磨課師教材，公私協力，以及台達電無私全力的技術與資源挹注，從大學延續到高中職，令人肅然起敬，相信一定能帶動學習效能的大幅提升。

——黃榮村

（考試院院長、前教育部長、前中國醫藥大學校長）

臺中高工受教育部委託擔任電機與電子群科中心多年；2014 年經過多次籌備與討論，終於同年 8 月 15 日定案，開始 MOOCs 課程錄製計畫；並透過群科中心辦理相關課程工作坊與研習，同時開始錄製線上課程。課程以電機與電子群科核心課程為主，諸如：基本電學、電子學、機器人微課程…等；目前相關課程於 YouTube 平臺觀看人數皆已超過百萬人次，顯見效益非凡。茲以實際數據分享讀者，並請讀者能上網觀看指導。特別是在COVID-19 肆虐之際，MOOCs 線上課程發揮超前部署與引領的功能，台達電子文教基金會真是功不可沒，彭校長的視野也深具前瞻性。謹此致意與推薦，希望讀者會喜歡。

——黃維賢

（臺中高工校長）

教育是社會工程的基礎，老師則是建構這個礎石的關鍵。鄭崇華先生是成功大學驕傲的典範校友，而他經常歸功於賴再得教授的教學，對其生涯發展影響深遠。這些感懷使鄭先生念茲在茲、期望能傳承「好老師」的教學，保留好的教材與教法，使無法親炙良師風範的學生也可受益。無論是作為永續產業的創辦人，或者是長期投入資源協助創新的實踐者，這本「台達磨課師」的出版，也反映了鄭先生「常懷感恩之心」的人格與情操，我除了致上崇敬之意，也深信，他的貢獻會更鼓勵大家對優質教育的關切，對未來人才的支持。

——蘇慧貞

（成功大學校長）

ΛELTAMOOCx

開放公益平台

目次

推薦序

用科技，讓好老師和學生在網路上相遇

鄭崇華

台達集團創辦人暨台達電子文教基金會董事長

以前，對有心向學的孩子來說，最渴望的是遇到好老師。

我 13 歲就隻身來臺，當時不論是在臺中一中或成功大學，假如不是碰到幾位好老師的啟蒙跟指導，後來大概也沒有機會創立台達，進而與許多優秀工程師一起合作，提升全球包括電源供應器在內，各項電源轉換領域的效率。

然而，好老師在學校能教的學生，畢竟數量有限，頂多上百位，如果能跟網路科技結合，就能讓他們接觸更多學生，並且跨越時間與空間的限制，發揮更大影響力。這樣的想法存在我心裏好一陣子，直到我看到磨課師（又名「大規模開放線上課程 Massive Open Online Courses」，簡稱MOOCs）潮流的興起，一切就變得水到渠成。

一開始接觸到 MOOCs，是聽了舒維都博士的演講，以及後來美國麻省理工學院（MIT）校長 L. Rafael Reif 的早餐會。Reif 校長當時分享，隨著科技的進步，校內有老師建議把課程全部放在網路上，他原本以為會有老師反對，沒想到，所有老師都投贊成票。2014 年，MIT 發表了《Future of MIT Education》報告，強調大學許多功能以後都可能被取代，呼籲教師更重視線上學習帶來的機會。這樣的觀點，如果拿到受 COVID-19 衝擊的這兩年來看，簡直可說是超前部署。

現在不只是 MIT，全球好幾所主要大學，都已經將 MOOCs 和開放式課程（OpenCourseWare，簡稱 OCW），作為主要的授課平臺和知識傳遞工具，讓有心向學的年輕一代，不用出門也能跟上世界最新發展，還能避免疾病的傳染風險。

而在臺灣，磨課師的發展一直難以普及，不少平臺都靠老師們的熱忱在支撐，特別在技職體系這塊。當初李國鼎先生擔任經濟部長時，將臺灣的教育體系重組，曾有多達七成的學生投入技職，成為臺灣經濟起飛的堅實基礎。可惜，這項遠見後來崩壞了，如今許多技職院校同樣以升學為導向，學用落差益發嚴重，相關資源也不斷被排擠。

2013 年，我擔任教育部「人才培育白皮書計畫」委員的時候，就極力建議儘速投入資源在磨課師上。那時我認識了元智大學前校長、現任教於清華大學的彭宗平講座教授，並有幸委託他主導民間的磨課師專案，由台達基金會出資，鎖定於培養技職相關人才，這就是 DeltaMOOCx 創立的初衷。

事實上，除了疫情因素使然，這幾年的臺商回流投資潮，加上工業界加速朝自動化轉型，都是 DeltaMOOCx 受到矚目的主要原因，特別是我們開發的大學自動化學程，應該是當前華人教育圈最完整的自動化線上學程；而高中、高工端的核心科學基礎課程（STEM），不論是對補救教學，甚或是彌平城鄉教學差距，都起了一定的作用。這個教學平臺所幫助的，不只是學校的孩子，老師們也從觀摩學群科老師所錄製的教學方法後，獲得許多啟發，同樣獲益匪淺。

我很謝謝共同參與拍攝的所有老師們，是他們的無私分享和教學熱忱，才能讓好老師的影響力跳脫實體課堂、走向虛擬世界。相信隨著傳輸速率的提升及網路科技的進步，線上教學絕對是未來的教育變革主流之

一。也希望台達基金會在 DeltaMOOCx 平臺的投入，能帶動更多公私部門重視線上教育的影響力，一起投入更多資源，讓愈來愈多的好老師和有心學習的孩子們，可以在網路平臺上教學相長，互相啟發。

推薦序

為臺灣數位學習打下公私協力重要根基

潘文忠

教育部長

　　DeltaMOOCx 台達磨課師緣起於時任元智大學校長彭宗平教授，受教育部所託擔任「教育部人才培育白皮書計畫」執行長，與台達集團創辦人暨台達電子文教基金會鄭崇華董事長在執行計畫過程中共同為各面向之教育議題努力，而為提供臺灣學子面對未來快速變化與挑戰的學習模式，同時傳承「好老師」的教材與教法，兩人攜手合作，萌生創立一個創新的數位學習平臺。我也非常榮幸在任職於國教院時共同參與這項計畫，也因為無數教育夥伴共同投入，才讓臺灣第一個使用 MOOCs 模式規劃的高中數位學習平臺得以發芽、茁壯。

　　DeltaMOOCx 台達磨課師在課程內容設計與製作上，不僅匯聚了民間豐沛的創意能量、高品質的攝錄品質與技術，更透過國教署與國教院的邀請，加入學群科中心種子教師所組成的團隊，以課綱學習重點為基準，綜整高中三年的課程設計出嚴謹且完整的課程架構，同時也邀請各領域科目的課綱委員，對課程內容進行指導把關。

　　相較於一般教科書或課堂教學，磨課師適合多元學習，針對每一個學習概念，都會錄製一段影片，適合進行翻轉教學；也可針對單一學生指派觀看單支影片，達到因材施教。可利用隨堂測驗及主題討論等課程設計，讓學生身處上課情境中，並依照教師設計，繳交作業，完成評量，進行自

主學習。透過適性診斷工具，教師可立即了解學生學習情形。也打破在教室學習的時空限制，學生可自行決定學習進度，反覆觀看加深印象，台達磨課師不僅能作為第一線教育夥伴，為學生提供個別化學習的重要工具；其學習型態與特性，也符應 108 課綱教育精神中，學生自主探索自我、自發學習所愛的核心精神，進一步培養孩子成為終身學習者。

　　最後，我要再次感謝台達電子文教基金會鄭崇華董事長及其團隊、彭宗平教授率領國立清華大學 DeltaMOOCx 台達磨課師計畫專案團隊、影像製作團隊愛爾達電視台、學群科中心師長們，與所有共同「追求給孩子更好教育」的夥伴們，謝謝您們與教育部國教院與國教署協同努力，聚集產官學研的經驗與資源，為臺灣的孩子創造這麼優質的課程影片，也讓 DeltaMOOCx 台達磨課師成為臺灣推動數位學習重要的里程碑。

自序

邁向線上「教」「學」新世代

彭宗平

台達磨課師（DeltaMOOCx）於 2014 年開始規劃，2015 年同時推出大學與高中課程，至今屆滿七年。非常感謝台達集團創辦人暨台達電子文教基金會董事長鄭崇華先生的遠見及堅定的支持，讓台達磨課師在世界的磨課師版圖上，生根深耕，建立品牌與特色。

有感於線上「教」與「學」乃為未來教育的新趨勢，鄭先生希望透過妥善的規劃，邀請「好老師」錄製課程，透過磨課師的教學方式，提供大學及高中職師生免費使用。

不同於國內外其他平臺，DeltaMOOCx 建置專屬的平臺，還包括製作及經營課程的團隊。一般磨課師平臺，基本上僅作為教師課程上線的平臺，課程的製作及經營，大多由教師獨立負責。但 DeltaMOOCx 的高中平臺，則由基金會和國家教育研究院（簡稱國教院）與教育部國民及學前教育署（簡稱國教署）合作，由數學、物理、化學、生物、地球科學及電機與電子六個學群科中心，組織優秀教師團隊，以磨課師的方式，製作教材影片，建置大量練習題；並由國教院負責教材規劃及影片內容的審查，確保教學品質及內容詳實正確。而且，教材製作與課程經營等，都有統一的規格與運作模式。不僅利於學生使用，教師亦可觀摩參考。

本書記錄製作 DeltaMOOCx 高中 STEM 課程的背景、規劃、執行、管理及實施成效。透過共同作者張錦弘先生深入訪談教師，分享經驗與心得。而且，為增進讀者對第一線教師製作教材切身經驗的了解，特別邀請

建中數學科曾政清老師撰寫專章，呈現數學科團隊規劃及經營課程的精彩過程。我們也總結運作經驗，討論磨課師對未來高中職教育的影響，並提出發展磨課師教學的建議，敬供各界參考。

新冠肺炎（COVID-19）的蔓延，改變了全世界的社會型態及生活模式，也影響了學校教育的風貌。早在 2020 年初，因為疫情，各主要國家紛紛實施線上教學。臺灣由於防疫成效良好，各級學校雖然曾建置線上教學，但成效誠屬有限；直到 2021 年 5 月中旬，疫情突然轉趨嚴峻，各級學校全面實施線上教學。教育部特別安排 DeltaMOOCx 與因材網結合，提供高中 / 高工使用，對師生「停課不停學」的助益甚大。尤其因 DeltaMOOCx 教材製作嚴謹，且為高畫質的影片，獲得師生高度肯定。

推動 DeltaMOOCx 時，發現目前國內的高中線上課程，主要以普通高中為使用對象，有規劃且專為技術高中製作的教材，非常有限。DeltaMOOCx 深耕電機與電子專業科目的教材，已累計極高的觀看次數，值得大家深思。

後疫情時代，線上教學已是常態，教育界應正視線上課程之重要性，擴大其傳播效能。同時，也要呼籲各級學校體認未來「教」與「學」的發展趨勢，整合資源，加深加廣，持續推出高品質、具特色的線上課程。

本書在編輯過程中，對各個受訪教師特別選擇其具代表或特色的影片，以及附錄中所有的課程資料，均印製 QR code，讀者只要輕鬆掃描，即可連結至 YouTube，直接觀看。因此，本書就像是行走的影音平臺，充分發揮線上學習的便利性。

感謝所有參與的朋友，包括第一線製作教材與經營課程的教師群、台達基金會、國教院、國教署、愛爾達電視台、平臺經營團隊、清大專案辦公室等。由於您的努力與付出，台達磨課師計畫才能落實，略具成效，得以建立國內磨課師新的里程碑。謹此敬致謝忱。

1

緣起：
從「可汗學院」
到台達磨課師之路

2006 年 11 月，美國避險基金分析師薩爾曼 · 可汗（Solman Khan）開始在 YouTube 上傳數學及科學教學影片給中小學生觀看，每支影片大約 10 分鐘，採黑底白字，不露臉方式錄製；內容講解則採家教的方式，針對學生不瞭解的「痛點」，循序解說。

可汗是孟加拉裔美國年輕人，1976 年出生於路易斯安那州。1998 年他在麻省理工學院（MIT）同時取得電機與資訊學士、碩士學位，並獲得另一個雙主修數學學士學位；後來又在哈佛大學取得企管碩士。

他從小就是資優生，高中即在紐奧爾良大學選修數學課程。大學畢業後，先後擔任科技公司的工程師及避險基金的分析師。

2004 年，可汗在波士頓結婚，得知遠從紐奧爾良來參加婚禮的 12 歲表妹娜蒂雅（Nadia）在小學 6 年級的數學分級測驗表現不佳，主動表示可以利用電腦及網路，從遠端以一對一家教的方式，幫助娜蒂雅克服學習障礙。

娜蒂雅經由這種教學方式，學習突飛猛進，進度超前，進入進階班；升上 7 年級時，數學已達 10 年級的程度。遠在路易斯安那的其他表弟妹們看到娜蒂雅的「改變」，也紛紛加入這個學習圈，從中體會到網路學習的威力及線上教學的技巧。可汗原本只教數學，也擴展到自然學科。

◆ 可汗學院 2006 年正式成立，至今逾 18 億人次觀看

可汗後來搬到加州矽谷工作，工作之餘，仍持續協助表弟妹及他們的同學。可汗的「遠端家教」，成效斐然，友人建議將累積的教材影片上傳到 YouTube。YouTube 於 2005 年成立，提供免費平臺，讓影音分享更流暢，隨時隨地，無遠弗屆。2006 年可汗成立「可汗學院」（Khan

Academy），11 月開始將教材影片上傳到 YouTube，立刻獲得熱烈迴響。

2009 年，面對每天數以萬計的新學生，且已累積龐大的平臺經營、課程製作與線上互動的經驗，可汗決定辭去工作，專職經營「可汗學院」。翌年（2010）先後獲得谷歌（Google）及微軟的比爾蓋茲（Bill Gates）各 200 萬及 150 萬美金的贊助，可汗正式成立公司（非營利組織）；成員從初期的 5 名，逐漸擴增超過 150 名。而教材影片，從數學擴展到科學、資訊、人文藝術、經濟、語言等領域，更涵蓋大學的微積分、統計、生物、化學、物理、環工、美國史、藝術史、經濟學等先修課程（advanced placement，即 AP 課程）。適用對象從幼稚園至大二的學生（K-14）。

「可汗學院」的教材影片，被翻譯成 50 種語言，超過 140 個國家的學生使用，註冊人數超過 1.2 億。迄 2021 年 5 月，平臺上建置超過 7 萬個習題及 8 千支影片，YouTube 有 660 萬訂閱者，觀看人次累積 18.8 億，被譽為「世界最大的學校」。同年 5 月，可汗也因此獲母校哈佛大學頒授名譽法學博士。

「可汗學院」自 2006 年上線迄今，經過 15 年，造成巨大的成效與影響力，應該歸功於資通訊及網際網路技術蓬勃發展。臉書（Facebook）及 YouTube 的推出，引領社群網站及影音串流的新風潮，即時互動與影音分享，又為網路應用開闢了新疆域。

「可汗學院」在線上教與學模式的成功，不久引發新一波網路開課新模式。2012 年，史丹佛大學的吳恩達（Andrew Ng）與達芙妮・科勒（Daphne Koller）教授及麻省理工學院的阿加瓦爾（Anant Agarwal）教授，不約而同創立 Coursera 及 edX 平臺，在網路上開授大學課程。據 Agarwal 回憶，他在線上開設的「電子電路」網路課程，吸引來自 162 個國家，15.5 萬名學生修課。據他估計，在 MIT 若每年有 100 名學生修他

的課，而他若在 MIT 服務 40 年，一輩子也只能教 4 千名學生；換言之，他必須任教 40 輩子才能累積達到這門網路課程修課的學生數。可見網路課程影響力的巨大。

　　資訊技術的進步，促進網路傳輸的速度與容量大幅提升，加上運算能力的強大，在 edX 或 Coursera 的平臺，可以在線上進行各項教學活動，學生可以看影片、做練習題、繳交作業、考試、提問、討論。平臺的後端，可以記錄每位學生的學習歷程，包括觀看影片的時間、做練習題的次數、作業及考試成績。這種大量且開放，又兼具互動功能的線上課程，被稱為 Massive Open Online Courses（簡稱 MOOCs），臺灣翻譯為「磨課師」，而中國大陸則譯為「慕課」。

◆ 2012 年「MOOCs 元年」，三大平臺同時創立

　　edX 及 Coursera 均於 2012 年成立，加上另一個平臺 Udacity 也在同年創立，因此，2012 年被稱為「MOOCs 元年」。

　　非實體課程早已行之有年。臺灣早年即有所謂的「函授學校（班）」，為提高學歷程度、傳授實用技能，讓失學或想繼續進修的人，有機會進修。以通訊方式，學生定期收到課程教材，輔以面授（定期到指定場所上課、考試）；成績合格者，取得結業證書 – 同等學力證明。後來電視普及後，政府也設了各級空中學校。目前空中大學以遠距教學為主，面授教學為輔，積極推動網路教學，修畢規定學分，授予學士學位。

　　早在以 MOOCs 的形式開授課程之前，已有另一種形式的網路課程廣為流行，稱為 OpenCourseWare（簡稱「OCW」），中文譯為「開放式課程」。OCW 也起源於 MIT，2001 年該校鼓勵教師將上課的錄影、

講義、習題及試題等教學資源上傳至學校網站，同時對外開放分享，不只 MIT 的學生，世界各地不論程度與時空背景，每個人都可以進到 MIT 的網站觀看學習。許多大學也跟進，真正驗證紐約時報專欄作家佛里曼（Thomas Friedman）所稱—「世界是平的」（The World is Flat）。OCW、MOOCs 帶動學習新浪潮，也迅速席捲世界各地。

OCW 的影片，主要來自教授課堂上的錄影，品質與清晰度不一，而每支影片的時間取決於上課時間，通常是 1 小時。教師只要把教材、練習題及試題上傳至網站，便算是完成開設 OCW 課程，並不需要在線上經營課程，回答問題或與學生討論。因此，OCW 是一種單向、靜態的課程，不具互動功能。而 MOOCs 課程的開授，教師需要另行製作投影片（甚至加上動畫）；而且每支影片時間必須控制在 10 分鐘左右，在這段時間內要把一個觀念講解清楚；每支影片之後，再加上練習題的設計，協助學生檢視是否瞭解影片內容。從 OCW 演進到 MOOCs，得利於網路頻寬、速度與容量大幅提升，加上大數據（big data）分析功能的增強，影音分享與即時互動，變得相對容易。平臺後端的課程經營、學生學習歷程的記錄與分析，也成為各種平臺的基本功能。雖然 MOOCs 課程的設計製作與經營，遠比 OCW 費時費力，但經由課程經營、學習歷程產出，卻可達到更高的教學成效。

就影片的製作、習題或作業的安排、考試的進行及課程的經營（包括師生的線上互動及平臺後端學生學習歷程的記錄與分析等）而言，「可汗學院」的平臺及運作方式，與 MOOCs 並不完全相同。

可汗認為，學生應該學習主動思考，依自己的程度、進度學習。在課程設計上，他建立了「知識地圖」，並設計程式，追蹤瞭解學生的學習歷程。「可汗學院」平臺強調先診斷與鑑定學生程度，採取標準化的測驗，

前一個單元達到精進，再進階到下一個單元，依知識地圖，逐步引導學生學習，而非視為一門「課」來教學與評量學生。

「可汗學院」利用網路，實施線上教學，並達到大規模、開放式的分享，確實啟發了MOOCs的出現與發展。2012年雖稱為「MOOCs元年」，但「可汗學院」的教學理念與方式，實為開創MOOCs的先河，居功厥偉。

⬡ 研擬人才培育白皮書萌生 DeltaMOOCx，鄭崇華盼傳承「好老師」、好教材

2012年春，時任元智大學校長彭宗平受教育部長蔣偉寧之託，希望彭校長8月卸任後，協助教育部研擬人才培育白皮書，作為教育部施政參考。其後，教育部成立「教育部人才培育白皮書計畫」，設置「指導委員會」，邀請教育界、產業界的學者專家擔任指導委員，由劉兆漢、曾志朗、施振榮擔任共同召集人，彭宗平受聘為指導委員兼執行長。計畫自2012年8月開始執行，為期一年，就大學教育、技職教育、中小學教育及國際化教育，分四組進行研議。每組設兩位共同召集人，分由學界、企業界各一位指導委員擔任，各小組則聘任小組委員。計畫於2013年7月底結束，「指導委員會」與各小組彙整各方意見，撰寫報告書，並於年底提交教育部，並由所屬各司處列管，定期檢討追蹤。

台達集團創辦人暨台達電子文教基金會董事長鄭崇華先生，一向關心臺灣教育與產業的發展，多次捐助各大學興建大樓及設置講座，並積極推動產學合作。鄭先生與前輔英科技大學張一蕃校長（曾任教育部技術及職業教育司司長、私立科技大學校院協進會理事長）應邀擔任人才培育白皮書計畫技職教育組共同召集人。計畫期間，鄭先生全程參與各項會議，包

台達集團鄭崇華創辦人年輕時因戰亂，隻身在臺求學，高中時以臺中一中為家。事業有成後，特別感謝「好老師」對他的影響，並創立 DeltaMOOCx 公益平臺。圖中背景為臺中一中溫室「榮光華園」，由鄭崇華創辦人所捐贈。

括召集人聯席會議及技職教育組召開的所有座談會及小組會議。

在各項會議中，大家經常聚焦於學用落差、大學供過於求、學生的國際競爭力，以及少子化對未來的教育及產業發展的影響。如何以較少人力仍維持臺灣經濟發展優勢，並強化企業的競爭力，實有賴於人才培育模式的創新。焦點議題中，國內外教育發展的趨勢及比較和新興的 MOOCs 對未來教學的衝擊，特別引起鄭先生的重視。

鄭先生的成長與求學經驗，和同年齡的人很不一樣。他出生於福建建甌，在福建上小學，小學 5 年級跳級考上初中，不久後跟著二舅到了臺灣，插班進入臺中一中。二舅後來因工作去臺北，他隻身留在臺中，住在宿舍，

直到上大學才離開臺中。由於跳級沒學過 6 年級的數學，與其他同年級同學相較，數學基礎較差，也對數學沒信心，常自我調侃「數學非我所長」。但在臺中一中時，他先後遇到兩位教學認真又非常照顧他的老師，即嚴其昌、汪煥庭老師。有一次數學小考，他「不小心」考了全班第一，從此汪老師就特別留意他的表現。在汪老師的教導下，他不僅表現傑出，而且也對數學產生極高的興趣與自信。至今，鄭先生仍很感念，在臺中一中因為遇到了「好老師」，改變了他求學的方向。

鄭先生後來考上成功大學（當時為臺南工學院），大一普通化學的賴再得教授，對他的求學，影響更深遠。賴教授從很基本的化學與物理觀念出發，娓娓道來，將化學原理講得非常透徹有趣；一門化學課，連帶融入許多物理知識，相當於修了兩門課。由於賴教授講課非常精彩，鄭先生從不缺課，下課後也經常再去請教賴教授，讓他真正瞭解科學的奧秘。鄭先生常說，如果沒有遇到賴再得教授這樣的「好老師」，他後來的學業與事業，可能就完全不同。

鄭先生每每憶起賴教授的化學課時，不免遺憾，如果當年有錄音或錄影的設備與技術，可以將賴教授講課的情形與內容錄製保存，不僅學生可以反覆複習，也可以造福許多無緣修課的學生。因此，當鄭先生經由「教育部人才培育白皮書計畫」的各項會議中，一再聽到 MOOCs 這種新興的線上教學模式，立刻聯想到如何利用 MOOCs 模式，將許多「好老師」的教材與教法保留，傳承幫助更多學生。

不僅鄭先生注意到 MOOCs 引發的教育改革，國內學者也已開始討論引進 MOOCs 的教學模式。方新舟先生率先於 2010 年成立「誠致教育基金會」，設置「均一教育平臺」，引進「可汗學院」的教材及運作模式，先推廣於國小、國中，再漸及高中；教育部資科司也於 2013 年編列 5 千

萬元經費，徵求各大學開設 MOOCs 課程，目標是 2014 年推出 100 門課。

◆ 2014 年籌設台達磨課師，普高、技高鎖定 STEM 學科

2014 年初，鄭先生透過台達電子文教基金會執行長郭珊珊女士（現任基金會副董事長）邀約彭宗平教授，討論台達電子文教基金會贊助推動 MOOCs 磨課師課程的可行性及作法。鄭先生希望以磨課師的方式，將「好老師」的教材及教法，分享給更多學生，對學生的學習，將是莫大的幫助。依鄭先生的想法，這是台達電子文教基金會基於公益，善盡企業社會責任的長期性贊助計畫。

當時教育部補助各大學教授開設 MOOCs 課程，設置「中華開放教育平臺（OpenEdu）」，並委請逢甲大學前校長劉安之教授擔任教育部磨課師計畫主持人。同時，清華大學黃能富教授（現任電機資訊學院院長）也創立「學聯網（ShareCourse）」，由捷鎏科技公司負責管理；而陽明交通大學李威儀教授團隊也開發「育網（ewant）」平臺，由其領導的高等教育開放資源研究中心經營。國內各大學教授所開設的 MOOCs 課程，包括教育部補助的課程，也都可在這兩個平臺上線。惟當時所開設的 MOOCs 課程以通識教育及文科的課程居多，另有部分管理及資訊科學，而理科、工科的課程則非常少，此與領域的屬性及影片製作的難易程度，應有相當關聯。

因此，彭教授建議，大學磨課師課程宜聚焦在工程領域。當時政府正大力鼓勵「臺商鮭魚返鄉」計畫，但卻遇到國內人力不足的問題；同時德國於 2013 年提出的「工業 4.0」受到全球矚目，工業生產朝自動化與智慧化發展，已是未來的大趨勢。經過兩次深入討論，仔細分析當時國內外主

要的 MOOCs 平臺的內容、功能及運作方式後,確立基金會的 MOOCs 磨課師課程將包括大學及高中兩部分,且大學的課程朝「自動化學程」設計。

高中課程方面,大多數的高中生繼續升學,而大學入學考試,除共同科目國文、英文外,以理工組學生而言,主要的專業科目是數學、物理、化學、生物及地球科學,科目相當集中。若製作為 MOOCs 教材,所有理工組學生都適用,效益最大。此外,鄭先生一向稱讚臺灣的技職教育很成功、有特色,若能協助技術高中教育,對臺灣的產業,應有助益。

臺灣高中生比例,普通高中與技術高中約為 1:1,而技術高中的工科生約占 40%,其中電機與電子群的學生最多,占工科生的 40%。因此,基金會決定,同時選定技高電機與電子群的核心科目,包括「基本電學(及

台達集團創辦人暨台達電子文教基金會董事長鄭崇華先生(右)、DeltaMOOCx 計畫主持人彭宗平教授。

實習）」、「電子學（及實習）」、「數位邏輯（及實習）」與「電工機械」等。教育界通常把普通高中的數理課程稱為 STEM 學科（即 Science、Technolgy、Engineering、 Mathematics），其實，普通高中並沒有工程學科，基金會將電機電子的科目納入高中磨課師，才真正涵蓋了 STEM。

幾經考慮，平臺名稱決定命名為「DeltaMOOCx」，因為是台達電子文教基金會贊助，爰冠上台達的英文名稱「Delta」，又因磨課師通常英文稱為 MOOCs，而許多廣為人知的平臺，包括 edX、 MITx、 TsinghuaX 等，都冠以「X」，若以 x 取代 s，除發音相同外，也很容易瞭解這是一個磨課師平臺。DeltaMOOCx 的中文名稱，即定為「台達磨課師」。同時，基金會也邀請彭宗平教授擔任 DeltaMOOCx 台達磨課師計畫主持人，並在清華大學設立「台達磨課師計畫專案辦公室」，負責統籌及執行本計畫。

◈ 學聯網協助開發平臺，愛爾達錄製高畫質影片

DeltaMOOCx 成立初期，並沒有規劃開發自有平臺。諮詢討論後，基金會決定請學聯網（ShareCourse）協助，除了使用其平臺技術，為 DeltaMOOCx 另開設大學與高中兩個專屬平臺，也包括開發客製化的功能。尤其高中師生使用磨課師的習慣與方式，和大學師生迥異，平臺的功能及運作方式，亦須另行調整。非常感謝清華大學黃能富教授慨然應允，請捷鋆公司協助 DeltaMOOCx 平臺開發客製化的功能及維運，也分享本身開授磨課師課程的經營經驗，協助基金會推動 DeltaMOOCx。

另一重要的合作夥伴即為錄製教材影片的愛爾達（ELTA）電視台。愛爾達是國內第一家播出高畫質（HD）影片的電視台。當基金會提出希望由愛爾達為 DeltaMOOCx 錄製影片時，董事長陳怡君女士非常認同，

立即在公司內部成立專職團隊，負責所有錄製事務。DeltaMOOCx 成立之初，基金會即有共識，影片必須是高畫質、高品質，而且要建立自有品牌，投影片製作也訂定編排原則。因此，DeltaMOOCx 影片，清晰美觀，而且品質格式劃一，受到使用者高度肯定。（投影片編排原則及教師錄影注意事項，請見附錄。）

DeltaMOOCx 大學端的課程，聚焦於「自動化學程」，由台達電子文教基金會邀請臺北科技大學、臺灣科技大學及雲林科技大學共組聯盟，規劃出完整的大學部及研究所自動化相關的課程地圖。再經由三校分工，平均每學期各開設一門課，每門課影片時間原則上設定為 18 小時，所有課程的規劃及影片的內容，均須由基金會與三校代表組成的「審議委員會」審查通過，才能錄製及上線。「自動化學程」自 2015 年 3 月第 1、2 門課上線，至 2021 年 9 月，共開設 32 門課，累計報名人數逾 15 萬人，總觀看次數超過 500 萬。關於台達基金會捐助 DeltaMOOCx 大學自動化學程的背景、規劃、執行、管理及實施成效，請參閱聯經出版的另一專書《線上學習新視界－大學篇：台達磨課師致力培育自動化人才》。

MOOCs 課程的發想與實施，是以大學的師生為對象，因此，DeltaMOOCx 要開設高中課程，必須和大學課程有不同作法。彭宗平教授為新竹高中校友，同時擔任「辛志平校長獎學基金會」董事，與母校互動密切。彭教授與新竹高中許明文校長聯絡，希望向校內教師介紹 MOOCs，並徵詢在高中推展 MOOCs 的可行性及作法。2013 年 3 月 27 日許校長邀請校內 13 位各科教師與彭教授座談，座談會從晚上 7 點開到 11 點，所有出席教師都是第一次聽到 MOOCs，對 MOOCs 教學方式充滿好奇與興趣，教師們發言踴躍，並以高中教學現場的實務經驗提出許多建議，非常具有實質的參考價值。這場座談會，給彭教授上了非常寶貴的一

堂課，也更加瞭解在高中推展 MOOCs 並不容易，必須有更周全的規劃，更務實的作法。

◈ 與國教署、國教院成立三方聯盟，公私協力推動磨課師

教育部國民及學前教育署（簡稱國教署）為推動高級中等學校課程之發展，依據「教育部國民及學前教育署高級中等學校課程推動工作圈及學科群科中心設置與運作要點」，設立高級中等學校課程推動工作圈（簡稱工作圈）、學科群科中心（簡稱學群科中心）。普通型高中設「學科中心」，技術型高中設「群科中心」。

依設置與運作要點可知，各學群科中心，任務即為推動課程發展、成立教師社群、研發彙整教材教法、精進教師教學效能，以及研修課程綱要；若欲推動高中磨課師，各學群科中心實為最佳合作對象，其任務完全涵蓋發展磨課師所需之各項工作。彭教授與國教署吳清山署長聯繫，徵詢共同推動高級中等學校 DeltaMOOCx 的可行性，獲得吳署長高度認同。2014年 5 月 27 日國教署於臺中（霧峰）辦公室召開座談會，邀請 6 個學群科中心的校長及召集人，討論共同合作的方式。鄭先生與基金會郭珊珊執行長、張楊乾副執行長等人，拜訪吳署長，也一起參加座談會。吳署長並允諾與國家教育研究院（簡稱國教院）簽訂三方協議，共同推動高級中等學校磨課師計畫。其後，吳署長即指派工作圈召集學校宜蘭高中代表國教署會同 6 個學群科中心，參加各項籌備及規劃會議。

6 個學群科中心召集學校分別為：建國中學（數學）、臺中一中（物理）、高雄中學（化學）、新竹中學（生物）、高雄女中（地球科學）及臺中高工（電機與電子）。

國教院的職掌除進行教育研究外，也負責教科書審定、課綱研修、課程研發、測驗評量及中小學教師研習等任務，對於 MOOCs 的發展情形及趨勢，自然相當熟悉。2014 年 3 月彭教授代表基金會拜訪國教院院長柯華葳教授，討論共同合作，推展磨課師課程計畫。4 月，基金會執行長郭珊珊與副執行長張楊乾拜會國教院，正式確定與國教院、國教署成立三方聯盟，訂定合作協議。國教院亦隨即於 5 月 1 日及 15 日，邀集 6 個學群科中心討論推動磨課師計畫。DeltaMOOCx 的高中課程計畫，正式啟動。6 月，基金會邀請國教院及各學群科中心教師，參觀愛爾達電視台，瞭解攝影棚設施及錄影方式。

　　柯院長為落實與基金會的合作，多次召開內部協調會議，確認國教院應負責及支援的各項工作，並指定潘文忠副院長代表國教院，主持各課程錄製規劃及審查會議，並提供行政支援。其後，接任的曾世杰副院長、郭工賓主秘（後榮升副院長）等主管，均相當重視 DeltaMOOCx 的規劃、審議、聯繫與行政支援等工作，而院內承 業務的單位則為「教育資源及出版中心」，由張雲龍主任及接任的林于郁主任和助理盧明慧博士負責實際業務，三方合作，順利達成各階段目標，非常感佩國教院團隊。

◆ 6 個學群科中心鼎力相助，數學科帶頭示範

　　推廣高中磨課師課程，實為國內首創。2014 年 5 月 1 日國教院首次邀集 6 個學群科中心討論共同推動磨課師，包括課程設計、影片錄製、平臺運用、課程經營等。學群科中心負有研發教材教法及建立課程教案的任務，歷年來已拍攝過各種教學影片，對於製作影片的過程與方式，並不陌生。會議中，代表數學學科中心的建國中學曾政清老師非常熱心積極，一

再表達，這是難能可貴，又有意義的計畫，符合未來的教學趨勢，又可藉此整合學群科的人力及教學資源，為教學現場注入新的活力；何況當時教育界正熱烈討論「翻轉教育」、「翻轉教室」等議題，教學方式、班級經營與師生互動模式，正面臨轉型。曾老師除了代表數學學科中心表示全力支持推動 DeltaMOOCx 的磨課師計畫外，更鼓勵其他學群科，共同為新的教材教法之研發與製作，一起努力。當天會議的重要決議，即 6 個學群科中心均同意參與本項計畫。柯院長並即請各中心先規劃 1 至 3 個單元的教材試作計畫，並於 5 月 15 日召開第 2 次會議，再作進一步討論。

5 月 15 日國教院召集第 2 次籌備會議，旨在討論製作磨課師課程的具體作法。愛爾達製播團隊也出席參加會議，說明錄製（包括錄影及後製）的相關事項，並邀請國教院及各學群科中心代表，日後參觀愛爾達攝影棚，實地瞭解各項設施及錄影與後製過程。數學學科中心分享規劃的內容及擬進行的方式，國教院亦提出課程規劃的共同原則及規劃表之格式與內容。此次會議，確定 6 個學群科中心參與 DeltaMOOCx 磨課師課程計畫，也建立共同規劃的原則。並決議，請各學群科中心於 8 月 15 日前提出第一階段三年期的課程錄製規劃。

曾老師擔任數學課程研究計畫專案召集人，成立數學磨課師課程研究團隊，選定研發「古典機率與條件機率」單元，作為第 1 小時的試探性課程，獲得建中陳偉泓校長的極力支持。數學學科中心展開課程研發及匯聚專家的作法與過程，本書另闢專章（第六章），由曾老師執筆，詳述各項規劃與準備工作，除依據 99 課綱及 108 課綱錄製教材外，並率先製作「105學年度大學學測解題」及建構「國中數學素養課程」。

基金會與國教院及國教署合作推展磨課師，所涉及各項協調工作，經緯萬端，譬如經費的編列與支用即為一例。雖然公立高中比照公立大學院

2014 年 6 月教育部長潘文忠（第二排右六）擔任國教院副院長時，和 DeltaMOOCx 授課教師一起參觀愛爾達電視台攝影棚，由愛爾達董事長陳怡君（第二排右五）接待。

DeltaMOOCx 在愛爾達電視台的專業攝影棚錄製 HD 高畫質教學影片。

校設立校務基金，但各高中的經費，基本上完全來自政府預算，鮮少來自民間私人機構的捐助。基金會委託各學群科中心錄製磨課師影片、課程上線後的經營，所有衍生的費用皆由基金會支應，包括教師錄製費、學群科中心行政費、學校管理費、課程維護費與諮詢費及專任助理薪資等。

　　基金會與各校簽約，經費撥入各校後，核發標準、支用程序，所有費用動支均須依學校規定。國教署乃委託工作圈召集學校─宜蘭高中，邀集各學群科中心召集人及主計人員會商，訂定各種經費的編列及支用標準與方式，逐步獲得共識。國教院召集 DeltaMOOCx 相關會議所需之出席費、審查費及行政事務等經費，亦均由基金會支應。此外，部分學群科中心因錄製影片時數多，份量較重，基金會編列專案助理，專責處理各項業務；而時數較少的學群科中心，則另編兼任助理。鑑於宜蘭高中為工作圈召集學校，亦編列專案助理，負責 DeltaMOOCx 台達磨課師專案計畫之統籌、彙整與行政協調。

◈ 台達基金會與國教院合辦工作坊，積極推廣磨課師

　　為增進各參與教師對磨課師的瞭解，並共同研討課程製作的相關議題，基金會與國教院合作，於 2014 年 7 月 14-16 日在國教院臺中豐原院區辦理三天兩夜「MOOCs 課程發展工作坊」，也同時邀請參與大學自動化學程的教授參加。委請黃能富教授規劃工作坊課程，國教院安排食宿及行政支援。國教署吳清山署長、國教院柯華葳院長及台達基金會鄭崇華董事長都參加開幕式，鄭先生特別分享求學及創業的心路歷程，並期望能有更多「好老師」參與 DeltaMOOCx。

　　工作坊的課程，包括黃能富教授演講 MOOCs 國際與國內發展趨勢，

及分享 MOOCs/SPOC（Small Private Online Course 的簡稱，小型私人在線課程）課程授課與經營經驗；臺大電機系葉丙成教授分享 MOOCs 課程錄製與授課經驗；臺大磨課師經理楊韶維博士分享 MOOCs 課程經營與推廣經驗；中山女中張輝誠老師分享翻轉教室（學思達）經驗；「誠致教育基金會」方新舟董事長及呂冠緯執行長分享「均一教育平臺」的經驗；以及陽明交大科法所劉尚志教授講演課程製作的智慧財產權議題；也安排愛爾達電視台介紹課程錄製及捷鎏科技介紹 ShareCourse 平臺功能與操作。工作坊亦安排專門時段，由各學群科中心介紹未來課程規劃。科大聯盟的教授，也同時分享大學自動化學程的規劃及進行中的錄製經驗。（第一次工作坊課程表見附錄）

2014 年 7 月第一次 MOOCs 課程發展工作坊開幕式，鄭先生分享求學及創業的心路歷程。右起：鄭先生、國教院院長柯華葳、國教署署長吳清山、彭宗平講座教授、潘文忠部長（時任副院長）。

工作坊的另一重點安排，乃是由泰北高中藍邦偉及竹南高中李政豐兩位老師，分享 1 小時的課程「機率取球」授課成效分析。此課程乃是數學科在 5-7 月間，動員團隊教師先行研發錄製，通過審查，且已在建國中學、竹南高中及泰北高中三所不同特性的學校實際試用。數學學科中心希望透過本課程的研發與測試，確切瞭解數位學習的實際成效，藉此制定磨課師課程研發流程的 SOP，並彙整不同類型學校與不同學習能力學生對線上學習的回饋。數學學科中心策劃執行第 1 個小時影片錄製及試用歷程，詳見第六章。

　　為推廣磨課師課程線上教學的趨勢與現況，持續增進參與教師的技能，基金會與國教院每年寒暑假賡續辦理工作坊。2015 年 2 月在臺中豐原院區舉辦第二次「高級中等學校 MOOCs 課程發展工作坊」，但期間縮短為兩天一夜。除黃能富教授應邀演講最新的 MOOCs/SPOC 發展趨勢外，主要安排錄製作業及平臺操作的實務，包括由愛爾達電視台主講課程前置作業（腳本準備、簡報製作、製播會議）及課程錄製方式（電子白板、棚錄、桌錄、出機外拍、後製）、捷鎏科技主講平臺功能（課程設定、建置課程大綱與教師資料、上傳練習題、考試、討論區經營等）並主持實務操作、甲尚動畫公司介紹動畫軟體應用、基金會說明後臺管理與數據分析等。當時已有部分課程即將正式上線，許多教師已有實際錄製經驗，因此，工作坊同時也安排物理學科、電機與電子群科教師，以及臺北科技大學、臺灣科技大學教授分享錄製經驗；並由清大專案辦公室主持課程經營方式及推廣的交流討論。從第二次工作坊課程的安排，可看出 DeltaMOOCx 已經順利啟動，並獲致初步成果與經驗，可以藉工作坊進行更實質的交流，分享經驗，增進技能。（第二次工作坊課程表見附錄）

　　爾後的工作坊，改分為北區與南區辦理，時程再縮短為一天。「104

年度暑期高級中等學校 MOOCs 工作坊」於 2015 年 8 月 10 日在國教院臺北院區舉行；而 8 月 11 日則在成功大學綠色魔法學校舉辦。工作坊主要安排 MOOCs 及 SPOC 教師經驗分享，由各學群科中心推薦教師分享錄製 MOOCs 經驗，而基金會與國教院則推薦經營 SPOC 卓有成效的教師現身說法，分享如何運用 DeltaMOOCx 或其他平臺的課程內容融入其 SPOC 課程。值得特別推薦的是 4 位畢業於清華大學碩士班的物理教師：新北市立明德高中趙振良（現任教新北市立三重高中）、平鎮高中林欣達（現任教中央大學附屬中壢高中）、旭光高中劉揚安及高雄女中陳珮文，組成跨校團隊─「撥雲見物」的 SPOC，分工合作，製作教材，設計練習題與作業，分享四校物理科段考、期末考考題，幫助學生考前複習、考後解答檢討，並安排輪值，回應學生的提問。跨校合作的 SPOC，不僅可發揮各教師專長，也可減輕教師負荷，學生也可獲得更多資源，提高教學與學習成效。

DeltaMOOCx 所採用的 ShareCourse 平臺同時具備 SPOC 功能，基金會免費提供全臺所有有意願經營 SPOC 教師的權限，並為申請教師開課、匯入學生名單，讓教師可輕易利用平臺，與學生互動，瞭解學生學習狀況。

2016 年 1 月 27 日及 29 日，分別在國教院臺北院區及成功大學魔法學校舉辦「「磨」力攻略－高級中等學校 MOOCs 發展工作坊」。課程內容除 MOOCs 外，也聚焦 SPOC 課程的創建及經營，引起更多教師的注意與興趣。經由工作坊的說明及推薦，高中教師已瞭解如何運用網路資源及線上教材，應用於實體課程經營，這也是持續舉辦工作坊的成果之一。

2017 年 7 月 27 日於國教院臺北院區辦理「高級中等學校 MOOCs 課程計畫第一階段成果分享工作坊」，本次工作坊基金會與國教院特別頒發獎狀給製作 MOOCs 教材及經營 SPOC 課程表現優異的教師，也獎勵使用 DeltaMOOCx 教材而成績突飛猛進的同學。

2014 年 7 月 MOOCs 課程計畫第一階段成果分享工作坊，台達基金會與國教院
表揚課程錄製教師。

MOOCs 課程計畫第一階段成果分享工作坊，台達基金會與國教院表揚平臺課程
經營優異教師。

MOOCs 課程計畫第一階段成果分享工作坊，台達基金會與國教院表揚學習表現優良學生，由計畫主持人彭宗平教授頒發獎狀。

　　基金會與國教院持續每年舉辦工作坊，迄 2017 年 7 月。對於提倡與推廣磨課師課程的製作與經營，發揮極大的效果。2014 年 7 月首次工作坊之後，參與教師對磨課師已有相當瞭解，肯定愛爾達錄製影片的高品質及 ShareCourse 平臺的操作功能；基金會隨即與捷鎏科技公司簽約，使用 ShareCourse 平臺；並於同年 8 月與愛爾達科技公司簽約，委託錄製台達磨課師課程影片。

　　基金會經過半年的籌備，與國教院、國教署簽訂協議書，邀集 6 個學群科中心（數學、物理、化學、生物、地球科學、電機與電子）參與高中磨課師課程開發與錄製，再加上捷鎏學聯網 ShareCourse 平臺及愛爾達電視台負責錄影與後製，形成完整堅強的團隊，展開「高級中等學校MOOCs 課程計畫」。

◈ 高中課程三年一階段，第二階段配合新課綱增修

DeltaMOOCx 是長期永續的計畫，基金會的作法，是以三年為一階段，第一階段自 2014 年 8 月至 2017 年 7 月。原先構想是在三年內將該學群科高中三年課程全部製作為磨課師教材；第二階段再配合 107 課綱（後來教育部決定新課綱延後一年實施，爰改稱 108 課綱），修訂或增補新的教材。各學群科中心依擬錄製科目之課程地圖，包括詳細的知識節點，擬定課程錄製規劃，8 月 15 日同時提出第一階段總規劃表及第一期（2014 年 8 月至 2015 年 1 月）細部規劃，由工作圈召集學校宜蘭高中彙整，轉交國教院審查。

國教院也制定規劃表的統一格式（規劃表格式見附錄）。以高中基礎數學第四冊為例，共有 4 章，包括第 1 章空間向量、第 2 章空間中的平面與直線、第 3 章矩陣、第 4 章二次曲線。每一章規劃為一單元，每單元應填寫 1 張規劃表，內容包括單元名稱、學習對象、影片時間、預定錄製日期、錄影地點（攝影棚、教室、實驗室）、內容大綱（約 100-300 字）、小單元名稱或內容（配合磨課師影片設計，每一單元應切割為數個小單元，每個小單元影片時間以 10 分鐘為原則。）、錄製教師、參與人員（學生或其他人員）、錄製需求與建議及其他須協助事項（如特殊之教材、教具、與特效等）。若已有腳本、練習題或其他相關數位教材等，也歡迎提供。

基於規劃表應有之內容及格式，數學學科中心應填報 4 張規劃表。再以第 3 章矩陣為例，又分成 4 個小單元，而各小單元名稱及預定錄製影片時間又規劃為：

①線性方程組與矩陣的列運算（60 分鐘）

②矩陣的運算（60 分鐘）

③矩陣的應用（60 分鐘）

④平面上的線性變換與二階方陣（60 分鐘）

這些規劃內容，均須填列於規劃表內。

再以物理學科的「選修物理」為例，共有 11 章及 4 個實驗，包括第 1 章熱學（1）、第 2 章熱學（2）、第 3 章波動，至第 10 章電磁感應、第 11 章近代物理，而實驗四的單元則為電流天平、電子的荷質比。每一章（或實驗）規劃為 1 個單元，每個單元亦填寫 1 張規劃表。以第 10 章電磁感應（3 小時）為例，又切割為 6 個小單元，各小單元，又另附相關指考題講解。各小單元名稱及預定錄製影片時間規劃如下：

①法拉第電磁感應定律與感應電動勢（20 分鐘）

②冷次定律（20 分鐘）

③渦電流（20 分鐘）

④發電機與交流電（20 分鐘）

⑤變壓器（20 分鐘）

⑥電磁波（20 分鐘）

再加上每個小單元之後，各配合 10 分鐘的指考題講解，共計 180 分鐘（3 小時）。

同樣的課程錄製規劃表也適用於電機與電子群科各課程。電機與電子群科規劃的專業科目，包括「基本電學」（及實習）、「電子學」（及實

習）、「數位邏輯」（及實習）、「電工機械」。除「數位邏輯」及「數位邏輯實習」各為 1 學期的課程外，其他三門課與實習均為 2 學期的課程（108 課綱將「基本電學實習」改為 1 學期）。每門課也將一章設為一個單元，以「數位邏輯實習」為例，共 8 章，第 1 章工場安全及衛生、第 2 章邏輯實驗儀器之使用，至第 7 章正反器實驗、第 8 章循序邏輯電路應用實驗。以第 4 章組合邏輯實驗（1 小時）為例，共分 5 個小單元，各小單元名稱及影片時間規劃如下：

①導引（2 分鐘）
②布林定理實驗（13 分鐘）
③第摩根定理與卡諾圖化簡實驗（10 分鐘）
④邏輯閘之互換實驗（15 分鐘）
⑤布林函數化簡應用實驗（20 分鐘）

這門課共有 8 張規劃表。其他各課程規劃，以此類推，以相同方式規劃。

以上所引用的數學／矩陣、物理／電磁感應、電機與電子／組合邏輯實驗的規劃表，亦列於附錄。

◆ 國教院審查分兩階段，審課程規劃及錄製影片

國教院對磨課師課程訂定嚴謹完整的審查機制。審查分為兩階段，第一階段針對各中心提出的課程錄製規劃表審查，審查項目包括：（1）課程內容之單元及完整性，（2）課綱契合性、課程安排邏輯性，（3）錄影

前置規劃、錄製方式及時程安排，（4）素材蒐集、特效之考量，（5）其他應注意事項。第二階段則針對已經完成錄製（包括字幕）影片進行審查，錄製教師須先自審，再送國教院進行審查，審查標準係以知識傳達的正確性為主，也包括講述者的表達方式及影片品質。國教院邀請各學群科相關領域學者專家擔任審查委員，審查方式以線上審查為主。（高級中等學校MOOCs課程規劃流程圖與審查機制表，見附錄）。

2014年11月召開首次課程錄製規劃審查會議，由潘文忠副院長主持，與會單位包括國教署、基金會、宜蘭高中、各學群科中心、愛爾達電視台、捷鎏科技及審查委員。會議中各科審查委員提出建議意見，由各學群科代表答覆，並討論修正及改善方向。愛爾達及捷鎏亦視需要，如錄製、平臺操作，提供補充說明。

通常各中心在學期結束前2個月提出次學期課程規劃（含總表、各項細表），由宜蘭高中彙整檢核，轉送國教院審查。原則上，每學期結束前1個月國教院召開次學期課程規劃審查會議；各中心根據會議決議，修正課程規劃，再送國教院備查。爾後錄製影片，均須依據國教院備查的課程規劃進行；若欲變更，如減少時數、變更錄製內容，必須重新送國教院審查。

台達磨課師計畫第一階段的預算採學年制，不同於台達電子文教基金會的曆年制，後經規劃會議同意改採曆年制，爰將2017年8-12月定為第7期，作為轉換期。第二階段為2018年1月至2020年12月，課程規劃及審查，亦改為一年一次。經過第一階段的運作經驗，宜蘭高中負責之行政作業，包括督導及彙整課程計畫、結案報告和經費核轉各學群科等，漸臻嫻熟，均可簡化，國教署爰於2017年6月同意基金會逕與各學群科中心簽約，不須再透過宜蘭高中。

◆ 影片錄製建立 SOP，花數十倍時間準備

各學群科根據備查的課程錄製計畫，依照投影片製作原則製作投影片，各教師或團隊的投影片格式、內容的一致性與連貫性，都會先經過學群科中心檢查，以及中心的指導教授審查。

錄影前一個月，須提供預計要錄製單元的全部投影片，才能預約攝影棚。錄影前一週須召開製播會議，製播會議為錄影的前置作業，所有教師進棚拍攝前，都必須經過製播會議討論演練，才能正式開錄。因此，製播會議亦為決定拍攝成效的關鍵程序。製播會議時，由錄製教師或團隊，依照投影片預演，與製作人討論拍攝過程可能遇到的問題及應注意事項。由於在攝影棚係對著鏡頭及投影片講課，與實體教室上課情形完全不同，而且必須在預定時間內（每支影片時間 10 分鐘左右）講解清楚，事前的準備與練習所花費的時間，遠遠超出實際產出影片時間，通常是數十倍之多。

2014 年 12 月 9 日愛爾達電視台召開首次製播會議。是日上午有物理科 8 位教師，下午則有 15 位生物、地球科學教師參加，彭宗平教授也參加下午的會議。會議時，錄製教師依投影片順序試講，由製作人指導講解方式與技巧，並提醒應注意事項。對初次進入攝影棚錄影的教師，製播會議提供非常寶貴的資訊，也是極重要的意見溝通平臺。

花了許多時間製作的教材，即使經過層層檢核，製播會議逐一審視、試講，正式錄製時，仍時有突發狀況發生。物理學科教師團隊第一次進棚錄製「基礎物理（一）」單元「直線運動」時，當天攝影棚除了錄製教師張智詠老師，「隊長」林春煌老師，還有團隊其他協作教師也在場，彭教授也全程參加。智詠老師口條很好，講解生動活潑，可能是內容太豐富或

講解太詳細，整個小單元時間超出規劃時間許多，必須重拍。錄影中斷，製作團隊立即動員，從各方面檢討，內容是否能再精簡？需要重新調整？說話速度是否適中？雖然只產出 10 分鐘的課程影片，但背後承載團隊投入的時間心力，實非外人所能體會。

影片經過剪輯、加上字幕（目前僅數學沒有字幕），算是完成初步後製，愛爾達電視台會將影片連結提供給錄製團隊校對。完成自審後，連同勘誤表，提請國教院進行初審。針對影片內容之正確性，以及教師的講解，採線上審查，包括教法是否正確？詳細易懂？撰寫教材是否遵照科學的用法？初審意見送交國教院轉知錄製團隊，錄製教師必須回應審查意見，配合修改影片或說明維持原案不修改原因。依照自審以及審查意見修正的影片，必須再送回國教院，由院內專家進行複審，複審通過，方可正式上線。

DeltaMOOCx 所有高中影片，從製作到完成審查，經過一系列程序，包括：依格式製作投影片、指導教授審視、製播會議討論預演、拍攝影片與後製、錄製團隊自審，再經國教院送外審委員「初審」、影片修改、院內專家「複審」，建構一套完整明確的審查制度。每一支影片從規劃到正式上線，都是錄製團隊、學群科中心、國教院分工合作付出心力的結晶，經過非常漫長的時間才完成。這也是當初台達電子文教基金會籌劃之初，即已設定的目標，DeltaMOOCx 的教材必須建立品牌，具特色，且高品質。

◆ 創設專屬平臺，開放老師申請 SPOC

錄製影片及課程上線，都只是推展 MOOCs 課程的一環。完整的磨課師課程，還應利用平臺進行各項教學活動，課程經營與後臺管理，都是不

可或缺的要素。

　　一般而言，MOOCs 平臺的典型功能，包括翻轉式學習（影片、練習題、同儕互動學習）、線上同步討論室（會議室）、同儕評分、學生學習歷程統計及資料庫彙整、教師題庫、線上考試（作業、小考、期末考）、教學評量等。其中，線上同步討論室可以作為小組討論（多人同時討論）、老師時間（老師與助教在雲端與學生即時或非即時互動討論）、雲端家教（一對一的家教）等。而互動工具則包括聲音、影像、螢幕分享；白板、檔案分享；即時訊息等。ShareCourse 平臺還可提供每位學生的學習歷程，例如學生是否做練習題（包括答錯比例）、觀看影片時間、是否參加群組討論（包括次數、時間、回饋意見）、學習成效、統計數據等。由於功能強大繁多，所以，前幾次的工作坊，均安排時間讓教師實際操作平臺。考量教師的負荷，基金會在數學、物理、電機與電子學群科中心，聘任專人，專責執行課程錄製計畫，協助教師錄影、平臺管理。同時在清華大學設置專案計畫辦公室，統籌整個 DeltaMOOCx 課程計畫執行與管控，包括與國教院、各學群科中心（及老師）、捷鎏科技、愛爾達電視台等各單位的聯繫與協調，特別是課程錄製進度掌控等；以及平臺後端的查核管理、各項統計資料彙整分析、經營推廣課程等等。DeltaMOOCx 課程從規劃、製作、上線，到課程維運，涵蓋許多步驟與細節，投入龐大的物力人力，才得以持續運作，略具成效。

　　DeltaMOOCx 大學的課程聚焦於自動化學程，迄 2021 年 9 月，共開設 32 門課。在大學裡，這些課主要開設在自動化工程系（或研究所）、機械工程系或電機工程系。課程的專業性強，選修的同學也屬於有心朝自動控制、自動製造或智慧製造等領域發展者。這些課的規劃與開設，大多配合大學的實體課程同步進行，每學期 18 週，每週上線課程影片 1 小時，

並安排作業及線上測驗（期中、期末考）；成績合格者，發給中英文修課證明書。每門課的開設，大多是由一位教授獨立開課，但也有些課程是同校跨系所或是跨校多位教授聯合開授。經營大學課程，完全比照國內外磨課師運作模式。

高中磨課師課程之運作與經營方式，與大學端不同，主要是教學現場及學習對象不同，也與課程屬性有關。學群科中心通常組成錄製團隊，遵循部定「課綱」，擬定錄製課程、教材內容及製作方式，再將每冊（或每門課）分成若干章節，分由不同教師錄製，有些教師則專責製作投影片、建置練習題、管理平臺等幕後工作。雖然各學群科中心是課程經營與推廣工作的總集成者，但實際的運作與經營，則分散到個別教師。

高中的課程規劃初期，考慮適用對象為全臺所有高中生，廣泛多元，時值 108 課綱編修，又須加入多元選修及素養導向的教材。爰課程設計不應視為經營一門課或一個班級，而是對個別單元（或章節）採獨立錄製，並將課程模組化，可以「汰舊換新」，增加彈性。而且，各單元的內容可相互呼應，學生學習不用「循序漸進」，可以自主掌控，依自己的程度或進度學習。

MOOCs 的推展，要獲得優異成效，需要幾個關鍵因素，包括優質教材、課程經營，以及功能完善的平臺等。ShareCourse 平臺的功能，基本上都能符合 DeltaMOOCx 大學課程的開設及管理的需求，但應用於高中課程的運作，就必須增加更多的客製化功能。且因課程內容持續擴充，使用人數持續成長，客製化功能的需求也越來越多。由於 ShareCourse 的經營模式及課程內容考慮轉型，基金會乃思考創設 DeltaMOOCx 專屬平臺，除擴充容量與網速外，並增加載具的普遍化與行動化。

2018 年 3 月，基金會委託元智大學「智慧生產與創新中心」主任蘇

傳軍教授團隊開發 DeltaMOOCx 磨課師專屬平臺，並分設大學與高中兩個平臺。由於高中平臺所需客製化功能較多，且使用之師生與學校更多，議定優先開發高中平臺。

edX 平臺提供開放原始碼（open source software），供全世界各單位免費使用，並期望使用其開放碼開發各自平臺的單位，能分享其新增之功能，讓 edX 開放碼的功能益趨完善。蘇教授提議以 edX 的開放碼為基礎，開發 DeltaMOOCx 平臺，並針對各式載具（電腦、平板、手機），設計響應式（responsive web design）頁面，提高觀看之便利性與普遍性。此外，必須兼顧現有 ShareCourse 平臺之功能及未來資料庫之移轉，另一考量即為設置數據中心及租用雲端硬碟。蘇教授也建議將所有影片上傳至 YouTube，一則一般使用者習慣到 YouTube 觀看，另則可節省平臺空間及維護成本。為了將所有影片匯入 YouTube，所有影片也重新整理影片名稱、影片說明，使其更系統化、一致性。

基於這些概念，高中端新平臺於 2019 年 1 月完成測試及資料庫移轉，所有課程資料全部順利轉移至新平臺，3 月新平臺正式啟用。因所有課程影片均上傳 YouTube，只想觀看影片者，不須登入 DeltaMOOCx 平臺，只要在 YouTube 直接搜尋 DeltaMOOCx 課程，即可連結。而想使用平臺上各種教學資源，甚至申請學習歷程或修課證明書的學生，則必須在平臺註冊，報名課程。新平臺的設計，提供更彈性且多元的功能與學習方式，而且未來平臺的功能也會與時俱進，開發更多軟體，特別是利用大數據分析及學習診斷，提供師生更友善與人性化的介面，提升線上教與學更大的效能。

平臺的另一附加用途，即是提供給教師「申請成為 SPOC 老師」。SPOC 是一個封閉的小規模教學系統，只有開課老師可以邀請學生加入

上課；教師可利用 DeltaMOOCx 教學資源或自製影片，經營自己開設的 SPOC 班級，在平臺上指定作業、繳交作業、進行討論或做測驗，最重要的是可以觀察、匯出學生的學習歷程，幫助需要協助的學生，提高學習效果。歡迎全國高中教師上 DeltaMOOCx 平臺申請「成為 SPOC 老師」，清大專案辦公室也會主動協助教師使用 SPOC 功能。

2

學群科課程內容簡述

DeltaMOOCx 高中課程，分為數學、物理、化學、生物、地球科學5 個學科及電機與電子群科的專業課程，包括「基本電學（及實習）」、「電子學（及實習）」、「數位邏輯（及實習）」、電工機械等科目。6個學群科於 2014 年 5 月建立共識，決定攜手合作，共同製作及推廣高中MOOCs 教材。同年 8 月提出第一階段三年期課程規劃（2014 年 8 月至2017 年 7 月），並正式展開課程影片錄製。2015 年 3 月首批 3 個單元的影片上線，包括機率、指數與對數公式、串並聯電路，約 5 小時；第二批影片 6 個單元，包括化學緒論、原子說、地球的起源、電機概論、電阻、直流網路分析，約 10 小時，於 2015 年 6 月上線。至 2017 年 7 月，上線影片超過 1,200 支，總時數達 200 小時。基金會與各學群科中心之合約，於 2017 年底決定改採曆年制，課程亦依曆年制規劃。第二階段的三年期自 2018 年 1 月迄 2020 年 12 月，第三階段自 2021 年 1 月起算。迄 2021年 12 月，累計影片已達 4,000 支，總時數超過 600 小時。

茲對各學群科中心所製作的課程影片簡介如下：（詳細課程資料見附錄）

一、數學科

數學學科中心設於建國中學。前校長陳偉泓及現任校長徐建國全力支持學科中心推動課程教材製作，是非常重要的助力。數學科的教材影片，在曾政清老師的召集及規劃下，第一階段係就當時 99 課綱之內容，依第一冊至第六冊錄製，並全部上線。各冊依章節次序，臚列如下：

1. 高中基礎數學第一冊

（1）導論：數學思考與學習

（2）數與式 _ 數與數線

（3）數與式 _ 數線上的幾何

（4）多項式函數

（5）指數與對數公式

（6）指對數函數圖形

（7）指數與對數的應用

（8）數與式（基礎觀念）

（9）多項式（基礎觀念）

2. 高中基礎數學第二冊

（1）數列級數

（2）排列組合－基本計數原理排列

（3）排列組合－組合及二項式定理

（4）機率

（5）一維數據分析

（6）二維數據分析

3. 高中基礎數學第三冊

（1）三角＿直角三角形的邊角關係、廣義角與極坐標

（2）三角＿正弦定理與餘弦定理、三角測量

（3）直線方程式及其圖形

（4）二元一次不等式

（5）線性規劃

（6）圓

（7）平面向量

4. 高中基礎數學第四冊

（1）空間向量

（2）空間中的直線與平面

（3）矩陣

（4）二次曲線

5. 高中基礎數學第五冊

（1）數學甲（機率與統計）

（2）數學甲（三角函數）

（3）數學乙（機率與統計）

（4）數學乙（三角函數）

6. 高中基礎數學第六冊

（1）數學甲（極限與函數）

（2）數學甲（多項式函數的微分）

（3）數學甲（積分）

（4）數學甲（積分的應用）

（5）數學乙（極限與函數）

（6）數學乙（統合與演習）

　　因應 108 課綱，數學科的教材內容有相當幅度的改變。2018 年（民國 107 年），數學科超前部署，提前規劃，並依據 108 課綱新修訂綱要錄製。課程內容及講授方式與 99 課綱相同者，乃重新剪輯，搭配新錄製之影片，編輯成全新教材，2021 年 11 月完成所有教材影片，是全國首創且唯一完全依據 108 課綱所製作的磨課師教材。茲依各冊單元名稱，臚列如下：

1. 108 普通型高中高一第一冊

（1）實數的計算

（2）直線

（3）圓

（4）多項式

2. 108 普通型高中高一第二冊

（1）三角函數

（2）數列與級數

（3）數據分析

（4）排列組合

（5）機率

3. 108 普通型高中高二 A 類第三冊

（1）三角函數

（2）指對數函數

（3）平面向量

4. 108 普通型高中高二 B 類第三冊

（1）平面幾何與設計

（2）按比例成長

（3）週期性現象

5. 108 普通型高中高二 A 類第四冊

（1）矩陣

（2）空間向量

（3）空間中的平面與直線

（4）條件機率與獨立事件

6. 108 普通型高中高二 B 類第四冊

（1）空間概念與圖形

（2）矩陣與資料表格

（3）條件機率與獨立事件（不確定性與列聯表）

7. 108 普通型高中高三選修甲

（1）極限與函數

（2）微分

（3）積分

（4）積分的應用

（5）複數

（6）二次曲線

（7）離散型隨機變數

8. 108 普通型高中高三選修乙

（1）極限與函數

（2）微分與導函數

（3）積分與積分的應用

（4）線性規劃

（5）複數

（6）離散型隨機變數

9. 108 普通型高中多元選修

（1）數學寫作

（2）數學的設計藝術

（3）跟著小蟒蛇玩數學 - 計算數學基礎學

（4）跟著數學家去旅行

　　數學科於 2018 年即因應 108 課綱提前規劃，並錄製普通型高中高一（含第一冊與第二冊）數學，同時也注意到技高數學需求，啟動規劃錄製技術型高中工科一年級數學，第二年又繼續完成工科二年級數學，提前讓工科的學生利用 DeltaMOOCx 的教材資源。揆諸國內教育生態，很少看到專為技高學生提供的線上教材，而不論繼續升學或就業，數學都是非常重要的工具，也是學好專業科目的基礎。所以，基金會亦決定支持數學學科中心製作技術高中工科數學。相對於普高，技高工科學生只修兩年數學，其中有些內容，與普高數學基本上是一致的。因此，數學學科中心在課程規劃上，以「共構」方式錄製課程，除可以同時運用於普高與技高，亦可提供綜合型高中高二分流轉銜學習之需要。

茲就技高工科數學的磨課師教材，依各年級之單元名稱，臚列如下：

1. 108 技術高中工科一年級

（1）數與式

（2）數列與級數

（3）平面向量

（4）機率

（5）圓

（6）三角函數的應用

（7）直線函數圖形與多項式

（8）三角函數

（9）比與比例式

2. 108 技術高中工科二年級

（1）複數

（2）空間向量

（3）指數與對數

（4）二次曲線

（5）微分

（6）矩陣

（7）積分

（8）一次不等式與線性規劃

（9）排列組合

除了以上普高與技高的數學教材外，數學科觀察到有很多高一新生，

國中的數學基礎不夠紮實，很難銜接高中數學，程度有待加強（或補救）。因此，特別邀請建國中學曾政清、北一女蘇麗敏、中山女中吳汀菱、政大附中賴政泓 4 位資深優良名師，為高一新生或國三學生設計一系列「國中數學素養課程」，其單元如下：

（1）數與式

（2）幾何

（3）代數

（4）機率與統計

　　2017 年下半年所錄製這一系列 12 小時的影片，受到教學現場高度重視，學生反應極為熱烈。

　　數學學科中心為推廣線上教學，建立學生正確的數學解題方法及思考模式，特別挑戰「學測解題」。以 105 學年度學測為例，考試當天拿到大考中心公佈的數學考題，集合一群名師討論正確答案及精確解題技巧，隨即錄製解題影片，並於隔天在 DeltaMOOCx 平臺上線，獲得媒體的讚揚，也影響到其他平臺或補習班紛紛跟進。數學學科中心規劃及執行拍攝「國中數學素養課程」及「105 學年度數學學測解題」的精彩過程，詳見本書第六章。

　　因為前述兩個專案計畫得到相當多的迴響，數學學科中心更進一步為技高工科學生規劃設置「108 技術型高中數學素養專區」，特別製作一系列「統合與演習」的影片，幫助學生複習重要的數學概念；並且精選 25 題焦點試題，連結平臺現有相關影片，協助技高工科學生自我評量。其單元如下：

（1）技術型高中工科數學統合與演習

（2）技術型高中數學素養評量試題

　　108 課綱的數學，高二分為 A、B 兩類必修課程，高三選修則分甲、乙兩門課程，用意在於區分學生未來進入大學後，所需的數學基礎程度不同。但實施兩年後，根據總綱課程規劃設計與學校現場的實際需求，也有部分選修高二 B 類的同學升上高三後，有意選修部定加深加廣的數學甲選修課程。但現有課程規劃內涵及修課路徑，卻缺乏這樣的轉銜設計。因此，數學學科中心特別在平臺設立「普通型高中高二數學 B 類轉銜高三選修數甲」專區，提供有實際需求的師生適當的線上學習資源。DeltaMOOCx 能夠及時提供適性學習輔導專區，應歸功於「模組化」的課程設計，以及已建置完整的教材。其單元如下：

（1）三角的和差角公式與三角函數的圖形

（2）矩陣的應用

（3）指數與對數函數

　　數學科迄 2021 年 12 月底，上線影片共 1,564 支，總時數達 296 小時，因其涵蓋面最廣，是所有學科中數量最多的。

二、物理科

　　物理學科中心設於臺中一中。DeltaMOOCx 高中物理的磨課師教材，委由林春煌老師召集，組成以種子教師為主體的團隊，並請基隆女中資深老師張仁壽協助指導。團隊老師分工合作，包括腳本撰寫、投影片製作、進棚錄影；而實驗操作、繪製動畫、練習題命題與解題等，亦均有專責的教師。茲就物理科之教材章節，列述如下：

1. 基礎物理（一）

　　（1）緒論與物質的組成
　　（2）直線運動
　　（3）牛頓運動定律
　　（4）克卜勒行星運動定律

（5）基本交互作用

（6）電與磁

（7）波與光

（8）能量

（9）量子現象

（10）宇宙學

2. 基礎物理（二 B）

（1）靜力學

（2）運動學

（3）牛頓運動定律

（4）摩擦力

（5）動量與衝量

（6）動量守恆定律

（7）質心運動

（8）圓周運動

（9）角動量與因次

（10）簡諧運動

（11）萬有引力定律

（12）功與能量

（13）碰撞

（14）實驗 A - 測量與誤差

（15）實驗 B - 靜力平衡

（16）實驗 C - 自由落體與物體在斜面上的運動

（17）實驗 D - 牛頓第二運動定律

3. 選修物理

（1）熱學（1）

（2）熱學（2）

（3）波動

（4）聲波

（5）水波槽與共鳴空氣柱實驗

（6）折射率、成像與干涉繞射實驗

（7）幾何光學

（8）物理光學

（9）靜電學

（10）電流

（11）電流磁效應

（12）電磁感應

（13）近代物理

（14）等電位線與電場、歐姆定律、惠司同電橋實驗

（15）電流天平、電子的荷質比認識實驗

　　基礎物理（一）及（二B）的教材影片，均在第一階段（2014 年 8 月 -2017 年 7 月）完成錄製上線，而「選修物理」的錄製，則在第二階段（2018 年 1 月至 2020 年 12 月）進行，且大多在第一年即完成。第二年之後，因應 108 課綱即將實施，物理科也開始設計素養導向教材與例題，選擇適宜的案例或題目。搜尋資料，對物理團隊乃是一大挑戰，團隊需要花費相當長的時間，過程極為耗時，進度也較緩慢。新完成的素養教材影片，再分別加入先前已上線相對應的各小單元，組成符合 108 課綱的完整

教材。

　　物理學科素養導向之補充教材，預定 2022 年底才能全部完成製作。雖然過程緩慢，但嚴謹的題材規劃與錄製，也確實反映 DeltaMOOCx 課程的品質與特色。

　　物理科迄 2021 年 12 月底，上線影片共 656 支，總時數達 78 小時。

三、化學科

　　化學學科中心設於高雄中學。第一階段化學的磨課師教材，由學科中心提出規劃，並錄製「必修化學」各單元教材。後因學科中心業務繁重，基金會乃改委託北一女中周芳妃老師擔任召集人，規劃「選修化學」。周老師特邀集 17 位高中化學教師，組成錄製團隊；教材內容配合 108 課綱，強調素養導向的教學，規劃分為：基礎探索、模擬試題、通關試題、綠色

化學實驗。特別聘請臺灣師範大學化學系葉名倉、張一知、呂家榮 3 位教授擔任指導教授。茲就化學科之教材單元，列述如下：

1. 基礎化學（必修化學）

（1）緒論

（2）常見的化學反應（一）

（3）原子說

（4）化學反應速率

（5）化學平衡

（6）常見的化學反應（二）

（7）理想氣體基礎篇

（8）理想氣體進階篇

2. 綠野仙蹤－化學宅急便（必修化學）

（1）未知物鑑定

（2）有機官能基

（3）常見反應

（4）週期表

（5）反應熱

（6）化學鍵

3. 科學素養－化學宅急便（選修化學）

（1）原子結構與週期性

（2）分子鍵結與晶體之結構與鍵結

（3）物質的三態

（4）化學平衡與沉澱平衡

（5）水溶液中酸鹼鹽的平衡

（6）氧化還原與電化學

（7）化學在生活中的應用

（8）有機化合物的組成及結構

（9）有機化合物反應與應用

（10）跨領域型－化學史與原子說

（11）跨領域型－科學史與美麗化學實驗

（12）通關試題

（13）綠色化學實驗

「通關試題」專題影片，係針對歷年指考試題深究與解析，讓同學能夠將學過的知識，靈活串接，順利解題，藉此培養深化 108 課綱最重視的化學學科素養；而「綠色化學實驗」，則針對每個單元，選用生活相關的科學實驗或模型，進行探究實作教學。所有實驗內容及設計，均經過指導教授審查，在臺師大化學系進行，由博士生示範操作，凸顯化學學科強調理論與實驗並重之特色。

化學科迄 2021 年 12 月底，上線影片共計 305 支，總時數為 53 小時。

四、生物科

生物學科中心設於新竹高中。DeltaMOOCx 高中生物磨課師教材，第一階段由學科中心許慶文老師依當時課綱提出規劃。但即將展開製作前，團隊老師認為學習生物，應先培養學生的觀察力，經由觀察才能培養學生

對生物學的興趣。因此，團隊轉而設計「觀察力的培養與訓練」及「鄉土生物觀察」兩大單元。後者因須到戶外實地觀察，必須配合季節，愛爾達配合團隊出機外拍，影片錄製花費相當長的時間。之後，因召集人許慶文老師退休，基金會乃商請成功大學生物科學與科技學院羅竹芳院長，邀集該院 11 位教授，並請國立家齊高中生物老師房樹生，提供高中教學現場的建議，為高中生物專案製作 5 個單元的教材－「娓娓道出生物學的精粹與光彩」，此實為大學教授團隊為高中生製作磨課師課程的創舉。羅院長的教授團隊取材嚴謹，精心製作影片，講解認真精彩，不僅值得高中生學習，也值得教師觀摩。茲對生物科之教材單元，列述如下：

1. 觀察力的培養與訓練

（1）生物觀察入門

（2）進階生物觀察

（3）生物的偽裝

（4）生物繪圖原則與技法

（5）生物攝影與藝術創作

（6）顯微觀察

2. 鄉土生物觀察

（1）香山海濱生態觀察

（2）基翬潮間帶生態觀察

（3）馬崗潮間帶生態觀察

（4）蕨類的觀察

（5）花的觀察

（6）探索六足家族

（7）千奇百態的真菌

3. 生命的特性

（1）生命現象

（2）細胞的構造與功能

（3）細胞的生理

（4）細胞的能量運作

4. 動物的構造與功能

（1）防禦與免疫

（2）消化與吸收

（3）神經與內分泌

（4）循環、呼吸與排泄

5. 植物的構造與功能

（1）植物的特性與生存策略

（2）開花植物的繁殖與適應

（3）植物的荷爾蒙

（4）植物對環境刺激的反應

6. 遺傳與生物工程

（1）遺傳學

（2）現代分子遺傳學

（3）生物技術

（4）生物科學的應用

7. 氣候變遷與環境

（1）氣候變遷

（2）生物多樣性

（3）生態、環境與生物多樣性

（4）生態、保育與環境永續

生物科的影片，於 2018 年底全部上線，共計 202 支，總時數為 34 小時。

五、地球科學學科

地球科學學科中心設於高雄女中。DeltaMOOCx 高中地球科學磨課師教材，在第一階段由學科中心張家齊老師邀集 12 位種子教師共同規劃。因為地球科學課程僅是高一的必修課，份量較少，原先預計在三年內完成所有影片錄製，但因地球科學教師人數相對較少，而且地球科學教材影片的呈現，常須配合大量的動畫及特效，未能在兩階段內完成初期的規劃。

雖然影片數量不多，但每支影片的品質及學生的反應都相當好。與此同時，基金會邀請前國立自然科學博物館館長孫維新教授，錄製一系列 6 單元的「星空奇航」科普影片，內容非常適合作為地球科學輔助教材，經孫教授同意，也將影片納入地球科學學科。地球科學教材單元，列述如下：

1. 基礎地球科學

（1）地球的起源

（2）大氣的運動

（3）大氣與海洋的結構

（4）海水的運動

（5）溼度的定義與測量

（6）恆星的視運動

（7）星光與星色

（8）板塊構造學說

（9）固體地球結構

2. 星空奇航

（1）天文學

（2）充滿活力的宇宙

（3）探訪冰世界

（4）面對外星生命的省思

（5）從中秋的皓月當空 看天體的長期演化

（6）火星

DeltaMOOCx 地球科學影片共 43 支，總時數約 6 小時。

六、電機與電子群科

電機與電子群科中心設於臺中高工。基金會選定技術高中電機與電子群科製作磨課師課程，關鍵因素是這領域與臺灣的優勢產業最相關，而且也是在技高所有學生中占比最高的群科。群科中心最初由電子科主任藍啟民老師擔任召集人，之後因鍾裕峯老師接任主任，爰改由鍾主任負責召集。雖然鍾主任後來接掌學校教務工作，仍請鍾主任繼續擔任召集人。

電機與電子群科規劃製作的幾門課都是統測考科，也都是極重要的專業科目，且其中三科都要實習。台達也特別捐贈臺中高工 3 間實驗室，設立基礎電機、運動平台及數值控制機械實習中心，加強學生實作能力。將實習課製作為磨課師課程，的確是一大挑戰，但也成為 DeltaMOOCx 課

程的一大特色。其中「基本電學實習」，99 課綱規定為兩學期，而 108 課綱則改為一學期。群科中心在兩個課綱的過渡階段，決定暫緩製作「基本電學實習」，延至 2019 年才開始錄製。茲就本群科製作之 7 門課（包括實習課）之教材章節，列述如下：

1. 基本電學

（1）電學概論

（2）電阻

（3）串並聯電路

（4）直流網路分析

（5）電容與靜電

（6）電感與電磁

（7）直流暫態

（8）交流電

（9）基本交流電路

（10）交流電功率

（11）諧振電路

（12）交流電源

2. 基本電學實習

（1）工場安全衛生及電源使用安全介紹

（2）常用家電量測

（3）直流電路

（4）電子儀表之使用

（5）直流暫態

（6）交流電路

（7）常用家用電器之檢修

3. 電子學

（1）概論

（2）二極體

（3）二極體之應用電路

（4）雙極性接面電晶體

（5）電晶體直流偏壓電路

（6）電晶體放大電路

（7）串級放大電路

（8）場效電晶體

（9）場效電晶體放大電路

（10）運算放大器

（11）基本振盪電路

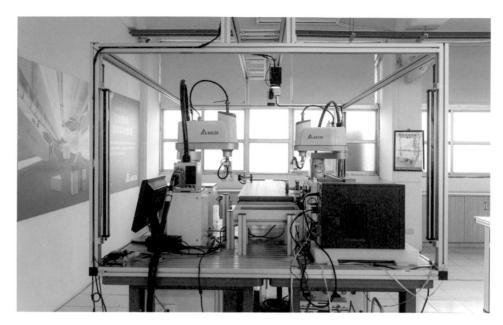

台達機電事業群捐贈臺中高工 3 間實驗室，打造基礎電機、運動平台及數值控制機械實習中心，提供學生使用，成為 DeltaMOOCx 課程的實體延伸。

臺中高工「台達運動平台實驗室」，讓學生可以實際操作業界主流的設備與界面，降低學用落差。

4. 電子學實習

（1）工場安全衛生及電子應用產品介紹

（2）二極體及應用電路

（3）雙極性接面電晶體

（4）音訊放大電路

（5）雙極性接面電晶體放大電路

（6）雙極性接面電晶體多級放大電路

（7）金氧半場效電晶體（MOSFET）之判別

（8）金氧半場效電晶體放大電路

（9）金氧半場效電晶體多級放大電路

（10）金氧半場效電晶體數位電路

（11）運算放大器應用電路

（12）運算放大器振盪電路及濾波器

5. 數位邏輯

（1）概論

（2）數字系統

（3）基本邏輯閘

（4）布林代數及第摩根定理

（5）布林函數化簡

（6）組合邏輯電路之設計及應用

（7）正反器

（8）循序邏輯電路之設計及應用

6. 數位邏輯實習

（1）工場安全及衛生

（2）邏輯實驗儀器之使用

（3）基本邏輯閘實驗

（4）組合邏輯實驗

（5）加法器及減法器實驗

（6）組合邏輯電路應用實驗

（7）正反器實驗

（8）循序邏輯電路應用實驗

7. 電工機械

（1）概論

（2）直流發電機

（3）直流電動機

（4）變壓器

（5）三相感應電動機

（6）單相感應電動機

（7）同步發電機

（8）同步電動機

（9）特殊電機

　　除了以上 7 門「正規」課程外，電機與電子還有另一項創舉，即針對目前高中生風起雲湧，組隊參加國際機器人競賽（FRC，即 FIRST Robotics Competition），專為高中生設計「機器人微課程」，利用「基本電學」及「電子學」等既有課程的教材，再就機器人組裝與操控，另外新

編影片，組成一套共 18 小時的完整教材，讓高中生可據以設計組裝具特色功能之機器人。

「機器人微課程」分為底盤基礎篇與軟體篇，課程教材單元列述如下：

1. 底盤基礎篇

（1）機器人概論

（2）機器人底盤與組裝

（3）電的基本概念

（4）基本手工具使用

（5）控制與通訊

（6）方向控制與驅動系統

（7）機器人整合設計

2. 軟體篇

（1）樹莓派系統環境與指令

（2）Python 語言入門

（3）GPIO 與感測器

（4）網頁架構與設計

（5）綜合應用

電機與電子群科迄 2021 年 12 月底，上線影片共計 1,285 支，總時數達 212 小時。

3

公私協力寫教育新頁，
教授把關審查嚴謹

台達磨課師的高中／高工課程，立下國內線上教學的標竿，不只是全臺第一個採 MOOCs 模式規劃的高中數位學習課程，更是第一個將技高專業科目納入數位學習課程的計畫。整個計畫由台達電子文教基金會、國教院、國教署及高中職學群科中心分工合作，堪稱產官學研公私協力的典範。

　　教育部長潘文忠在台達磨課師計畫之初，擔任國教院副院長，負責推動相關業務。他推崇台達磨課師不論在計畫推動當時或現在，教學影片的品質和嚴謹度仍領先其他平臺，盼能在既有基礎上，再擴大規模，甚至結合各縣市政府「共構共享」，將磨課師課程擴及國中小，因應後疫情時代的線上教學需求。

教育部長潘文忠推崇台達磨課師計畫，堪稱產官學研公私協力的典範。

◆ 磨課師四大功能：
多元學習、方便自學、適性診斷、打破時空限制

潘文忠指出，相較於一般教科書或課堂教學，磨課師可發揮四大功能，補其不足：

1. 適合多元學習：磨課師是每一個學習概念（知識節點）錄製一段影片，每段約 6-15 分鐘，課程較精簡。搭配課室教學，教師可事前指派學生觀看磨課師課程，在課堂中討論或實作，進行翻轉教學；也可針對單一學生指派觀看單支影片，達到因材施教。

2. 提供自學管道：磨課師可利用隨堂測驗及主題討論等課程設計，讓學生身處上課情境之中，並依照教師設計，繳交作業，完成評量。

3. 透過適性診斷工具，了解學習情形：相較課室教學，教師可立即了解學生學習情形，磨課師教學是從後臺相關數據了解學習者反應，例如特定影片有大量反覆觀看，可能是該觀念太難，下次開課可酌予調整。

4. 打破時空限制，自訂學習進度：磨課師課程可打破在教室學習的時空限制，學生可自己決定學習進度，反覆觀看。

◆ 台達、國教院、國教署合作，公私協力一大突破

潘文忠回憶，當初台達磨課師計畫主持人彭宗平教授代表台達電子文教基金會拜會國教院，提及基金會董事長鄭崇華先生非常關注扎實理工技術人才的培養，認為這是國家的根本，尤其不能忽略較弱勢的技高學生，希望可以透過磨課師計畫讓他們得到很好的學習。

當時國教院也正致力推動數位學習，所屬教育資源及出版中心也建立

「愛學網」。院長柯華葳認為，磨課師計畫能透過網路教學平臺達到資源共享，後續也可研擬相關制度讓學習和升學進路都有更多元發展，很支持這個計畫。但要鎖定哪些課程、如何錄製等技術面問題，則要進一步規劃，國教院因此組成專家小組構思如何執行。時任國教院副院長的潘文忠說，當時他主持很多次相關會議，發現以技高而言，分科很細，著眼於台達以電子產業為主，因此科大和技高都優先發展電機電子方面的核心課程；加上高中的數學、物理、化學、生物、地球科學，就構成理工科最重要的 STEM 課程。

潘文忠說，當時認為一定要請教學技能最好的老師來錄製，因此請國教署協商學群科中心支援師資；且因錄製課程的時間很長，老師得請公假，但這又是民間的計畫，經過一番行政協調，還是順利解決，算是公私協力的一大突破。尤其台達基金會願意支付錄製課程老師較高的鐘點費，又商請愛爾達電視台協助拍攝，錄製高畫質課程，更讓人欽佩鄭先生的高瞻遠矚。

◈ 前國教署署長吳清山：
公私協力推動磨課師，比政府計畫更有效能

臺北市立大學教育行政與評鑑研究所教授吳清山，在台達磨課師計畫推動初期，擔任國教署署長，先前曾擔任國教院院長，對整個計畫知之甚詳。他說，他在國教院長任內，前總統馬英九曾建議教育部成立兒童電視台，交由國教院研議，後來改由院內的教育資源及出版中心研發創設「愛學網」，結合很多學者專家研發多元活潑的數位影音教材。

吳清山 2013 年接任國教署長，把高中職資訊融入教學列為施政重點，

國教署前署長吳清山認為,不論就課程內容及影片畫質,DeltaMOOCx 都是國內磨課師的第一名!

添購資訊設備,辦理教師增能研習。後來台達電子文教基金會提議推動磨課師計畫,發展高中數學、物理、化學、生物、地科及技高電機與電子群科的課程,剛好就是美國前總統歐巴馬認為可讓國力強大的「STEM」理工基礎課程。

　　不過,要落實磨課師的理想,需要優秀老師來錄製課程。由於這是公益、非營利的計畫,國教署因此請相關的高中職學群科中心全力支援,推

薦學有專精又有教學熱情的老師來授課,並協助解決他們請公假的問題,最後促成計畫完成,不論就課程內容及影片畫質,「DeltaMOOCx 都是國內磨課師的第一名!」

吳清山指出,台達磨課師又更進化,配合 108 課綱強調的自主及跨域學習,培養學生探究與實作的素養能力,課程更多元、彈性、創新,學起來更有趣。在疫情停課不停學期間,發揮很大效能,尤其造福數位教學資源較缺乏的偏鄉學校師生。

他坦言,政府推動計畫,受限於政府採購法及預算,容易瞻前顧後,太顧慮成敗而影響成效。透過台達磨課師這類公私協力的計畫,更有效能,政府未來可多推展。

◆ 張雲龍:國教院對經費支用提出建議,計畫得以順利進行

教育資源及出版中心是台達磨課師計畫的國教院承辦單位之一,已退休的該中心前主任張雲龍細說從頭。他說,該中心的前身是國立教育資料館,一直致力於製作教學媒體,邀請各領域教授與中央、縣市輔導團及第一線的優秀教師參與研發、製作中小學教學影片,大多富含故事性、趣味性、動機性與啟發性,以生活化情境的實景拍攝或卡通造型等多元、活潑之方式呈現。

張雲龍說,國教院製作的教學影片,每年都會將光碟函送至各地方政府教育網路中心及中小學,並掛載於國教院多媒體隨選視訊系統(MOD)教學網及之後成立的愛學網,供各界免費觀賞及下載運用。

張雲龍還記得,當年 H1N1 新型流感疫情爆發時,教育部邀相關單位研議因應措施,當時雖未停課,教育部國教司為求慎重,還特地提供每縣

市一顆硬碟,由國教院將歷年製作的影片轉錄於硬碟後,給各縣市視情況必要時運用。

不過,張雲龍表示,國教院以往製作教學媒體的使用對象,主要為國中小,高中僅有國文與數學兩科與其他一些重要議題。台達磨課師計畫錄製高中職 6 個理工自然科課程影片,剛好和國教院現有多媒體教材互補,造福更多學子。尤其在疫情停課無法到學校上課,須居家學習時,還能透過磨課師聆聽教師講解,有如親臨課堂的最佳選擇,且完全免費,最經濟實惠。

張雲龍說,要辦妥一件事情,簡單講就是要有人、有錢、有方法。對錄製磨課師課程來說,國教署督導的高中職學群科中心有一批優秀的教師可錄製課程,經費由台達電子文教基金會全力支持,國教院則有熟悉課綱的研究員及豐富的媒體製作經驗,看似完美。但支應政府的經費,有法定程序,而引進民間資金,再轉發參與錄製計畫的學校與教師,如何計算單價與總經費等,並無前例可循,合作計畫因而一度停滯。

當時國教院副院長潘文忠即指示張雲龍依據個人長期媒體製作的經驗,提出第一版的經費支用表供大家開會討論,經數次修正定案,讓計畫得以持續進行;而「課程錄製規劃表」,也是他與計畫主持人彭宗平校長經過無數個下班後的電話聯繫討論才定稿,力求簡單、明瞭、實用,不會對填表人造成太大負擔。

◈ 國教院:課程審查嚴格把關, 兼顧知識正確性及提高學生學習興趣

2011 年擔任國教院窗口的主秘,2015 年 2 月接任副院長的郭工賓,

從頭到尾參與這個計畫。他表示，台達磨課師計畫由台達電子文教基金會、國教院和國教署三方合作，國教院初期扮演資源整合的角色，擬定相關計畫及行政執行的流程，並協助國教署、學校共同解決人事與經費等行政制度的問題，讓後續計畫順利進行。

郭工賓指出，計畫執行流程確認後，進入執行階段，國教院內部隨即將自己的角色定位在課程審查的任務上，除了課程架構，也針對課程內容嚴格把關，確保課程內容符合課綱擬定的脈絡及知識正確性；審查的範圍包括課程規劃及教學影片內容。

至於審查委員的人選有三個條件：一是具備該科目或領域的專業學術背景；二是和課綱連結，曾參與研修課綱，了解各科教學目標、學習重點及高中職教學現場的生態；三是要對數位學習的教學模式有一定程度了解，知道磨課師的授課模式或曾參與該科相關數位學習課程。審查有兩大重點：除了確保知識的正確性，也要提高學生學習動機，吸引學生更願上網學習。

為了進一步推廣台達磨課師計畫，國教院自 2014 年起，於寒暑假舉辦專屬於磨課師的工作坊研習活動，主要邀請全國公私立高中職數學、物理、化學、生物、地科、電機與電子群科老師參加，也歡迎其他科目老師報名。至 2017 年 7 月共舉辦 6 場，近兩年則因疫情停辦。

郭工賓指出，工作坊講者包括參與審查的委員及該科目或領域專業學術背景的大師級人物。研習內容包括理論與實務，近年來課程比例逐漸朝向理論 35%、實務 65% 的比例來安排內容。其中大師級學者主要分享理論及教育趨勢；曾開設數位課程的教授及教學現場老師則分享實務經驗。

除了舉辦工作坊，國教院也歡迎各界依相關授權分享 DeltaMOOCx 的影片。郭工賓表示，在 2020 年 7 月以前，影片授權依照「國家教育研

究院著作授權利用作業要點」辦理，彰化縣政府教育處曾申請授權。2020年7月之後，對外授權則依「創用CC」的授權標準，各單位及教學平臺只要不違反「姓名標示、非商業性、禁止改作」等原則，就可自行使用影片，國教院不會限制。授權使用最大量的是教育部因材網及北市酷課雲，將DeltaMOOCx的影片掛載平臺，且正式向國教院提出授權申請。

◆ 潘文忠部長：
台達磨課師有三大優點，品質及嚴謹度領先其他平臺

潘文忠指出，相較其他線上教學平臺，台達磨課師課程有三大特色與優點：

1. 課程規劃專業完整：由學群科中心種子教師組成團隊，以課綱學習重點為基準，綜整高中三年的課程，研擬完整的課程架構，並錄製課程影片。

2. 多重審查、程序嚴謹：國教院協助邀請各領域科目的課綱委員、教授，針對課程架構規劃內容、錄製完成的課程影片等，依序進行審查，嚴格控管課程內容知識的正確性。

3. 攝錄品質優於一般：一開始就在愛爾達電視台攝影棚採用高規格設備，錄製Full HD畫質影片，以高畫質影片提升師生的教學或學習樂趣。

雖然課程上線的進度較緩慢，但潘文忠認為，台達磨課師從整個計畫的規劃、審查、錄製到完成，不論在計畫推動當時或現在，教學影片的品質和嚴謹度仍領先其他平臺。雖然之前部分影片的點閱率不是很高，但新冠肺炎疫情爆發後，教育部將台達磨課師納入數位學習資源的公私協力平臺，觀看人數飆增，計畫團隊都很有成就感。

◈ 教育部盼與各縣市「共構共享」，將磨課師推展到中小學各科

教育部未來除導引高中職教師結合線下實體課程，協助學生運用磨課師等線上資源學習外，還可結合大學，引導高中職將磨課師課程導入或融入教學現場，逐步提升師生使用數位學習。

教育部已將磨課師如 DeltaMOOCx、臺灣磨課師課程網（TaiwanMOOC）等，列入教育雲線上教學便利包的工具與資源專區，支援全國師生線上教學。偏鄉及弱勢生可選用符合其需求的資源，用於補救教學或自主學習。

潘文忠表示，經過這波疫情，國內中小學都體認到數位教學的重要性，但光靠台達等民間單位發展磨課師課程，因顧及品質，擴展速度可能沒那麼快。全國教育局處長會議已達成共識，未來將採取「共構共享」的原則，可利用既有平臺，由各縣市分工合作，各自認領某一科的課程規劃及錄製工作，由教育部協助相關資源，將磨課師擴展到中小學課程各個領域。

◈ 物理科審查委員朱達勇：
磨課師可適度跳脫課綱，保留教師個人風格

DeltaMOOCx 課程一大特色是邀請熟悉數位教學的各學科專家，審查課程計畫及教學影片內容，他們審查時除了確保知識正確，也提供建議，讓課程更具吸引力，學生更有興趣觀看。

以宜蘭大學「數位學習資源中心」主任朱達勇為例，是 DeltaMOOCx 高中物理課程的審查委員，他教授物理相關課程超過 30 年，10 年前開始

錄製校內數位課程，2014 年起製作物理通識的磨課師課程「生活中無所不在的物理」，榮獲教育部標竿課程等國內外獎項。

他表示，多年前開始接觸磨課師時，就非常認同未來磨課師等數位學習，一定會在教育占有一席之地，且將是未來教育主流之一。只是始料未及，數位學習是因人類面對前所未有的疫情，而顯得格外重要。不論疫情何時結束，數位學習已不會走回頭路，將來在教育會扮演更重要角色。

「我們要授課之前，是否需要先自行撰寫課本？還是可以在眾多現有教科書中，挑選一本適合自己學生程度與教學目標的教科書呢？」朱達勇表示，大家都會贊同，挑一本現有且適合的教科書即可，不用自己寫書。

而磨課師可看成一本有影音的數位教科書，且比傳統教科書更多元，涵蓋多媒體影音、線上測驗及討論區等。只要老師了解磨課師內容，就可適當引用，需要動手做的實驗或實習課除外，一般磨課師課程的學習成效不見得比較差，甚至更好。

他表示，DeltaMOOCx 的課程從參與的老師、課程內容到講解題目，都是一流的，他常主動推薦給高中。他答應當審查委員，一是認同計畫目標，二是被認真的製作團隊感動。尤其能讓他這種「大砲」委員暢所欲言，讓課程精益求精，他很佩服計畫主持人彭宗平教授的雅量。

朱達勇發現，近年來大學生對於物理科眼不能見的內容與現象，例如電磁學、熱力學等部分，普遍只了解到公式與解題階段，多數無法利用物理模型，深入思考自然界事物變化背後的原因。磨課師因此可引入一些模擬圖或動畫，讓學生有機會建立物理模型的思考圖像。

他說，他審查時非常重視課程內容是否正確，以免不小心有些錯誤，被放大解讀，反而忽略整部磨課師的精美之處。所以只要他看到任何錯誤，都會逐一詳列，讓參與的老師很辛苦，特別感謝他們願意配合修改。

物理科在章節前有許多示範實驗影片，他覺得很棒，相信都很能吸引學生。

　　朱達勇觀察近年的高中磨課師課程，許多一開始就以符合課綱為原則，因而失去引導學生自主學習的機會，產生磨課師是一種「數位補習」的錯覺。他建議磨課師不要完全限縮於課綱，可藉由課程說明讓學生了解哪些內容在課綱內，哪些在課綱外，尊重學生自學意願。即使看似超過課

國立宜蘭大學「數位學習資源中心」主任、DeltaMOOCx
物理科審查委員朱達勇建議，磨課師課程可適度跳脫課綱，
拓展學生自學空間。

綱的部分，反而有機會讓學生統合學習，產生興趣。

　　他最想建議的就是設計、製作課程時，可適度保留教師的個人風格，發揮授課魅力，讓學員耳目一新，以免變成傳統無趣的電視教學。應用現有磨課師課程，可設計快速入門影片，讓使用者快速了解課程特性。平臺經營也很重要，建議在課程規劃設計階段，要先思考經營策略與風格差異。現有課程有如錄好的唱片，而好的經營團隊，有如好的 DJ，可讓課程變得具有動感，讓學生每天都想主動進入平臺觀課學習。他建議招募之前在平臺學習過，且已進入大學的學生來協助課程經營，讓平臺更活潑與具有吸引力。

◆ 物理科審查委員周祥順：磨課師是一場消滅貧窮的社會運動

　　國立臺灣海洋大學光電與材料科技系教授周祥順，也是物理科審查委員。他曾錄製兩門線上課程「普通物理」及「牛頓馬戲團」，放在海大開放式課程網站及臺灣開放式課程暨教育聯盟網站；「牛頓馬戲團」也放在科技部科技大觀園網站及 YouTube，獲臺灣開放式課程聯盟頒發優選課程獎，有 113 部物理演示教學影片。他利用各種有趣的演示實驗，將抽象的物理原理生動活潑地呈現，已累計近 200 萬人次觀賞，從小學生到 70 多歲長者，從水電工到政府官員都看過他的影片，給他很多鼓勵。

　　他表示，物理講的是「物」之「理」。傳統教學跳過「物」，直接講述「理」，犯了「有理無物」的毛病，學生不易從抽象敘述建構物理概念。而 108 課綱推動的探究與實作教學，引導而不填鴨，啟發而不灌輸。希望藉物彰理，將抽象理論落實為具象的演示，引導學生探索，自己悟出原理，將物理內化為自身經驗的一部分，這就是「素養」。

周祥順以「冷次定理」的教學為例，傳統教法老師直接告訴學生定理內涵：「感應電流會抵抗磁通量改變」，但敘述抽象，學生很難理解。在探究式教學，他先做電磁砲演示實驗，再引導學生假設、探究、驗證，最後由學生自己悟出冷次定理，學生當然會比較喜歡這種教法。

　　不過，他表示，探究式教學有兩點困難：一是演示教具不夠，透過磨課師可錄製大量實驗影片讓老師使用；二是授課時數不夠，高中老師約八成時間都花在講解例題，很難做探究式教學。磨課師可錄製大量講解例題影片，讓學生在家觀看，讓老師有更多時間進行探究式教學。

國立臺灣海洋大學教授、DeltaMOOCx 物理科審查委員周祥順，推崇台達磨課師課程是一場消除貧窮的社會運動。

周祥順說，新冠肺炎疫情嚴峻，許多學校全面實施遠距教學，磨課師等開放式課程讓莘莘學子在百年大疫中仍能弦歌不輟；對於高中職教學更可發揮平衡城鄉及貧富差距，促進教育機會均等的功能，讓知識不再是商品，貧窮不再世襲，讓偏鄉弱勢學生也有公平競爭機會。

周祥順曾到過許多偏鄉離島中學教學，也曾與許多社福團體合辦弱勢學童科學營。他看到城鄉及貧富學習資源差距，也看到許多老師及志工在暗夜中點亮燭光。但燭光還不夠，要將爐火點燃。這就是他很高興擔任台達磨課師審查委員的原因。在台達磨課師平臺，學習者擁有的師資、資源、機會是均等的，不分城鄉，「這不只是一個教學方式的改變，更是一場消滅貧窮的社會運動。」

他歸納台達磨課師有幾項特點：一是結合產官學研共同合作，堪稱典範；二是邀請全國最優秀的高中職老師組成教學團隊，教學都深入淺出生動活潑，很能啟發學生學習興趣；三是特別錄製指考題目講解單元，對學生學習極有助益；四是從規劃、錄製到審查，每個步驟都一絲不苟。

周祥順審查課程最主要的標準有兩項：一是授課內容正確；二是講解方式清晰。他推崇台達磨課師的物理團隊非常優秀，錄製影片都符合上述標準。唯一的小缺點是字幕偶有錯誤。他對松山高中蔡皓偉、陽明高中張智詠兩位物理老師錄製的影片印象特別深刻，他們台風極佳，很有學生緣。其中蔡皓偉講解黑體輻射時，清楚說明一個教科書未強調的重點：「為何要利用黑體研究熱輻射？」，令人激賞。此外，物理科有些影片採師生對話，周祥順認為這種融入式的教學，可讓學生產生強烈的學習動機，老師可順勢引導學生一窺物理殿堂之美。

周祥順曾與高中老師討論如何利用台達磨課師輔助教學，有老師建議將影片切割成 3-5 分鐘更小的單元，方便在課堂播放；也有老師建議建立

解題影片平臺，錄製大量解題影片，並開放學生提問，由老師認養回覆。他建議台達基金會可與物理教育學會合辦工作坊，與高中老師交流分享。

◈ 數學科審查委員曾正男：
盼磨課師也錄製解題失敗過程，更有價值

政大應數系副教授曾正男是數學科審查委員，曾錄製「數值分析」等開放式課程。他指出，經過這波疫情，大家對於數位教學工具的認識及熟悉度提高，包括線上協作、螢幕分享及遠端監看系統等新技術，帶來不一樣的線上教學。

他舉例，他在政大教程式課，採同步遠距教學，效果比在實體電腦教室上課還好。因為他講完觀念，同學聽不懂可馬上發問，接著設計題目讓學生馬上實作。在螢幕上可以看到學生寫的程式，且可以調出優秀的程式讓全班同學觀摩，這凸顯有些課程在線上的互動性反而更好。而且他遠距教學全程錄影，學生當下沒聽懂，回家可反覆觀看。

曾正男指出，學數學有三大關卡，一要先看懂題目；二要決定用哪種觀念解題；三是計算不能錯誤。磨課師可把觀念的課程先拍好，老師在課堂就不用教了，應專注於透過計算演示的過程，讓學生了解如何用學到的知識來解題，診斷學生的問題，達到翻轉教學。

磨課師等線上教學推廣的一大障礙，曾正男認為是臺灣考試引導教學的制度，影響教學形式及學習態度，如果大學入學考試紙筆測驗全部改為線上測驗，學校會馬上積極推動數位教學。

曾正男指出，數學是科學之母，為何卻很少做實驗？數學缺乏實驗空間，因為光用黑板舉例就要操作很久，在有限教學時間內不會做。但若

政大應數系副教授、DeltaMOOCx 數學科審查
委員曾正男期許未來磨課師也能錄製解題失敗過
程，會更有價值。

使用電腦學數學成為常態，學生只要有基本程式知識，就可透過程式做實
驗，電腦跑很快，可快速得到實驗結果，從中觀察規律，歸納、假設、驗
證的科學歷程，就有機會發生。

　　針對高中跨域多元選修課程，曾正男幫高中數學學科中心設計一套
「跟著小蟒蛇玩數學」的課程，利用原意是蟒蛇的熱門程式語言 Python
學數學，由他錄引言，介紹課程及應用數學的最新發展，另三位老師錄製

課程內容。課程以資料分析為主軸，除了介紹 Python 的基本語法，也會利用高中學到的數學，教學生如何經由資料、統計分布等，透過程式讓學生重新認識高中數學，知道在大資料、大數據時代，數學可以預測未來事件，是很有用的，更加提升學習興趣。

曾正男指出，新課綱目標是培養未來需要的人才，訓練學生處理生活中數字、資料的能力，這才是活用數學知識的素養。若家長可以拋掉考試的緊箍咒，相信學校有很多熱情的老師，除了培養學生的考試能力，也很關心學生的全面性成長，應該會很喜歡台達磨課師。

曾正男說，台達磨課師的數學課程，在推導算式的過程，往往是用 PPT 一行一行跳出一堆算式，但學生不見得能跟得上。建議可比照網路點閱率很高的數學教學影片，用寫板書或電子白板，寫出算式，雖然比較不好看，但書寫過程對學習可能更有幫助。

他也期待未來能大量錄製解題影片，而且忠實記錄老師解題過程，包括錯誤、失敗、訂正錯誤的過程，畢竟老師也不是每一次都是一看到題目就能立刻解出來，能鼓勵學生更有自信。

◈ 生物科審查委員張永達：
磨課師課程有助探究與實作，補學校缺實驗環境之不足

臺師大生命科學系教授張永達曾擔任 2011 年我國辦理高中生物奧林匹亞競賽組織委員會主席，並擔任高中生物課綱研修委員、課審會委員，也曾主編國、高中生物教科書。他除了協助審查台達磨課師生物課程，也是北市酷課雲線上課程的審查委員。他表示，磨課師課程不限時空，可重複觀看，有助學生自學及差異化教學，也可以作為線上教學之預備。但實

臺師大生命科學系教授、DeltaMOOCx生物科
審查委員張永達指出，磨課師課程有助探究與實
作，補學校缺實驗環境之不足。

體教學有師生、同儕互動，磨課師應以輔助性質為主，尚無法取代正式課
程。除非疫情等特殊情況，非必要時實體課程不可偏廢。

　　張永達指出，雖然高中生的認知發展多半已進入形式運思期，但近年
來的生殖與遺傳、防禦與免疫等部分高中生物科單元，有許多抽象概念，
或過程、機制十分複雜，磨課師藉由動畫影像的呈現，有助學生了解及建
構概念。

　　108課綱除了素養導向，也強調探究與實作，張永達說，從我國學生

參加多項國際奧林匹亞競賽之表現，相較於印度、德國、俄羅斯等國，在探究與實作的素養，確實仍有改進空間。在國、高中實際教學上，應有足夠誘因引導教師設計相關課程，提供學生實作機會，培養學生探究之能力。

不過，張永達說，探究與實作是跨科、跨領域的課程，除了要多付老師的鐘點費，相關實驗空間、器材也要備齊，推動初期配套還沒完全到位，導致有些實作課淪為「乾實驗」紙上談兵。生命科學的一大特性，就是需要接觸活體，透過磨課師等數位教材，至少比光聽老師講課更能想像、理解。尤其台達磨課師的生物科課程大多由大學教授編寫及錄製，對高中生更有較高說服力。

審查課程時，以內容正確性最重要，避免學生產生迷思或錯誤概念。他印象最深刻的課程，是成大生物科技與產業科學系教授王涵青主講的「防禦與免疫」及郭瑋君教授「植物的激素」，敘說清楚，很有可看性。

張永達表示，線上課程尚未取代實體課程，一方面是教師的教學習慣，另方面可能是內容涵蓋面尚不夠完整，也還沒發展相對應的評量機制。台達基金會或許可找尋合作學校及教師，若能明顯提升學生的學習表現，推廣就更順遂。

◆ 地科審查委員許瑛玿：
建議磨課師列入教師手冊，讓更多師生觸及

臺師大研發長、科學教育研究所教授許瑛玿，曾主編高中地科教科書，熟悉 108 課綱的精神，是台達磨課師地科課程的審查委員。她指出，地科和其他學科一大不同點，在於很鼓勵老師到氣象局、美國太空

臺師大研發長、DeltaMOOCx地科審查委員許瑛
珆建議，磨課師可列入教師手冊，讓更多師生觸及。

總署（NASA）等國內外網站找資料，也更需要資訊融入教學能力，透過影音動畫解讀板塊運動等抽象概念。她建議可和教科書主編合作，將DeltaMOOCx列入教師手冊的補充資料，更有助推廣。

許瑛珆表示，地科研究的現象在大自然，時空尺度大，常要運用全球、長期觀測資料，透過歸納、解釋、推理來詮釋現象，並推估未來的發展趨勢。因此地科教學無法只在實驗室做實驗，更需要應用資訊融入教學能力，例如可透過電腦模擬程式看板塊運動及伴隨的地質現象及動力結構。

所以高中地科教科書的學習活動設計，有的是經上網搜尋即時觀測資

料來進行科學探究，例如上氣象局網站，解讀每天的氣象圖和預報圖；或針對颱風、地震、天文等現象蒐集觀測資料來進行專題研究。許瑛玿說，尤其天文學，學生光只是用一般望遠鏡，很難長期觀測，老師若語文能力好，還可引導學生進入 NASA 的龐大資料庫，轉化成專題或科展題目，驗證課本教的科學原理和自然現象，學生的興趣會更濃厚。

許瑛玿表示，108 課綱強調素養能力，上課不再侷限於理解概念、建構知識，更要培養孩子面對資訊時代，透過系統性思考進行探究與實作，數位教材的角色更顯重要。她稱讚 DeltaMOOCx 地科課程的動畫很不錯，例如星座的移動、地球公轉的模型，視角的轉變都做得很好，老師的台風很好，講解清楚。

她說，DeltaMOOCx 有很多課程結合動畫，非常精美，比單純的PPT 或圖片更易理解，適合在課堂上引用。但空有寶山，老師卻不知進去尋寶，實在很可惜。平臺應設計更多推廣功能，例如統計按讚數最多或動畫做得特別好的影片，在平臺或各科首頁特別介紹，更能吸引大家點進去觀看和應用於教學。

此外，搭配地科教科書的教師手冊，通常也會提供延伸的教學資源，納入多媒體教材。DeltaMOOCx 公益平臺或可與教科書主編合作，在教師手冊列入平臺課程的資料；甚至到偏鄉學校合辦研習推廣，強化平臺課程推廣和提高使用率。

許瑛玿自己也設立數位平臺，一直在發展社會性探究議題的課程。她建議台達磨課師也可和科學教育領域的教授合作，建立一套磨課師課程成效評估的方法論，針對不同特質、不同程度學生使用課程的反應，適度改變教學策略，作為優化課程的參考，讓課程更精益求精。

◆ 電機與電子群科審查委員林顯易：
發展模擬器，讓線上教學做到極致

臺北科技大學自動化研究所教授林顯易，曾錄製 DeltaMOOCx 大學自動化課程「數位信號處理器」、「機器人學」等課程，並擔任高工電機與電子相關科目的審查委員。

林顯易比較普高、技高及大學三種磨課師課程，認為普高偏重學科基本理論的理解，大學著重理論的深入推導與應用，技高則更著重實作。以

臺北科技大學自動化研究所教授林顯易，曾錄製 DeltaMOOCx 大學自動化課程，同時擔任電機與電子群科審查委員，建議發展模擬器，發揮磨課師的極致。

台達磨課師而言，技高已有相當豐富的線上課程，但是實作光只是在線上看老師操作，仍缺少動手做的部分，很難記憶深刻。

他表示，在電機電子等很多領域，業界早已開發出很多模擬器，在初學者接觸昂貴的儀器前，先讓他們操作模擬器，熟練後才真的上線，最常見的就是機師使用的模擬飛行器。

台達磨課師平臺，將來若能開發模擬器給學生免費使用，「更能做到線上課程的極致」。若無法到校上實作課，線上課程操作模擬器，更有必要。

林顯易指出，技高部分課程如「電子學」，仍需要大量理論知識，技高學生對數學與公式的了解可能有困難，磨課師可反覆觀看，作為課後複習教材。不過，若觀念上不能理解，數位學習幫助有限。但可透過平臺討論區詢問教師，爾後可彙整成 FAQ 或是 Q&A 影片。

林顯易審查磨課師課程時，會以初學者的角度審查，看是否能理解課程目的與內容。最常見的問題是缺少公式的物理意義說明，例如視在功率、虛功率等，以及計算的例子；投影片內容都不錯，內容很豐富，但建議教材可多些計算實例與使用時機及動機說明。

他建議，也可舉辦座談，讓審查委員與技高授課教師交換意見，更實質分享委員的專業與意見。

◆ 電機與電子群科審查委員石文傑：
多錄解題影片、擴及其他科目，造福更多學生

彰化師範大學工業教育與技術學系教授石文傑，兼任彰師大附工校長，也是台達磨課師電機與電子群科課程審查委員。他曾參加課綱研修相

彰師大附工校長、電機與電子群科審查委員石文傑建議，DeltaMOOCx 可多錄製解題影片，並擴及其他科目，造福更多學生。

關會議，及擔任國教院教科書審查委員，同時出版技高及大專教科書，也獲得教育部數位教材認證，有開設遠距教學課程的經驗。

石文傑指出，大學因授課彈性比較大，較易推動磨課師等線上課程。反觀高中職受限於課程教學方式不同，比較不易推動。高中職學生以往全天在校上課，沒有自主學習的時間及彈性，學校也沒有推動遠距教學的迫切性；相關軟硬體設備能否配合，也是個問題。高中職的磨課師課程應該是校方用於補救教學，鼓勵學生自主學習。

此外，由於技高學生目前普遍升學，都要參加四技二專統測，目前台達磨課師錄製的電機與電子群科課程，可供學生準備升學考試，石文傑建議可多錄解題影片。他說，彰師大為因應學生考研究所的需求，就請老師錄製各校研究所歷屆考題解題，對學生幫助很大。

　　石文傑從台達磨課師計畫一開始，就擔任審查委員。他稱讚台達課程相當具有特色，愛爾達的錄製環境也很專業。最難得的是，錄製的課程已包含 108 課綱基礎或較困難的單元，有助推動課綱及老師的教學輔助。

　　過去他審查課程發現字幕及旁白不一致的問題比較多；有時也會出現公式誤植。他建議可以整理歷次各審查委員的意見，提供給準備錄製課程的教師參考，避免發生相同錯誤。

　　台達磨課師的課程相當完善，石文傑建議應多辦理課程使用研習，讓現場老師知道相關訊息，介紹給學生使用。他更期待能錄製其他群科的課程，造福更多學子。以彰師大附工而言，他也會推薦給校內相關群科老師。例如該校文教基金會補助經費，請校方名師幫留校的弱勢生免費課後輔導，就可採用台達磨課師的課程當輔助教材。

4

客製化多功能平臺，
線上觀課開課很方便

線上課程的內容再好，若缺乏設計良好、功能完善多元的平臺，無法讓使用者容易觸及，或使用不夠友善，恐空有美意，影響成效。DeltaMOOCx 因此先後請清大教授黃能富、元智大學教授蘇傳軍帶領專業團隊設計及改良客製化平臺，強調互動性，設計討論區、線上測驗、分析學生觀看率等數據統計功能。

　　尤其平臺融入 SPOC（小型私人在線課程）的功能，可讓老師在封閉網路獨自或聯合開課，除可引用 DeltaMOOCx 的課程，也可自錄或引用其他線上課程，更加彈性。因應 108 新課綱升學採計學習歷程檔案的新制度，平臺也開發學生自主追蹤學習歷程的功能。

清大電機資訊學院院長黃能富創立「學聯網」，協助 DeltaMOOCx 建置第一代課程平臺。

DeltaMOOCx 成立初期,請清大資工系特聘教授、電機資訊學院院長黃能富創立的「學聯網(ShareCourse)」協助,利用其平臺技術,為 DeltaMOOCx 另創設大學與高中兩個專屬平臺外,並開發客製化功能。

黃能富是國內大學錄製磨課師課程的先鋒,他在新竹清大錄製的「計算機網路概論」,是臺灣第一門在北京清大「學堂在線」上架的課程,有 1.5 萬人修課;第二門上架的「物聯網概論」,修課人數倍增到 3 萬人。

他表示,大學和高中的磨課師有本質上的差異。例如大學課程沒有全國統一的課綱規範,選修空間大,學生不用全天待在學校,所以磨課師課程更適合大學生自主學習。

不過,黃能富說,大學的磨課師課程,選修人數有的甚至幾千、幾萬名,開課教授很難和學生密切互動,光一一回覆問題都很吃力,作業也往往要請助教協助批改或同儕互評。

◆ 在平臺開設 SPOC 課程,輔助高中教學利器

相較之下,高中各科課程有統一的課綱規範,選修空間小,學生全天待在學校,回家後透過磨課師自主學習的動力比較弱。所以應該以教室上課為主,線上課程為輔,由老師帶領安排進度,把磨課師融入課程。尤其透過 SPOC 課程,規模小很多,老師較應付得來。

黃能富表示,在 DeltaMOOCx 開設 SPOC 課很彈性,可獨自或聯合開課;可引用平臺的課程,也可自錄課程或混用。並可指定文字或影音作業,請學生上傳成果,相互觀摩或互評;老師也可線上測驗或約定時間和學生線上討論。

值得一提的是,為因應學生的升學考試需求,有些老師基於課堂時間

不夠，就自錄課本或講義的解題影片，放在 SPOC 課程，方便學生複習；也有老師異校聯合開設 SPOC 課程，分工合作錄解題影片，既可減少負擔，也可讓學生觀摩不同老師的解法。

DeltaMOOCx 的平臺運作幾年後，高中、高工及大學師生等不同客群都反映瀏覽速度較慢、用手機觀看不便等問題，需要客製化更多元、便捷的功能。台達電子文教基金會於是委託元智大學「智慧生產與管理創新研究中心」主任蘇傳軍帶領一群研究生，設計新平臺。高中／高工平臺於 2019 年 3 月上線，大學版的新平臺於 2020 年 1 月上線。

蘇傳軍指出，若從平臺介面設計來看，高中磨課師分為六大學群科，依學群科作為分類依據來設計界面，新單元課程上線，會立即在平臺首頁公告；大學磨課師目前主要為自動化學程的 32 門課，首頁一滑到底可看

元智大學「智慧生產與管理創新研究中心」主任蘇傳軍（前排中）帶領一群研究生，設計 DeltaMOOCx 第二代平臺。

到所有課程。

從開課時程來看，高中磨課師一年 365 天 24 小時開放報名；大學磨課師則配合大學實體上課行事曆，每學期期初開放報名，學期結束課程下架。

以功能開發來說，高中、大學磨課師每門課程都有設計討論區，可線上詢問各科教師問題，當學生提問後，會再以 e-mail 通知線上教師回覆；大學磨課師則設計考試功能，同時開發整合型的成績查看方式，以利核發修課證明書。高中端也開發完整學習歷程檔案。

◈ 新平臺適用各種載具，拓展更多功能

蘇傳軍表示，舊平臺到後期出現運行速度緩慢、無拓展性等問題。新平臺植基於世界三大 MOOCs 平臺之一的 Open edX 框架，在擁有眾多豐富功能的同時，也具備更加強大的拓展特性，更能因應開課老師提出的想法與建議，開發相對應的功能。

此外，為提高師生使用率，高中磨課師新平臺以「響應式網頁」的架構設計，可在手機、平板、筆電及桌機等不同裝置中達到一樣的使用效果。

舊平臺瀏覽速度慢，主因是影片放在平臺要有網址或 mp4 檔，需要容量比較大。新平臺直接將影片放在 YouTube，解決頻寬不夠、看影片容易卡住的問題。影片也放在中國大陸優酷視頻，可直接觀賞，不用再靠VPN（中繼伺服器）從第三國翻牆上 YouTube。

針對影片瀏覽數據的統計應用，蘇傳軍說，新平臺已加入該功能。在拓展性方面，新平臺具備較大潛力蒐集數據，分析學生瀏覽情況，為學生和老師提供更豐富的數據資訊。

◆ 因應 108 新課綱，納入學習歷程記錄功能

值得一提的是，108 新課綱一大變革，就是高中生從高一開始就要記錄學習歷程檔案，大學申請入學採計學習歷程檔案至少占總分兩成。

很多高中師生因此希望 DeltaMOOCx 能納入記錄學習歷程的功能，甚至發給證明書，作為申請大學的書面審查資料。蘇傳軍說，DeltaMOOCx 前幾年即部署學習歷程檔案所需的資料內容，2021 年更重點開發學習歷程的功能。至於發放證明書則要有配套，各教育主管機關、校級單位應配合認證，才能讓學習歷程及證明書有價值。

高中線上教學方興未艾時，台達基金會幾年前就超前部署建置 DeltaMOOCx 磨課師平臺。COVID-19 疫情蔓延，遠距教學成常態，包括 Google Meet、微軟 Teams、Zoom 等結合視訊會議的線上教學軟體也不斷推陳出新，成為主流，傳統的磨課師平臺要如何因應或升級？

黃能富指出，磨課師是非同步教學，預錄好課程給學生看，即使有師生互動功能，主要是師生約時間在線上討論，且以文字溝通為主，非線上會議。

相較之下，Google Meet 等線上會議軟體的好處是同步教學，老師可以看到學生，即時互動，還可引用 PPT 或分享其他網頁的圖文或影音內容當成補充教材。黃能富因此表示，高中老師在疫情期間線上教學，比較適合用 Meet 等視訊軟體，較有效率，也較能掌控學生動向。

黃能富說，磨課師平臺融入線上會議的功能，在技術上本來就可行，也不複雜。他創立的學聯網，曾開發線上會議平臺「Share Room」，但最後不敵 Google、微軟的免費視訊會議軟體而收掉。因為視訊會議最大的挑戰是能同時容納多少人上線，只有像 Google 這種財力雄厚、有龐大雲端

的科技巨擘，才能大規模讓幾千人同時免費使用視訊軟體，DeltaMOOCx若要加入視訊會議功能，勢必需要付出很高的成本。

蘇傳軍則另舉很多老師使用的 Google Classroom 為例，整合了 Google 自家的雲端硬碟、文件、試算表、Gmail、Meet 等常用功能，讓原本就熟悉 Google 各功能的使用者快速上手，且除了網頁版，還提供各作業系統的 App，讓使用者能透過手機輕易上課，取得教材。

他說，不可否認，Google 作為一個世界級公司推出的產品，在功能方面當然有其相對優勢，但也會有相對的缺點，就是無法面面俱到，照顧到所有老師的實際使用需求，只能有什麼功能就用什麼功能。

◈ 高中磨課師 2.0 努力朝 App 化，與國際平臺接軌

蘇傳軍表示，DeltaMOOCx 高中磨課師 2.0 也正努力與台達文教基金會探討未來能否朝著 App 化的方向開發，與國際平臺接軌，同時讓平臺所錄製的 108 課綱課程能觸及更多學子。

此外，這次全國停課不停學，高中老師線上教學最煩惱的事，莫過於線上評量及實作、實驗課怎麼上的問題。蘇傳軍說，線上評量技術已在大學磨課師實行，但很難做到百分之百防弊。每個線上學習、遠距教學平臺的線上評量都難達到完美，儘管有些平臺透過監控的方式監考，也無法完全確保公平性。

蘇傳軍表示，根本性的問題在於，所謂的線上教育，並非簡單地將線下教學內容及方式搬到線上平臺，還需要老師與學生共同支持使用新技術，創造新的教學方法與更公平的線上評量方式。

「在疫情常態化的當下，無論是否願意，我們無法完全回到過往的生

活狀態，所以過往的教學方法也需要順應時代改變。」蘇傳軍說，幸運的是，當前我們有大量的技術可為線上教學創造適合的工具與平臺，而如何來創造，則需要第一線老師與負責開發的技術團隊共同探索。

像 AR 或 VR 等技術都非常適合應用於遠距教學，作為技術團隊，蘇傳軍也非常期待將來能有機會將更先進的技術融入平臺，為教育界帶來更便利的教學工具。

他不諱言，疫情前臺灣對線上教學的接受度與普及率並不高，但經過這次疫情，期許 DeltaMOOCx 能夠擔任線上教學的領頭羊，在國教署、國教院與基金會公私協作下，普及社會大眾對線上課程的認知。

5

錄製高畫質課程，
愛爾達為磨課師立標竿

DeltaMOOCx 所有課程都在愛爾達電視台的專業攝影棚，錄製 HD 的高畫質影片，為國內線上教學平臺立下標竿。課程包括大學及高中數學、物理、化學、生物、地科及高工電機與電子等 6 個不同領域，除了棚內錄製影片外，還要解決外拍、實驗、實作、3D 動畫及師生對答等不同技術層面的問題，愛爾達製作團隊得見招拆招，一一克服。

愛爾達科技股份有限公司董事長陳怡君指出，2000 年成立的愛爾達科技，是本土原創數位新媒體，既是科技公司，也是電視台。早在 2000 年愛爾達就曾直播總統大選，堪稱臺灣大型直播的始祖。

愛爾達科技股份有限公司董事長陳怡君帶領專業製播團隊，協助 DeltaMOOCx 錄製 HD 高畫質課程。

◈ 轉播東奧總觸及數逾 10 億人次，愛爾達錄製高畫質磨課師影片

陳怡君說，愛爾達 2008 年成立電視台，率先取得當年北京奧運臺灣新媒體的轉播代理權，也是京奧發出的第一張新媒體代理權。之後 2012 倫敦、2016 里約及 2020 東京奧運，愛爾達連續拿到 3 屆奧運臺灣區的轉播總代理。

尤其因疫情延後一年，2021 年 7 月 23 日到 8 月 8 日登場的東奧，臺灣拿到 2 金、4 銀、6 銅的史上最佳成績，也讓愛爾達的訂戶及轉播觸及數激增。奧運熱潮讓付費觀賞的 ELTA.TV 用戶數成長近 6 倍，瀏覽數 9,000 萬次。另外，愛爾達在臉書與 YouTube 社群媒體上的影片加上貼文觸及數，更達 10 億人次佳績。

2014 年台達電子文教基金會提出成立 DeltaMOOCx 教學平臺的構想，請愛爾達負責錄製。陳怡君表示，基於公益、非營利性質，愛爾達更願拋磚引玉，積極配合，利用既有資源及專業技術，協助錄製 HD 高畫質的磨課師課程，並落實鄭崇華先生的初心，「把對的事情做好」。

陳怡君說，DeltaMOOCx 草創時期，各科老師幾乎都沒有在電視台攝影棚錄影的經驗。為了製作高品質的線上課程，愛爾達製作團隊建立錄製課程 SOP，並和老師分享一些觀念，引導老師們不要抗拒或害怕錄影鏡頭。在老師們習慣棚內錄影模式後，多半就會比較放鬆，並且願意錄製更多課程，形成正向循環。

◈ 高中課程審查嚴格，一修再修確保無誤

負責 DeltaMOOCx 專案的愛爾達製作人石曉茜指出，錄製高中和大學課程，有很大差別。首先，高中都是按課綱來規劃及錄製課程，前三年把課本教材轉成數位化，自然較受侷限。相較之下，大學課程沒課綱限制，更有發揮空間。

其次，高中課程的審查機制，比大學更加嚴格，所有影片都要送國教院審查，因此老師在錄製上難免有點綁手綁腳，用字也很小心，錄影時，甚至還會請同科的老師同步觀看並勘誤。

此外，高中課程是由大學教授審查，因他們不是第一線教師，對高中教材或學生程度可能沒那麼嫻熟，和高中老師的認知會有落差。也因此課程審查和修正花了很多力氣及時間。

另一方面，大學教授較習慣用投影片上課，因此進棚錄影就和平時上課一樣；而高中老師平時上課以板書為主，著重和學生互動；進棚錄影時，許多高中老師很不習慣棚內沒有學生，一個人對著鏡頭從頭講到尾，因此錄影時較難一氣呵成，要花較多時間適應與調整。

◈ 各科見招拆招，指考題目太長改用海報解題

石曉茜強調，不同課程有不同呈現方式，無法訂出一體適用的SOP。例如錄數學解題時，因著重的是計算過程，老師不見得要露臉拍攝。以木柵高工物理老師謝孟揚錄製的「介紹游標尺的使用」來說，也沒露臉，就是利用手繪軟體呈現，效果很好，點閱率很高。

當老師無法適應面對鏡頭拍攝時，石曉茜就會當救火隊，不只多次幫

忙配音，在生物觀察這門課程中，還曾以主持人的方式現身錄影，協助完成錄製。針對強調素養導向的物理課程，石曉茜也擔綱主持，與老師們以對談聊天的方式，傳遞生活知識與觀念。

此外，大學指考、學測的題目越出越長，老師拍攝解題影片時，題目常擺不進一張投影片。所以在錄製化學通關試題時，題目就改用海報的形式呈現。

不同科目在錄製課程時，也各有特色及問題，石曉茜透過不斷和老師溝通，尋思如何解決問題，找出最適合呈現的模式。

她舉例，電機電子與數學比較相似，課程多半在解題且有較多公式。最常遇到的問題就是算式太長，若全部擠在同一張投影片，字會太小，看不清楚；但若把算式分成三、四頁，又可能切斷閱讀的脈絡，學生看到第三頁，會忘了第一頁講什麼。她於是和老師不斷磨合，給予適當建議，例如將主公式都放置在每張投影片的右上方。

曾慶良教數學演話劇，借戲服扮瑪利歐

數學科一開始找了建中、北一女等明星高中名師拍攝課程，但若站在整體學生的角度來看，可能會稍顯難些。石曉茜也會適時建議，降低課程內容難度或用學生更可接受的方式講解。例如北一女數學老師蘇麗敏教到「隨機的意義」時，採用老師和三個學生的對答動畫，就很生動有趣。

石曉茜說，後來有許多社區高中老師加入數學課程的行列，他們的教法有趣易懂，較貼近學生認知需求。印象最深刻的是，北市永春高中數學老師曾慶良，他為 DeltaMOOCx 錄製多項式相關課程時，和其他幾位老師合演話劇，扮演任天堂電玩瑪利

北市永春高中曾慶良（右）、 新北市海山高中張志豪老師錄製DeltaMOOCx數學多項式時，和其他老師合演話劇，扮演任天堂電玩瑪利歐的不同角色，非常吸睛有趣。

歐的不同角色，非常吸睛有趣。

　　而物理和化學課程，則有較多實驗。石曉茜說，由於攝影棚是密閉空間，為了安全起見，棚內不能點火，也不建議有水或味道太重的氣體物。因此，選修化學的綠色實驗，就全部在臺師大化學系的實驗室進行，因為相關器材應有盡有，且有抽風系統，更有真實感。

◈ 化學實驗拍攝有難度，物理師生對談重溝通

　　石曉茜提及，錄製化學實驗比較複雜、麻煩，開拍前需要完整的腳本與拍攝流程表。且因很多實驗使用的是透明的小容器瓶，不易對焦，拍攝上有一定難度，要另外帶大螢幕到現場，確認對焦清楚。

物理科的一大特色，是錄製 108 新課綱素養課程時，採取老師和學生對談的模式。石曉茜解釋，這是由於素養導向課程著重以學習者為中心，設計出的教案，有別於原本老師從頭講到尾「唱獨角戲」，改以「老師提問、學生思考回答」的形式。為了蒐集學生的真實反應與答案，並寫入腳本，這些新教案都先在實體課堂試驗。

　　錄製師生對談難度比較高，因為學生要先花時間背腳本，但又不能太死板，要自然一點，因此事前要排練多次才能上場。且因在實景棚拍攝，也須搭設棚景，並和老師溝通需要使用的道具或器材。例如新竹市成德高中陳家騏老師主講的「克卜勒行星運動定律」，就請學生當場操作重力模擬 App「Orbit」。

DeltaMOOCx 物理科的一大特色，是錄製 108 新課綱素養課程時，採取老師和學生對談的模式，事前要排練多次才能上場。

石曉茜稱讚錄製物理課程的老師年輕有創意，影片中有很多吸睛的動畫，實驗也拍得好玩又有趣。其中北市陽明高中物理老師張智詠，不僅能用貼近高中生的語言授課，且反應快，面對鏡頭馬上侃侃而談。他和石曉茜兩人曾搭檔拍攝素養課程，錄影過程，擦出不少有趣的火花，令石曉茜印象深刻。

「修大同電鍋」關鍵字奏效，家用電器維修這支影片爆紅

電機電子的課程則有較多實作課程，多半是接麵包板（免焊萬用電路板），可利用投影片呈現。較特別的是南港高工冷凍空調科主任黃俊程主講的「常用家用電器之檢修」，其中電鍋維修這段影片點閱人數特別高，一年就累計超過 1.4 萬人次。從後臺數據資料發現，有很多人是用「修大同電鍋」這幾個關鍵字找到影片；且許多影片的平均觀看時間，大約在 3 分鐘左右，但黃俊程修電鍋的那支影片平均觀看時間，竟高達 12 分鐘，這表示很多人幾乎是從頭看到尾，可見拍攝題材與生活相關的重要性。

由成大教授擔綱主力的生物科，課程大量使用圖片，因版權問題須重畫或改製，愛爾達也花了不少心思後製。而生物科的前兩個單元，是由生物學科中心老師先錄製生物觀察相關的課外內容，大多以外拍為主，最大的問題是外拍現場充滿不確定性，常發生預想不到的事情。

第一次到新竹香山海邊的潮間帶拍螃蟹，因海風實在太大，連腳架都站不穩，老師講解的收音效果也不佳，近拍螃蟹會嚇走牠們，只能用鏡頭遠吊，因此畫面很難抓。最後決定先以拍攝畫面為主，回攝影棚再配音，做成類似國家地理頻道介紹生物的節目。

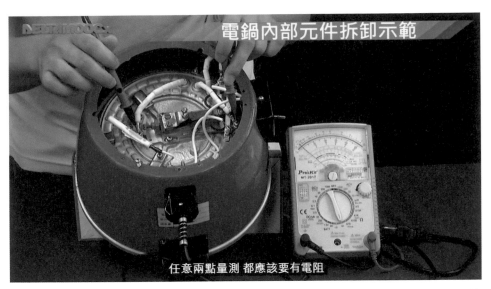

電鍋內部元件拆卸示範

任意兩點量測 都應該要有電阻

南港高工冷凍空調科主任黃俊程主講的「常用家用電器之檢修」，其中電鍋維修這段影片點閱人數特別高，一年就累計超過 1.4 萬人次。

潮間帶外拍生物較危險，浮潛拍珊瑚累得差點游不上岸

以外拍潮間帶來說，石曉茜和老師都會事先勘查現場，確認適合拍攝的日期、地點及所需準備的攝影、收音器材及燈光，例如攝影機要準備防水裝置及夜間照明設備等。每次外拍要兩三天，光愛爾達就要出動 6 個人力，包括兩名攝影師配兩名助理，現場執行及石曉茜本人。助理除了幫忙扛腳架，也要抱著外接大螢幕，避免陽光太大，從攝影機的小螢幕看不清拍攝物。

到潮間帶拍攝要注意的事情很多，包括走在有青苔的礁岩，一定要戴手套並穿防滑鞋。若要拍攝夜間出沒的生物，就必須更小心，且須特別留

意漲潮時段，曾有攝影師助理在打燈時不慎滑倒，摔壞租借的燈具。

　　石曉茜印象最深刻的一次，是有次到臺東基翬漁港拍攝珊瑚礁。她當時兩手各拿一台攝影機及 GoPro，從港口游到外海浮潛拍攝，因拍得太過專注，一直到兩台攝影機都沒電了，且身體開始失溫發冷，才準備返回。不過，當她一浮出水面，發現已看不到岸邊，且不確定方向，只好奮力往

愛爾達電視台負責錄製 DeltaMOOCx 課程影片的
製作人石曉茜，到臺東基翬漁港外海浮潛拍攝生物
科珊瑚礁影片。

回游，過程中她還被海水嗆到。早已筋疲力竭的她，仍靠著意志力，用盡最後一絲力氣，終於游上岸，「那一幕至今記憶猶新，真的是用生命去拍攝啊！」

地球科學的課程如板塊運動及孫維新教授主講的「星空奇航」，用到許多 3D 動畫。石曉茜表示，從 2D 平面變成 3D 立體，製作上要留意很多細節，包括轉動的角度、速度、方向等；要和老師不斷地溝通，反覆修正，花了不少時間與成本。

愛爾達電視台 2014 年起為 DeltaMOOCx 錄製影片，隨著業務量不斷增加，愛爾達於 2017 年新設專職部門。石曉茜負責 DeltaMOOCx 專案，因此對線上教學及技職教育產生興趣，想要進一步瞭解臺灣的教育體制、現場老師遇到的教學問題及數位科技在教育上的應用，即使工作再繁忙，她仍堅持進修，攻讀臺北科技大學技術及職業教育研究所博士班。

石曉茜就讀多倫多大學時，雙主修生命科學及會計，還兼差當家教，在補習班教數學和微積分，週六還在中文學校教中文，且拿到教英文的TESL 證照。

畢業後她返臺工作，因緣際會投入媒體，擔任電視記者、主播、主持人、製作人。後來接下 DeltaMOOCx 的工作，常跟老師接觸並討論課程腳本，初期老師們大多不懂該如何將教材轉為數位課程，但她因在加拿大有遠距上課及教學經驗，幕前幕後都可提供協助。

也由於石曉茜當過主播，很了解老師在鏡頭前碰到的問題；她是製作人，所以懂得攝影與後製，包括如何拍攝、怎麼剪接與做特效。每次拍攝幾乎都會遇到不同問題，須現場解決，臨場反應要很快。

她目前在臺灣科技大學語言中心兼課，教新聞英文。

◆ DeltaMOOCx 默默耕耘終被看見，陳怡君建議社群媒體多推廣

在全國疫情停課不停學期間，陳怡君說，身邊的親朋好友，只要看過 DeltaMOOCx 的課程，都稱讚影片的品質真的很好，不但可放慢看，有助複習；且由於是 HD 高畫質，放到大螢幕看也很清楚，不會傷眼睛，凸顯鄭崇華先生當初高瞻遠矚，堅持磨課師課程影片要 HD 畫質，立下高標準，大家看習慣，「以後就回不去了！」

「這幾年來，DeltaMOOCx 的製作團隊及老師們蹲在角落默默耕耘，初期鎂光燈沒照到，大家不知道你在做什麼。」陳怡君說，如今全國學校突然因疫情改線上教學，DeltaMOOCx 練兵多年的美好成果，終於有機會被更多人看到。

陳怡君表示，在後疫情時代，DeltaMOOCx 只要覺得愛爾達在拍攝品質、錄製方式能有更新創意或應用，一定會全力配合。她認為，可利用臉書、Instagram、LINE 等社群媒體，加強推廣及宣傳，吸引更多家長及師生觀看課程，讓高品質課程發揮最大效益。

她建議，DeltaMOOCx 可好好經營臉書粉絲專頁，可以請一個喜歡教育，對行銷、新媒體有操作經驗的人才來當小編，根據社會上大家關心的重大事件，設計淺顯易懂的梗圖或吸睛議題，吸引大家的目光，導入更多人觀賞課程，慢慢累積 DeltaMOOCx 品牌的好感度及影響力。

陳怡君以連續轉播四屆奧運的愛爾達電視為例，常透過大家最關心的賽事或選手，拉高愛爾達的知名度及觸及率。以東京奧運為例，當愛爾達轉播世界排名第一的羽球女單選手戴資穎，和宿敵泰國依瑟濃的羽球女單八強賽時，就邀請小戴的姊姊戴靖潔來當球評。戴姊因為太投入，在緊要關頭喊出「小戴，妳可以的！」，讓不知情的觀眾以為她和小戴在裝熟。

後來經別的球評在臉書揭露戴靖潔的身份，觀眾才恍然大悟，愛爾達請的球評，真的和小戴很熟。也因為這個梗，很多觀眾因此認識愛爾達，進而觀賞愛爾達轉播賽事。

　　陳怡君認為，DeltaMOOCx 粉絲專頁也可在大學學測、指考、技專統測或高普考等重大考試前夕，精選出有助於考試複習的單元或小課程，也可錄製提醒考試注意事項的短影片或設計有趣的梗圖，吸引更多師生及家長認識台達磨課師，進而觀賞課程，達到最大效果。

6

團隊合作從無到有，
數學科帶頭示範

一、前瞻規劃磨課師課程，承先啟後，築夢踏實

由於資訊科技的高速蓬勃發展，廣泛普及的網路設施，使得「線上教材」、「遠距教學」、「互動式線上學習」、「雲端數位學校」相繼產生。除了打破時空限制，縮短城鄉差距外，更結合 AI 人工智慧與大數據分析，展現無遠弗屆的學習成效，也對高中課程的教與學產生前所未見的改變與影響。

尤其現今學生的學習與資訊取得更多元，傳統學校授課受到相當程度的挑戰。翻轉教學課程與學習模式，包括合作學習、學習共同體與 SPOC 等，也讓教室成為共同討論、引導思辨的場域，學生的學習也享有更多適性的學習資源，不但能持續形塑以學生學習為中心的教育理念，更產生「天涯若比鄰、千里共嬋娟」的學習新視界。

這股教育新浪潮也在臺灣積極醞釀發展，在台達電子文教基金會鄭崇華董事長與許多教育先進多方努力與前瞻規劃下，大學磨課師課程風起雲湧之際，2014 年教育部國教署、台達電子文教基金會、國教院與高中學群科中心四方正式簽約，開啟臺灣高中磨課師課程適性研發的新紀元。

◆ 探索研究領航，數學科在建中、泰北、竹南等三所高中實驗磨課師課程

「高級中等學校 MOOCs 課程計畫」由清華大學講座教授彭宗平主持，在專案辦公室、國教院與教育部高中課務工作圈共同協作指導下，普通高中數學學科中心磨課師課程的試探性研究率先登場。為做好相關準備

台達磨課師高中／高工課程草創初期，請高中數學學科中心率先進行試探性研究專案計畫，由建中老師曾政清擔任計畫召集人。

工作，在 2014 年 5 月成立磨課師課程研究團隊，由建國中學曾政清老師擔任課程研究計畫專案召集人，邀約具有數位教學經驗的竹南高中李政豐、羅東高中官長壽老師協助資訊融入教學動畫製作，並由建中黃世穎老師實施磨課師實驗課程，以進行課程成效探究。

在教材部分，則配合當時 99 課綱高一下數學教學進度：古典機率與條件機率單元，為強化線上教材豐富與多元性，除納含建中數理資優班獨立研究教材與定期考數學評量試題外，並運用學科中心「學習共同體」數學課程學習方案，共同打造台達高中磨課師首部線上課程。

考量磨課師課程研發的多元特性，研究團隊邀請臺北市私立泰北高中

老師藍邦偉擔任線上教學演示者，並徵得該校張水明校長全力支持相關拍攝與教學研究，讓後續教學研究得以在建中、竹南與泰北等三所不同特性高中同步開展。三校皆以學習背景相近的兩班參與課程教學研究，其中一班為實驗組，以磨課師線上課程進行學生自主學習與教師適性輔導；另一班參照組，則維持原先傳統授課方式，以確切了解數位學習的實際成效。

承蒙愛爾達電視台製作人石曉茜小姐與製播團隊專業協助，團隊分工合作，經歷 120 小時的課程研發，高效能完成製播、拍攝與審查等流程，接續為期兩週的教學實驗等適性研究。值得一提的是，此研究方案除了建立未來高中各學科中心磨課師課程研發流程的 SOP，製作不同類型學校、不同學習能力學生的線上課程，對未來的課程製作及拍攝模式研發有很大助益。在研究計畫執行後期，數學學科中心也於同年 6 月 13 日召開學者專家諮詢會議，通過磨課師拍攝計畫，並依據當時學科中心主任、建中校長陳偉泓提出的構想，製作多元與創意的數學磨課師課程。

同年 8 月 14 日數學學科中心召開磨課師工作小組會議，聘請臺灣師範大學數學系陳昭地教授與中央大學單維彰教授，擔任課程審查與拍攝指導工作，並結合學科中心數學適性課程專案研發教學組，積極研發 99 課綱高中數學第一冊「指數與對數函數」3 小時的磨課師課程。邀請藍邦偉、溪湖高中李惠雯以及竹北高中蕭佑玟等三位具有課程製播相關經驗的教師，擔任教學拍攝工作；另邀請李政豐老師拍攝多項式及方程式的解題與「拉格朗日差值法」新課程單元的學習應用等線上課程。

當時 12 年國教數學新課綱正如火如荼研修當中，為高效率拍攝 99 課綱高中數學磨課師影片，及時提供相關學習資源，造福學校師生，也為了承接將來 12 年國教新舊數學課綱的教材差異銜接的問題，數學學科中心磨課師工作小組接續延攬 12 年國教數學領綱研修小組成員共同加入，讓

新舊數學課綱巧妙融合，促進新課綱的學習風潮，帶動教學變革。此外，也積極邀請多位 108 新課綱技術型高中與綜合型高中數學領綱研修小組成員與專家學者，共同擔任磨課師教材編撰與審查工作。針對各類型高中數學課程的異同，作系統性整合與規劃，奠定未來各類型高中數學磨課師課程間的良好銜接。不但讓普高與技高數學轉銜與課程共構能無縫接軌，且可讓各類型高中數位教學人才交流與資源分享，節省拍攝人力及物力，可謂一舉數得。

◆ 依學生能力與興趣設計課程及評量，教師及志工線上解說、諮詢

投資教育就是投資未來，高中數學磨課師課程計畫 7 年執行成果，從無到有，蔚然成林。整體課程規劃依據國內新課綱課程研發經驗，並參考國外「可汗學院」知識節點模式，統整高中數學課綱內涵與學習架構，凝聚第一線教師的專業智慧與實務經驗，先後研發出 99 課綱高中數學三年六學期的線上課程，和配合 108 新課綱之實施，拍攝普高數學三年六學期（含加深加廣選修數學甲與數學乙，以及多元選修數學跨域微課程）及 108 新課綱技術型高中工科（C 版）數學線上課程。期待在全方位開啟高中數學磨課師數位課程的新思維下，有效提升高中生數學的學習成效與適性經營開展 SPOC 課程新契機。

在數學、物理、化學、生物與地球科學、電機與電子等學群科中心陸續打造磨課師專案課程後，藉由 MOOCs 的課程設計與 SPOC 即時互動，提高學生課程參與度。尤其奠基 12 年國教以學生學習為中心的教育理想，期待磨課師高品質線上課程在國教院嚴謹審查協作下，能積極轉變教師的

教學方式，改變學生的學習習慣，從課前預習教材、線上與課堂討論、課後延伸探究，到多元適性評量及補救教學，進行翻轉教學，激勵高中課程革新。期待透過相關教學課程的研究分析與經驗傳承，發展數位自主學習風潮，啟動蝴蝶效應，讓這股教育新浪潮，從都會到偏鄉離島，無所不在地協助教學現場，創造出更優質的學習氛圍，有效提供學習資源與提升教育品質，成就每一位學子的無限可能。

此外，數學學科中心更結合資源研發小組蒐集的各高中定期考優良試題，打造知識節點，以有利於學習者的使用為方向，編製磨課師評量習題。每一單元數小時的課程，依據難易度，由淺而深，分割成 10-15 分鐘小單元，設計教學與課後評量，讓每位學生可依自身學習能力與興趣，學習不同難易程度的課程，並選擇符合自身程度與學習速度的方式與評量；也提供弱勢學生反敗為勝的學習機會與迎頭趕上的學習藍圖。

尤其結合課程的學習地圖，輔以線上學習歷程檔案，由任課老師提供線上問題回應與解說及線上數學志工即時諮詢（Ask Doctor MATH）服務，依據學生學習狀況，分工合作，提供適性化學習資源。期許打造 SPOC 數位學習平臺，積極進行差異化教學與多元化適性評量，透過拔尖方案或補強充實等優質課程，點亮臺灣學子學習，幫助他們築夢踏實。

二、新舊課綱無縫接軌，普高、技高課程共構

製作 99 課綱磨課師課程的後期，108 高中數學新課綱陸續研修完成，許多課程得以奠基舊課綱的學習內容，朝向素養導向的新課綱。首先製作

團隊將新舊課綱相同的數學學習單元適度剪輯，進行刪減、調移與適度強化。例如99課綱二次曲線本來是屬於高二下學期的學習內容，新課綱則調整至高三加深加廣選修的數學甲，並新增平移與伸縮、運用線性變換、旋轉橢圓的（以原點為中心）標準式。磨課師課程專案小組為了無縫接軌，邀請原先拍攝舊課綱相同課程單元的教師再度粉墨登場，入棚拍攝，融入新增的學習內容，重新剪輯為新的108課綱線上課程。

◈ 創建工科C版數學磨課師，普高與技高課程銜接共構

現行高中分成普通型高中、技術型高中與綜合型高中，因應學習轉銜實際需求，建置後期中等教育核心課程，讓高一學生能適性發展與輔導。尤其12年國教新課程在108學年度正式登場，高中學習階段的數學領域課程綱要，在普高、技高及綜高數學研修團隊共同努力合作下，形塑以學習者為中心的教育理念，發展數學素養教學及有意義的學習，採最大可能的共構，扎根數學基本能力，期待奠基學生數學基本能力與素養，展現不一樣的課堂風景。

以往技高數學科的數位學習資源，相較於普高較欠缺，提供技高適切的線上課程，更能因應現場教師的實際需要。因此台達數學磨課師專案將研發內容從普高必修、選修、加深加廣課程，擴展至技高工科數學，有效投入相關人力與物力資源。

工作團隊首先考量普高與技高新課綱數學課程中相同的學習單元，雖有共同的學習內容，但考慮學術學程（普高）與專業學程（技高）在學習進路上具有不同素養導向的實際應用，因此依據學者專家建議，採行以下三種教材設計與製作模式：

第一種模式：單元基礎內容共構教學設計，素養解題應用分別製作。例如高一數列級數的學習單元共規劃 3 小時的影片，其中第 1 小時為普高與技高共構學習課程。由於兩類型高中課綱共同連結國中的等差數列級數和等比數列，由素養導向透過觀察發現規律的模式切入，介紹等差、等比數列級數，因此共同製作相同的基礎核心概念與性質應用。

第 2 小時則專門製作普高數學進階的數列級數學習課程，著重相關遞迴關係的核心精神與數學歸納法的證明應用，並配合普高數學新課綱將 Σ 符號延後至高三的學習要求，以詳列通式方式介紹常用的求和公式。

第 3 小時則特別針對技高專業應用學習課程進行製作，主要介紹數學 Σ 符號與級數求和公式等專業課程的解題應用。

第二種模式：單元教學內容共構，涵蓋普高與技高數學新課綱學習內容。例如線性規劃課程共同規劃普高與技高一小時的影片，內容包含目標函數為一次式極值問題的解題應用，但在線上課程的連結，普高是屬於高三數學乙加深加廣選修課程，而在技高則安排在高二學習。

第三種模式：單元教學內容部分節錄。通常是依據兩種類型高中新課綱內容差異，節錄普高拍攝的影片，經適度剪輯，依學生適性學習需求，建構技高數學數位課程學習地圖。

例如平面向量學習單元，先針對普高規劃 3 小時的影片，進一步比對技高新課綱同一單元內涵，節錄其中 2 小時課程作為技高工科數學的學習內涵。

另因綜合型高中高一學程可選讀普高或技高數學課程，致使部分學生在高二分流轉銜過程中，因與原先普高與技高數學課綱之間有部分落差，使得學習內容（如平面向量、機率）有所欠缺。為因應教學現場實際需求，針對此部分之學生，貼心規劃相關單元課程，提供適性轉銜學習需要；並

提供綜高第一線數學教師教學設計與素養評量參考，積極協助綜高每一個轉換學程的學生，能適應高二分流數學課程所需的數學知能。

◈ 奠基普通高中高二數學 A、B 兩類適性揚才的磨課師課程規劃

108 課綱以因材施教與適性揚才的教育理念，規劃普高、技高與綜高 10 年級（高一）共同修習 108 課綱重要的核心數學課程，並從 11 年級起的高二普高課程分為三軌設計，以高一共同必修數學為基礎，普高二年級（11 年級）必修數學課程，針對未來學習進路不同的數學需求，分 A、B 兩類課程，擇一修習（簡稱 11A、11B）。

12 年級（高三）數學加深加廣選修課程，則分為數學甲、數學乙兩類（簡稱數甲、數乙）。而甲、乙兩類課程上下學期各 4 學分，每學期高三生可擇一選修或者不修，全年選修上限 8 學分。

然而依據總綱課程規劃設計與學校現場的實際需求，有部分高二 B 類的同學在升上高三後，有意選修部定加深加廣的數學甲選修課程。因此數學學科中心特別設立「普通型高中高二數學 B 類轉銜高三選修數甲」專區，針對高二修習 11B 數學課程後，想在高三選修數甲課程者，須補足 11A 的學習內容，包括 G-11A-5 三角的和差角公式、F-11A-1 三角函數的圖形、F-11A-3 矩陣的應用、F-11A-4 指數與對數函數等四個重要核心學習內容，提供適當的線上學習資源，以協助學校端課程依實際需求輔導使用。

整體而言，依據高中數學新課綱所規劃的數學磨課師課程，可依下列建議學習路徑圖進行。

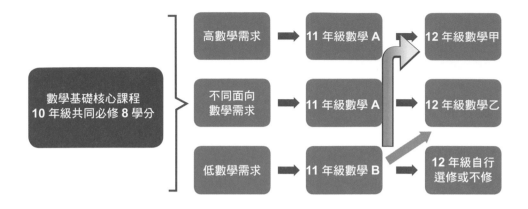

（註）橘色箭號所呈現的學習軌道為「普通型高中高二數學 B 類轉銜高三選修數甲」

◆ 課程共同研發，製作分進合擊，
數 A 與數 B、數甲與數乙之課程規劃採三種模式

　　有別於 99 課綱中高二數學 B 版課程範圍完全包含數學 A 版，108 新課綱高二線上課程採分軌設計 A 類與 B 類兩種課程，各有相同的教學單元，但也有不同教學內涵。簡單來說，數 A 較偏向自然學科需要的數學規劃，承先啟後，學習理科與工程所需的重要數學知識；而數 B 則偏向社會學科的數感培育，並偏重生活應用與推理訓練，在重要的學習內涵仍要求精益求精的學習成效。參酌 12 年國教數學領綱研修小組的建議，磨課師課程小組除了力邀研修小組成員擔綱拍攝課程，在數 A 與數 B、數甲與數乙的課程規劃，亦採用以下三種模式，進行課程設計與教學單元模式製作。

第一種模式：單元中 A 類與 B 類課程，部分基礎教學內容 PPT 共構，素養導向課程內容分別製作

例如：高二 A 類矩陣與 B 類矩陣與資料表格單元之影片，相同的學習內容為矩陣基本性質與資料表格的應用及方陣基本運算、二階反方陣與乘法作線性組合；差異的學習內容為 A 類增加二元一次聯立方程式與矩陣表達、三元一次聯立方程式、矩陣作為函數（映射）的線性變換與轉移矩陣的應用。因此部分教學內容 PPT 共構，但考量數學素養導向的應用有所差異，分別製作此單元 A 類與 B 類的課程內容。

第二種模式：單元教學內容完全共構，涵蓋普高 A 類與 B 類兩類數學新課綱的學習內容與學習表現

例如：高二條件機率（不確定性）的課程單元，共規劃 2 小時的影片，主要是數 A 與數 B 課綱內容，包括條件機率、貝氏定理、主觀機率與客觀機率，並包含 B 類列聯表與文氏圖的解題應用，共同羅列其中，以強化課程實質內容。

第三種模式：節錄單元教學內容，通常是依據高三甲、乙兩種加深加廣內容差異，節錄數甲拍攝的影片，經適度剪輯，依學生學習需求，建構數乙學習課程。

例如：針對數甲離散型隨機變數，共規劃 3 小時的影片，內容包含數甲的學習內容：離散型隨機變數，期望值、變異數與標準差；獨立性；伯努力試驗與重複試驗；二項分布與幾何分布及應用於事件發生機率的合理性檢定。由於數乙新課綱離散型隨機變數並未納入幾何分布，因此節錄其他數甲離散型隨機變數 2 小時的課程內容，作為數乙的學習內涵。

三、MOOCs 營造素養教學新境界，SPOC 開啟互動學習新視野

　　12 年國教的理想，係從素養導向的課程教學到學生學習歷程的實踐，達成培育核心素養的目標。隨著新課程教與學的翻轉變革，促進新課綱聚焦「學習有感」、「教學有效」的架構，形塑對每個人的學習都有意義的課堂風景。尤其期待在課堂學習歷程中，兼顧培養不同學習能力學生的核心能力及創意啟發，更能進一步引導每位學生課堂思考與學習。特別是面對高中免試入學比例逐步提升，同一學校內的學生，可能數學的先備知識與能力，甚至對數學的學習興趣與熱情，皆有差異，因此課堂上的教材內容、教學方法與評量試題，是否提供適性揚才的數學課程模式和優質的學習資源，讓每位學生能主動學習，樂於學習，且精於學習，也是要非常關注的環節。

◆ 適性教學從翻轉課堂學習做起

　　因此，當台達磨課師製作的 99 課綱第一學年高中數學課程在 2015 年陸續上線後，數學學科中心磨課師課程資源研發團隊便積極開始推動第二階段課程。除原先持續參與由台達文教基金會與國教院共同辦理的教師工作坊，進行教學分享外，工作團隊也持續邀約第一線教師，在各單元應用磨課師數位學習資源，翻轉課堂教學。

　　以第二冊「二維數據分析」為例，由於過往教授此單元包括「相關係數」與「迴歸直線」的公式介紹與證明，不但要花費許多課堂時間，且學習過程的單調與難度，也常造成課堂學習成效不彰。因此工作團隊邀建中

老師廖育琳嘗試在單元教學過程中，運用建中老師曾俊雄所拍攝「二維數據分析」的台達磨課師影片，結合分組合作學習模式來進行。透過課前台達磨課師影片的預習、課堂播放影片與教學說明、同學分組合作學習，完成學習單，最後邀學生上臺分享學習經驗與成果。這種形塑以學習者為中心的教學設計，將理性的數學課程內涵，開啟嶄新的感性學習，不但能兼顧差異化與學生適性學習，也更能營造課堂整體合作學習的氛圍，有效教學。上述教學方式也開創同儕教師培力協作教學分享的新契機，真正減輕老師的教學準備負擔，也能不受時空限制，客製化個人學習，真正提升課堂教學品質，開啟磨課師資源應用的教學新風貌。

◆ 邀北市酷課雲製作團隊研發課程，以戲劇、雙簧、魔術等模式寓教於樂

考量各高中學生數學的學習興趣與程度的差異，發展更多元的磨課師翻轉教學模式，提供教學現場更簡易有趣的學習資源，以吸引更多高中師生使用台達磨課師課程影片，工作團隊也邀請臺北市酷課雲的數學課程製作團隊，包括永春高中曾慶良、大直高中董涵冬、育成高中林玉惇、臺師大附中張敬楷以及新北市海山高中張志豪等老師，共同擔綱研發，將許多課程直播的演出經驗導入台達磨課師課程。包括以戲劇演出、數學史雙簧對話以及精彩魔術秀等模式，針對99課綱第一章數與式及第二章多項式基本概念與重要概念，製作有別於原先以講授式為主的磨課師數學課程，以好玩、有趣與問題解決的輕鬆方式，提供另類的課程選擇，也為不同程度的高一新生，提供差異化的磨課師課程。

此外，為了讓各校數學教師能以客製化方式，適性結合數位桌錄，將

學校課堂教學方案共構台達磨課師課程，進行教學，數學磨課師工作團隊於 2016 年 10 月 21 日、31 日與 11 月 9 日，辦理一系列數學教師桌錄工作坊，邀請清大彭宗平講座教授與資工系黃能富教授、建中曾政清老師與永春高中曾慶良老師，分享相關製作經驗與技術。此工作坊透過一系列探究與對話，將年輕教師的專業熱忱與創意，結合數學學科中心適性課程發展方案，發展出一系列教學單元，提供教學現場多元的翻轉學習方案，也為下一階段跨校 SPOC 課程發展，奠定良好基礎。

⬡ 結合 SPOC 適性學習，建立高中數學重補修課程的教學新取徑

依照現行高中成績評量辦法，有重補修機制，也就是當學期末學生的某科學業成績不及格，補考後又沒通過，就要「重修」課程。然而補救教學的第一個目標雖是補救學生「現在」學習上發生的困難，另一個目標則是補救「過去」在學習上遇到的困擾。因此在學習方面，重修生最重要的莫過於沈澱檢視自我學習心態、方式與習慣，反省從過去到現在面對此課程的學習，化挫折為成長的契機，自我省思，進行轉變，建立自己願意去學習的動機與培養自學的能力及持之以恆的實踐力。尤其在一般學期的正式課程，多數是 40-50 人共同學習，較無法依據個人的學習速度與擅長的學習方式進行。因此，教師在進行補救重修數學課程設計時，需要考慮學生的學習意願、學習態度與學習模式的個別差異，提供個別化適性學習教材，兼顧集體與個別化的教學。

尤其每學期 4 學分的數學課所開設的數學重修班時數為 24 節課，也就是平均每 8 節課須上完一次定期考的課程內容（約學期當中 6 週之學習進度），如此密集學習所造成的心理負擔，對原先數學就較弱勢的學生與

授課老師而言，皆是不可承受之重。特別是授課教師面對全部數學重修的學生共聚一堂，無論是選擇適性教材、教學技術與學生心理，皆須謹慎因應。

以現行的重補修實施機制與執行經驗，從課堂學習單的編制到授課討論方式的轉變，重補修課程的教學評量新取徑刻不容緩。特別是重修生本身都有學習差異，對於重修的章節與學習較困難及不會之處，都可能各有不同，如何在重補修課程中適性學習與輔導，有一定的難度。所以積極支援開授重補修課程的教師之專業發展，也是當務之急。此時如果能適時提供線上學習平臺，透過結合磨課師與 SPOC 課程的線上數位課程，記錄歷程，更可累積重補修相關的課程經驗，提供未來相關課程設計參酌。

◆ 建中首度結合 SPOC 開重修班，
有重修生畢業後考進大學數學系

因應重補修課程的侷限與挑戰，2016 年 5 月 26 日「教育部普通高級中等學校數學學科中心 MOOCs 課程諮詢會議」通過「SPOC 數學重補修計畫」，同年 7-8 月在清大磨課師專案辦公室的大力協作下，建中首度結合 SPOC 的教學設計，進行 104 學年度數學重修班課程。創造不同於以往的數學學習環境，進而提升學生解決數學問題的自信心，重點擺在讓學生學會高中數學的基本觀念，將原本排斥數學的態度轉變為接納。採以「因材施教」、「適性課程」為主軸的教學設計，從學生的能力角度出發，透過問題解決來理解各章節的基本觀念。

學生們以 3-4 人隨機分組，以學習共同體方式解決問題，再針對當天學習內容個別觀看線上影片與測驗練習。希望學生在第一堂實體課程後，

能透過 SPOC 輔助學習，掌握該單元的教學目標，然後在第二堂課透過類似題給予即時測驗，藉以診斷出學生在學習此單元時的盲點，並適切協助。課程中可結合線上個別動態評量，協助學生針對總結性評量做複習。在課程最後設計的省思活動，使學生反思課堂中的學習歷程，留下紀錄，並培養其正確的學習態度。特別是在重補修課程進行中，運用「MOOCs＋翻轉課堂」與「SPOC 個別化課程＋個人深學廣思」創意組合，協助學生找到自我學習的方向與適性學習的方法。結合實體課程與線上學習混成模式，透過學習共同體的合作學習，許多學生更可以得到老師更多關注時間，給予適切的指導與陪伴、必要說明及協助，再運用個別化的線上測驗，進行適性與彈性評量。

連續 3 年，建中數位 SPOC 重補修教學的課程方案，讓許多參與學生

2016 年台達基金會舉辦「當適性教學遇上 DeltaMOOCx」記者會，分享更具互動性及社群陪伴感的 SPOC 小班制個人化課程，邀請建中、北一女及自學學生到場分享經驗。

得以重拾學習信心，在磨課師課程的學習歷程中經歷潛移默化，逐漸強化自身數學能力，尤其是學習方法與解題策略，更可以走出層層牽絆，開拓更積極的自我。部分學生甚至更上層樓，在新學年脫胎換骨，不但在課堂學習與定期考試中有良好的表現，更主動擔任班級數學小老師的工作。畢業後持續追蹤研究，有人竟以第一志願就讀大學數學相關科系，大大激勵工作團隊。後續北市中山女中與松山家商等學校也陸續實施相關方案，成為國內高級中學補救教學的新方案。

◈ 「磨課師 +SPOC」，各地高中搶救數學大作戰

為縮短學習成就低落學生的學習落差，實現關懷及扶助弱勢之精神，以奠定 12 年國教之基礎，教育部國教署持續推動「學習扶助方案」輔助各高中職，協助高中職各類弱勢生補救教學，活化學習意願。數學學科中心依據相關計畫，先後在 105 學年度與 106 學年度邀請北市建國中學、永春高中、桃園市立南崁高中、國立竹北高中、國立新豐高中、國立高師大附中，擔任台達磨課師與 SPOC 課程前導學校，進行數學實體課程結合 SPOC 課程的學習輔導方案。

此次課程實驗重點是學校日常教學，輔以假日線上學習為核心，並邀請中山女中吳汀菱、政大附中賴政泓老師擔任線上 SPOC 主講教師，與 6 校數學輔導教師同步進行週末 SPOC 數位增能學習課程，嘗試運用數位同步 SPOC 課程，串聯各校教學資源，以課程即時討論室的方式，進行線上學習討論與分享。

2017 年 5 月 24 日，數學學科中心 MOOCs 課程諮詢會議通過「SPOC 數學學習亮點計畫」，推動 106 學年度高一學生參與校內 106 學年度第一

數學學科中心辦理「SPOC 學習亮點計畫」，推出「磨課師 +SPOC 學習輔導方案」，建國中學校長徐建國致詞。

次定期考試後，經由導師或數學任課老師推薦，並獲得家長同意，即可向學校報名參加。學科中心磨課師工作團隊持續邀請賴政泓、翁玉華、鍾宜軒等老師擔任各校實體主講，並與 6 校數學輔導教師，同步進行因應第一學期第二次定期考的週末 SPOC 數位增能學習課程。

依據上述數學磨課師前導學校實施成果報告，顯示各校參與專案計畫的學生，整體成績都有進步，尤其在正確掌握學習資源與學習方法後，經由個別適性輔導，多數能反敗為勝，展現更佳的學習成效。特別是質的分析方面，參與亮點計畫的同學透過線上課前預習、實體課程學習、課後藉助 SPOC 課程線上社群作為解題分享與討論的平臺，再依據學生實際需求，個別化的溝通與教學，具體提升學習的動機與成效。尤其適時結合學生平臺上適性評量成果，充分掌握學生的學習歷程，並給予適切學習資源與諮詢輔導，進一步打造因材施教適性發展的理想課程。

四、105 學測線上解題，開啟數位學習新紀元

2015 年歲末，台達高中磨課師課程計畫正如火如荼執行第二年的錄製工作，而線上數位學習也正在世界各地風起雲湧開展，國內許多大學與基金會也都相繼投入大量的人力物力及經費，錄製教學影片與推動磨課師課程。此時教育部也依據新公告的課程總綱，正積極著手研修中小學八大領域新課綱內涵，新型態素養導向的入學測驗也成為社會大眾關注的焦點。

因緣際會，數學學科中心主動提出一個大學學測數學科即時解題的創意構想：「使高中同學在大學學測後，能迅速理解數學科的出題及解題觀念，提升數理能力，強化數學學習思考策略，運用免費的線上數學試題詳解課程，強化數學能力，並提供全國數學教師課堂教學與輔導學習資源。」該方案除了能分享教師教學與解題經驗，亦能累積磨課師團隊的製作與錄製經驗，拓展數位課程研發團隊合作參與的能量，並能帶動數位學習氛圍，讓磨課師的新課程學習模式，持續引發社會與學校端更多關注及參與實踐。

◆ 號召名師精銳盡出，學測解題未演先轟動，媒體爭相報導

這個計畫構想很快獲得台達電子文教基金會與清大專案辦公室的全力支持。高中數學學科中心磨課師專案小組接著積極延攬相關人員加入團隊，除了由磨課師課程計畫召集人、101 年師鐸獎得主曾政清老師擔綱整體規劃及分工，並聘請 108 高中新課綱研修小組委員北一女中蘇麗敏、高

師大附中歐志昌以及吳汀菱等老師擔任錄製解題教師外，更邀 100 年師鐸獎得主李政豐老師加入拍攝行列。此外，為製作出高品質的學測數學考科解題課程，考量解題模式的精彩及時效性，學科中心更精銳盡出，號召包含 104 年師鐸獎得主建中曾俊雄等十多位富有教學與解題及 PPT 製作經驗的種子教師，共同加入幕後解題與動畫培力協作的行列，盼在最短的時間內匯聚專業，承先啟後，圓滿完成任務。

　　台達電子文教基金會非常重視這個解題計畫，委由專案辦公室與愛爾達電視台在 2016 年 1 月 6 日全天召開聯席製播會議，透過事前的精心規劃討論，讓參與學測解題拍攝的老師們能熟練解題、拍攝腳本、PPT 與動畫製作、攝影棚錄製與成果檢視回饋等製播流程。在專業團隊熱情加持

數學學科中心推出 105 年大學學科測驗數學科線上解題，數學課綱研修委員及師鐸獎得主首度攜手合作，分享教學與解題經驗，引起廣大迴響。

下，讓整個計畫團隊信心大增。

　　台達文教基金會董事長鄭崇華先生更親自出席 1 月 19 日在基金會陽光講堂所舉辦的記者會，說明此次拍攝數學學測解題構思與台達高中磨課師數位線上課程學習計畫，希望藉由免費網路資源，在「好老師」的引領下，找到持續學習的要領與動力，並建立更具系統性的數學思考能力。DeltaMOOCx 計畫主持人彭宗平教授也在記者會中表示，透過數位學習的方式，不但可以縮短城鄉差距，也讓學習成就較低的學生，透過網路教學反覆學習。此次解題課程上線後，每日也將聘請解題老師於線上輪值，提供同學更多答辯與思考的諮詢。

　　當日各大媒體均以顯著報導，說明建北教師與 108 數學課綱研修委員及師鐸獎得主首度攜手合作線上課程，為培育臺灣下一代的數學競爭力貢獻心力。廣大的迴響也讓整個學測解題拍攝計畫未演先轟動，更對未來臺灣高中線上教學課程陸續產生啟示與關鍵性的影響。許多高中教師接續在學校各科考試中也透過團隊協作方式拍攝解題影片，不但提供更多學習資源嘉惠學子，也提高教師團隊協作的多元面向與契機。這些教學現場的能量匯聚，使得這次學測解題課程計畫有了更多的貢獻與期待。

◆ 在愛爾達電視台拍攝解題，開創數學學測解題線上課程的先例

　　105 年大學學測在 1 月 22 日進行為期兩天的考試，13 萬 5 千多名考生同場競技，數學考科的難易度，往往扮演舉足輕重角色，試題的正確解法也備受關注。一如往常，數學考科在當天下午率先登場，經歷 100 分鐘考試後，大考中心在考後隨即公告考試題目，此時數學學科中心這些身經百戰的眾家解題高手們，早已磨刀霍霍準備，揭開解題計畫的序曲。

臺北的 1 月份寒冬，隨著夜色降臨持續降溫中，但是在建中夢紅樓研討室的討論熱度卻不斷上升，在腦力激盪與相互切磋下，一道道試題的解題關鍵被找出來，也驗證眾志成城一起共備，實踐「自發」、「互動」及「共好」的精神。

　　窗外冬雨澆不熄老師們的鬥志，經歷 7 個多小時的持續奮戰，在群體思索辯論與反覆推敲下，團隊夥伴不厭其煩地針對不同學習成就的學子，尋求最佳解題思路與答題策略，終於在當晚 10 點完成所有試題解題及 PPT 製作。遠道而來的李政豐與歐志昌老師隨即在深夜入住羅斯福路上的旅館，進行最後檢視與演練；吳汀菱與蘇麗敏老師亦返家同步繼續拍攝前的準備工作，整個團隊盡心盡力投入，期待拍攝過程一切順利圓滿。

在建中夢紅樓研討室，參與 105 年學測線上解題的數學老師，腦力激盪、相互切磋，經歷 7 個多小時的奮戰，完成所有試題解題及 PPT 製作。

1月23日學測第二天，臺北的低溫依舊籠罩，但是在愛爾達重慶南路攝影棚一大早便熱情洋溢，12年國教數學領域高中研修小組召集人中央大學單維彰教授，帶領學科中心製作團隊及4位即將粉墨登場拍攝的教師齊聚，與彭宗平教授、台達電子文教基金會執行長張楊乾（當時為副執行長）及相關人員，共同見證這歷史性的一刻。上午9點，在愛爾達電視台事前精心規劃，按部就班地，開啟了第二部曲—拍攝學測解題的工作。

另外為確保影片的正確性與解說品質達到盡善盡美，在每道試題解題拍攝完後，第三部曲—檢視與修正便立即登場，單教授與學科中心工作團隊隨即進行審查，並給予必要的修正建議。傍晚時分在所有的試題拍攝完成後，便立即進行建議修正與補錄的工作，經歷12小時的努力，終於大功告成。

當晚在國家教育研究院與愛爾達電視台相關人員不眠不休分工合作的努力下，第四部曲—影片正式上線。此舉開創數學學測解題線上課程的先例，讓臺灣高中的磨課師課程進入嶄新境界。

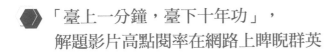 「臺上一分鐘，臺下十年功」，解題影片高點閱率在網路上睥睨群英

秉持不但要把事情做對，更要把事情做好的一貫精神，台達數學學測解題拍攝計畫一推出便引領風潮，引發許多數位學習平臺相繼跟進拍攝解題。事後依據網路流量統計與第一線教師的觀看意見回饋，無論是在解題思路的引導、深入淺出的說明與製播畫面的品質，凸顯台達磨課師學測解題影片不同凡響。

俗語說「臺上一分鐘，臺下十年功」，線上課程影片匯聚教師智慧，力求課程內容能引起數位世代學子們的共鳴，在網路上睥睨群英的高點閱率，也肯定這一群幕前幕後工作人員的專業付出與辛勤的努力。尤其參與拍攝的蘇麗敏老師與歐志昌主任也先後在 107 年與 108 年榮獲教育部師鐸獎殊榮，除再次肯定教師的專業，製作團隊與有榮焉。特別值得一提的是，台達電子文教基金會大量物力與經費投入，以翻轉、公益的角度，建置具競爭力的高品質開放式網路平臺，讓臺灣高中數位教學分享氛圍逐步成熟，許多原本收費的線上課程，也開始陸續取消或降低相關費用，讓更多莘莘學子得以受惠，更使得臺灣線上數位學習課程得以邁入新的里程碑。

此次學測解題磨課師課程的成功上線，歷程中展現分工合作與專業協作的氛圍，也樹立此後系列磨課師課程製作的新紀元，並開展線上學習的美麗境界，更為下一年度國中數學素養線上課程奠基重要的成功經驗。

五、提升數學力，建構國中數學素養培育課程

奠基於 105 年大學學測數學解題線上課程的成功經驗，台達高中磨課師課程計畫進入第三年的錄製工作。因應當時新課綱發展數學素養導向的課程特色，並建立國高中數學學習課程連貫性，台達高中數學科磨課師課程計畫也提出跨越國高中數學學習階段的構想，提出國中數學素養課程的錄製計畫，盼能借助優質數學線上課程，培育數學素養，以協助國中學生打好數學學習基礎，有利高中相關課程的順利銜接。

尤其每年國中會考連結素養導向的數學考試的準備策略，也備受關

注。而這項計畫的實踐，可提供適切學習資源，拉近區域間學習差異，也因此很快獲得 108 新課綱數學研修委員全力支持。在學科中心曾政清老師，時任 108 新課綱數學研修小組副召集人（課推系統）的號召下，獲得高、國中分組委員蘇麗敏、吳汀菱以及賴政泓老師的迴響與共襄盛舉。由於課程團隊奠基過往 108 課綱研修討論默契及拍攝台達高中數學磨課師課程所建立的專業共識與團隊合作，使得整體 12 小時的課程計畫迅速有效率地開展。

◆ 開展素養學習視野，匯聚會考應試準備

2017 年 8 月課程團隊召開研發籌備會議，依據數學新課綱核心素養，協助搭建數學概念學習鷹架，系統性地規劃國中數學單元課程做中學的學習任務表現，並在教學單元內涵上配合國中數學課程核心概念，循序漸進，達成與時俱進，互動學習的功效。另外為了符合數學素養導向的學習體驗，課程研發團隊運用臺師大數學系林福來教授在國教院新課綱前導研究所提出「知、行、識」的數學素養模式，進行教學設計。尤其結合關鍵知識能力之複習、核心素養之行動實踐、解題經驗之反思回饋，一次到位，展現學習效能。

尤其此次製作國中數學素養課程的 PPT 教材，係依據普高數學學科中心的素養評量，聚焦數學會考的學習準備，設計運用「代數解題」、「規律推理」、「幾何運算」、「幾何證明」等不同學習層次的素養類型，按部就班，進行解題演練與相關概念說明。

考量要在學校數學課堂教學使用，線上學習課程結合引人入勝的生活經驗，或具有學術性與嚴謹度的挑戰性問題引導，將數學思考提升到概念

2018 年 5 月 3 日「國中數學素課程」正式上線！課程涵蓋新課綱數學基本學習內容與重要學習表現，協助國中生打好數學基礎，順利銜接高中課程。

性理解層級，以增加主題探究的關聯性。另為突破學習框架，針對難度較高與答題率較低的國中會考數學非選試題，課程研發團隊依據第一線教師的實際教學與輔導學習需求，課程解說著重知識、技能與態度的整合與脈絡化情境的學習準備，針對國中會考非選代數試題提供「信、雅、達」的表達策略：

（一）「信」：正確的書寫呈現數學解題內容。

（二）「雅」：簡潔的陳述表達數學解題歷程。

（三）「達」：完整的作答說明數學解題結果。

針對非選幾何試題，則提出「點、線、面」的解題策略：

（一）「點」：掌握關鍵點的作法，思索已知幾何條件。

（二）「線」：明確條件思辨分析，條理呈現幾何論證。

（三）「面」：面面俱到完整呈現，統整回答幾何結果。

　　為了進一步具體提升課堂學習成效，PPT 教材製作奠基以學習者為中心，進行見微知著及問題導向的解題歷程，強化學思歷程的廣度、深度與可遷移性，積極發展數學基模，步驟式提點重要解題思路與步驟，協助學生建置學習經驗，引領脈絡化的複習準備，以達成環環相扣、課堂翻轉、激發潛能等預期的學習目標。

　　而在課程講解模式的討論，研發團隊依據 108 數學領域研修小組召集人、臺灣大學數學系張鎮華教授的建議，以強化學習為目標，將數學素養呈現在「數學學科知識的素養」、「應用到學習、生活與職業生涯的素養」、「有效與他人溝通的素養」，具體連結數學觀念，運用數學符號，進行邏輯思考演算、推理與問題解決，培育學生數學核心素養。

　　經歷近兩年的專業規劃與嚴謹製作歷程，2018 年 5 月 3 日台達磨課師國中數學素養課程正式上線，由鄭崇華先生親自啟動學習平臺，12 小時的課程涵蓋新課綱數學基本學習內容與重要學習表現。在各單元教材「起、承、轉、合」的鋪陳中，結合不同數學表徵轉換模式，與生活或學術探究的真實情境，精確掌握素養學習的轉化與實踐，培育數學力，以達成超高效率的學習準備，提供「國中數學素養導向」的學習體驗與關鍵準備策略。研發團隊更依據多次國中會考，分析學生學習盲點，打造精益求精的學習方法，激發學習興趣與潛能，期待奠定數學銜接基礎。

六、從好玩、有趣的學習出發，提升解決生活問題的能力

　　參考國內外熱門點播的磨課師課程製作趨勢，台達磨課師數學課程除了性質、觀念的引入與介紹外，期盼能多一些趣味，多一些與生活或故事的連結，透過多元的教與學，培養未來所需的數學素養。尤其高中階段素養導向的數學問題，通常會應用不同領域作情境的描述，因此在數學磨課師課程中，針對所擬定的問題，進行情境理解與引導，並結合適性體驗活動，加以強化。相關的課程模式，不但可以提升學生解題的動機，更可以讓學生持續增進思考能力。

　　依據數學學科中心調查第一線教師線上課程使用經驗顯示：奠基有系統的架構與彈性結合線上學習活動，不但能強化學習動機，並可將重要學習技能融入學生數學學習當中，對於學生數學解題表現、數學態度都有正向的影響。尤其因應疫情停課不停學的情形，教師可適度運用線上課程學習地圖，輔以線上授課與學習方案，並具體提供優質線上課程，學生仍能維持一定程度的學習品質。

◈ 引用數學繪圖軟圖，多元學習營造引人入勝美麗境界

　　台達高中磨課師計畫持續邀約各高中教師投入製作數學教材行列，將許多「好老師」的看家本領陸續轉化為數位學習課程，嘉惠更多的學子。以國立北門高中紀志聰與新豐高中王人傑老師錄製的平面向量為例，結合線性組合的觀點，探究生活中的向量應用，與新北高工葉政峯老師運用向量的分解與合成方式，適度結合數學 GeoGebra 的動畫，探究砝碼重量與

模擬飛機飛行及大船入港的行進過程，有異曲同工之妙。

　　值得注意的是，結合各種電腦繪圖軟體，許多數學概念也成為可觀察的對象，而非僅是推論的結果（當然，課堂上的邏輯推理、辯證仍然很重要），運用相關軟體操作，在教師適度引導下，改變函數的係數，觀察函數圖形，歸納函數圖形的類型、對稱性與平移關係，並從具體操作中先行觀察與猜測等學習探索，再以數學知識作統整，學生也可以從數學運算與電腦呈現的結果相互運用，認識、觀察、理解與歸納，同樣可以達成學習目標。

　　例如賴政泓老師從「函數圖形特徵」開始，進入「單項式函數對稱性」、「三次函數圖形的對稱性之觀察」、「三次多項式對稱性」、「函數平移」、「三次函數對稱性印證」等主題，領略新課綱新增單元的數學之美。這種由淺而深、循序漸進、環環相扣、印證觀察的學習模式，從觀察中理解現象與性質，進而歸納與結合新科技，為數學教育帶來正面的影響。

◆ 各校老師貢獻武林絕學，助學生打通數學任督二脈

　　接續先前的線上課程研發經驗，磨課師專業團隊結合各地優秀數學教師發展出更多元的學習課程，嘗試運用不同的教材教法嘉惠更多學子。蘇麗敏老師在課程中設計人偶動畫模式進行對談，將相關機率統計概念化繁為簡，幽默呈現。臺師大附中科學班簡心怡老師則運用李政豐老師所設計的 GeoGebra 動畫，有系統地講解矩陣 4 種線性變換：鏡射、旋轉、推移及伸縮，並藉助生動有趣的互動式操作，求出 4 種線性變換所對應的矩陣，並說明 4 種線性變換對於圖形面積的影響。

花蓮慈濟大學附屬高中簡大為老師運用 3D 動畫具體呈現空間概念，透過圖形的旋轉變換，清楚呈現相關的空間性質與應用。桃園市立南崁高中游崇鑫老師則將國教院課程說明手冊適度轉化，清晰說明新舊課綱一維與二維數據分析的學習差異與重要應用。

　　高雄市立文山高中柯麗妃主任與國立花蓮高農陳凱群主任，兩人分進合擊，運用多年在差異化教學與補救教學的教材研發經驗，尋找生動有趣的素材與生活經驗（如交女朋友、玩撲克牌、健康檢查及丟擲銅板與骰子等方式），將古典機率與條件機率的重要內涵完整呈現。而臺中一中丁宇及李宜展兩位名師，則將其指導數理資優生的功力，轉化成數位線上課程，深入淺出，引領學子進入微積分的學習殿堂。

　　臺北市立內湖高中翁玉華老師則結合生動的口訣與打油詩，將各種排列組合問題對應融入分類學習，運用樹狀圖與文氏圖表達，精闢分析生活上的問題，按部就班，強化核心概念。此外，因應 108 新課綱將計算機融入高中數學教學與評量，歐志昌與吳汀菱老師現身說法，在相關的操作方式與正確的教學評量，結合通俗有趣的勵志法則與電玩遊戲，不但豐富了線上課程的內涵，也讓學習模式有了全方位的體驗。

　　透過線上課程的學習激盪，融入生活所學，建構學習新思維，讓數學學習可以輕鬆掌握與精進。有學習者認為台達的課程猶如武俠小說中的群英會，各路英雄好漢群聚，各校教師的武功心法精銳盡出，讓學習者彷彿置身少林、武當的學習殿堂中，潛移默化，心領神會各樣武林絕學。正如武俠小說「倚天屠龍記」男主角張無忌，打通學習任督二脈，脫胎換骨，讓學習表現更上層樓。

七、卓越教學精彩學習，打造數學課程的學習之門

此次新課綱概念與教法上的轉變，對高中現場教師的「教」與學生的「學」，產生一連串的革新與挑戰。尤其在教學過程中，結合計算機融入教學，在課程設計的教學內涵，聚焦在概念與定義的引入，關係及性質的探討。相信透過「知、行、識」的探究學習歷程，更可將高中數學新課程的內涵適度轉化，具體落實。透過核心課程例題與關鍵問題的適度演練，增進思考能力，強化解題思維與表達策略，促進數學能力的正向發展，必能培育數學的競爭力，展現學習光芒。

◈ 從歷程展現到素養培育，教學設計六個關鍵「課堂安排」相互串聯

經歷 7 年多的團隊協作經驗、使用者的回饋交流及影片點閱的大數據分析，台達磨課師專案進入成熟階段。相較於其他平臺，以更嚴謹的態度與團隊分工協作，呈現最佳線上課程，特別是在線上課程教學設計中以六個關鍵課堂安排（classroom management），相互串聯：

1. 暖身活動—引發學習動機
2. 啟蒙例題—引導學習任務
3. 奠基活動—協助概念建立
4. 綜合演練—熟練學習內容
5. 延伸研究—深化思考內涵

6. 評量回饋—評量課程重點

　　並依據國教院歷次所召開台達磨課師課程審查會議的建議，逐步進化，精益求精。例如審查委員臺師大數學系左台益教授的審查建議指出，「知」、「用」、「觀」、「學」是教材設計之方法，而非必須依循的發展順序。教材設計應考量學習者的認知及數學概念的發展，設計配合知識的應用、對數學的觀感、終身學習的思維及技能為導向的數學教材，結合多元表徵，針對不同學習能力的學生，尋找觸發學習動機與培育思考的好故事或題材，並協助建置學生學習歷程。同時因應高中新課程的與時俱進，結合新課綱「學習歷程準備建議方向」，涵蓋學習歷程（portfolio）、成果表現（performance）與發展潛能（potential）等三大面向，讓未來高中畢業生在個人申請大學科系審查時，能適度展現學習歷程與課堂學習成果。

　　依據審查委員臺師大數學系郭君逸教授的審查建議，讓學生能運用數學相關知識和能力，解決問題，並提出適性的學習體驗活動，與他人溝通。教材安排從抽象符號到具體實例，提出有感的數學學習機會，協助發展個人化課堂學習歷程。

◆ 歸納台達磨課師數學課程五大特色，供未來研發線上課程參考

　　基於取之於社會，用之於社會的傳承分享精神，整理台達磨課師數學課程的製作專業五大特色，希望能承先啟後，繼往開來，作為未來相關線上課程研發參考：

特色（一）：以知識節點循序漸進結合專業團隊製作

以技高 C 版直線與斜率的教案設計為例，依據過往經驗，課程研發團隊依循 108 課程綱要內涵與素養教材精神，結合四個主要知識節點，並考慮第一線教師教學經驗與現狀結合，以提供課程翻轉教學、學生自學輔導與課後補救教學使用。

學習主題	主要知識節點	次要知識節點
1	斜率	坡度、三角比
2	平面直線方程式	截距、斜率
3	平面直線方程式的相關性質	平行與垂直
4	點到直線距離及兩平行線距離	直線對稱性質及應用

在後續單元製作過程中，分別邀請大安高工馬雅筠主任與北一女中許秀聰老師提供腳本審查建議，並邀請 108 技術型高中研修委員崑山科技大學支紹慈教授擔任審查、華江高中吳秉鋒老師設計數學遊戲、李政豐老師及新竹實驗高中顏貽隆老師協助動畫製作，在拍攝時更邀約吳汀菱與洪瑞瑛老師擔任現場指導。課程拍攝完成後，並聘請國教院技術高中與綜合高中轉銜教材的編撰團隊教師，針對磨課師影片，製作課程學習單與單元評量試題，提供相關適切學習資源。

特色（二）：課程講解對話溝通按部就班掌握核心概念

以技術型高中 C 版「圓」的參數式腳本設計與 PPT 製作為例，加以說明：

【PPT 對話溝通解說】給定一圓 C，有一質點 P 在圓 C 上運動，它和圓心的距離始終維持為半徑 r，然而，以 x 軸正向為始邊的旋轉角度 θ 則一直在變動中。一旦定出角度 θ 值的大小，也就同時決定了圓上點 P 的所在位置。既然參數 θ 值決定 P 點，那麼，在坐標平面上要如何透過 θ 值計算出點 P 的 x 與 y 坐標呢？底下藉由廣義三角函數圖形定義，可

幫助我們釐清由角度 θ 決定 x 與 y 的關係式。

例如：圓 $x^2+y^2=r^2$ 的參數式為 $\begin{cases} x=r\cos\theta \\ y=r\sin\theta \end{cases}$, $0\leq \theta \leq 2\pi$ 。

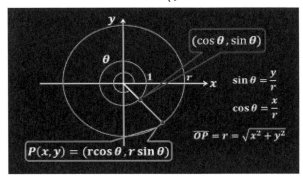

特色（三）：結合優良試題，例題布局由淺而深優化學習成效

　　以直線與圓的評量為例，參考「臺灣學生學習成就評量」（TASA）的追蹤評量與澳洲的大學入學試題，並參考國內統測優良試題及改編國內定期考優良試題，打造一系列由易而難的圓與直線的混合式評量問題，當作線上教材，並可因應準備大學新型學測的考試題型。以下舉例說明如下：

【素養內涵】數學學科知識的素養【主題類別】G（坐標幾何）

（基礎概念題）

1. 若一圓切 y 軸為（0,5）且被 x 軸所截的弦長為 24，則此圓的面積為下列哪一個選項？

　　(1)12π　　(2)13π　　(3)24π　　(4)144π　　(5)169π

（進階程序題）

2. 已知圓 O 以（1,3）為圓心且直線 LM 恰與圓 O 相切於 P 點，若 L 坐標
   為（2,1）且 M 坐標為（5,5），試求

   (1) 切線 LM 的方程式為何？（請以直線一般式 $ax+by+c=0$ 表示）

   (2) 線段 $\overline{OP}$ 的長度？

   (3) 圓 O 方程式？

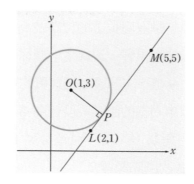

（挑戰數學解題）

3. (1) 上午九時海神颱風十級暴風圈所形成在坐標平面上圓方程式為
   $(x-1)^2 + (y-2)^2=16$。根據氣象局的預測，若海神颱風會持續三小時
   朝向西北方向行進距離 $3\sqrt{2}$ ，且三小時後十級暴風圈半徑會擴大為
   原來的 1.5 倍，則此時海神颱風的十級暴風圈所形成在坐標平面上
   的圓方程式為何？

   (2) 如果海神颱風行徑速度與增強趨勢，與氣象局預測相同，試問當某
   島嶼坐標為（0,10）是否會籠罩在十級暴風圈當中？

   教師可針對團隊或個人的數學思考與挑戰，再設計問題如下，以建置
學生學習歷程：

若海神颱風行進速度與暴風半徑擴大模式速率不變，則某島嶼坐標為
（-2,8）何時進入十級暴風半徑？何時脫離十級暴風半徑？何時離颱風中
心最接近？請完整說明理由並求出答案。

特色（四）：以探究思考與綜合演練培育數學素養

核心素養的培養應透過多元化的教學與學習情境，尤其透過實作、合作解決、專題研究等，輔以多元化評量方式（如實作評量、檔案評量、動態評量等），長期培養；尤其是開放性問題，需要歷程觀察與適當工具（如電子計算器或計算軟體）的協作，甚至是解題後設認知及省思。

例題：汽車駕駛在座位上的位置及高度會影響其視野，我們可以畫出一條視線找出司機的視野。視線是一條從司機眼睛透過車身前緣延伸至地面的假想線，在視線下方的區域是司機的盲點。（司機看不見的地方）

已知這輛貨車司機的眼睛高度位在 A 點正上方 1.5 公尺處，司機的視線與水平線的夾角為 18° 25'，兒童身高 1 公尺站在 B 點。請利用電子計算機求出 A 與 B 的兩點距離？

＜改編自大學入學考試中心「106 年研究用試題」＞中心網頁 http：//www.ceec.edu.tw/。

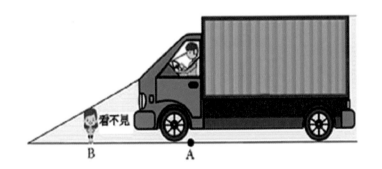

【素養內涵】 應用到學習、生活與職業生涯的素養。

【主題類別】 N（數與量）

【參考解答】

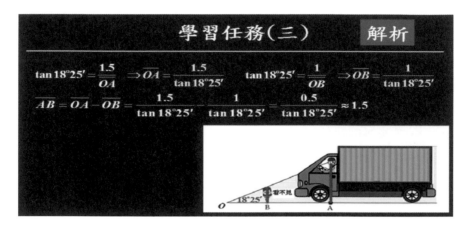

特色（五）：國家教育研究院把關專業審查完善線上課程品質

　　台達磨課師專案有別於其他學習平臺，除了有嚴謹的製作歷程與優質的拍攝外，所有的線上課程在完成剪輯後，需要經由國家教育研究院聘請學者專家，進行兩階段的專業審查，通過初審和複審後才能上架。如此專業的結合，使線上課程品質更盡善盡美。以技術型高中 C 版「複數」課程審查為例，加以說明：

1. 審查綜合意見：

　　複數的概念在工程佔有舉足輕重的地位，是基本的運算技巧，不論在電學或訊號處理等領域都有重要的應用。本系列課程透過老師豐富的教學與教材製作經驗，藉由簡潔的版面配置、逐步的動畫展現、鮮明的顏色對比、清晰的口語解說，以及引入視覺化的幾何意象，使學習者能夠隨著

教師的帶領由淺入深學習複數的主題；不僅如此，教師也利用適切時機回顧先前所學知識並歸納重點，以螺旋狀的教學策略進行前後呼應，讓學習者不斷檢視所學並加強印象，大幅提升學習的成效。藉由本課程的觀看體驗，可以感受到授課教師與團隊的用心與努力，完成本系列高品質的數位課程，學習者也可以利用本教材充份認識相關主題，達到預期的教學目標！

2. 審查修改建議：

在第 1 單元「溫故知新 - 複數極式」之教學影片中，於 5 分 12 秒畫面所展示的資訊（1）呈現「$r\cos\theta$ 實部必為正，$r\cos\theta$ 虛部必為正」，建議可改為「r 為正數，且 $\cos\theta$ 和 $i\sin\theta$ 前方必為正號」，可避免學習者產生複數的實部與虛部必為正數的誤解：

（I）原先的 PPT

> **解題策略**
>
> 問題解決的原則為
> （1）確切地掌握所謂極式的一定格式：$r(cos\theta + isin\theta)$
> 　　　其中 $rcos\theta$ 實部必為正 ， $rsin\theta$ 虛部必為正。
> （2）要問 ①題目中所給的數在第幾象限？
> 　　　　　②在該象限中以何角度取代題中所給的
> 　　　　　　角度而不改變原數的值？
> 把握住（1）（2）兩個原則，相信概念會清楚很多！

（II）修改後再入棚修正補錄之 PPT

解題策略

問題解決的原則為
（1）確切地掌握所謂極式的一定格式：r(cosθ + isinθ)
　　　其中 r 為正數，cosθ, isinθ 前方必為正號。
（2）要問 ①題目中所給的數在第幾象限？
　　　　　②在該象限中以何角度取代題中所給的
　　　　　　角度而不改變原數的值？
把握住（1）（2）兩個原則，相信概念會清楚很多！

◈ 從無到有，打造線上完善課程

　　台達高中磨課師課程的製作專案，數學中心從無到有，篳路藍縷，收穫滿滿。首先感謝台達電子文教基金會的前瞻規劃與專案投資，更感謝幕前幕後許許多多「好老師」們的全力以赴與專業團隊攜手合作，齊心協力，讓專案製作課程能持續上架，不但縮短數位學習落差，更陪伴無數年輕學子，在學習的黃金歲月，持續培養核心關鍵力，打造海闊天空的未來，也為臺灣教育發展史貢獻出璀璨的一頁。

7

結合生活貼近學生，
素養課程示範教學

「你們知道隨機的意義嗎？」點開 DeltaMOOCx 高中基礎數學「隨機的意義」這段影片，首先跳出北一女老師和三個穿「小綠綠」制服學生的對答動畫。老師先問學生什麼是隨機現象，三個北一女學生陸續回答：

「我知道！我知道！像今天突然下雨，我也沒帶傘，這樣的天氣變化就是隨機的。」

「不對！不對！這是你未能觀其天象察其秋毫，怎能算是隨機呢？在我看來，你沒有帶傘才是隨機，你們說是吧！」

「你們別爭了啦！在我看來，老師上課抽籤叫人回答問題，這才叫隨

北一女數學老師蘇麗敏為台達磨課師錄製高中第五冊數學甲「隨機的意義」時，請學生協助畫動漫，模擬課堂常見的師生對答，非常吸睛。（蘇麗敏老師提供）

機吧？」

「你們說的都對。」老師最後下結論：「對於結果是不能確定、不能掌控、不可預知的現象，我們都稱之為『隨機現象』，例如天氣變化、有沒有帶傘、老師抽籤、擲銅板和骰子。」接著她再進一步解釋什麼是隨機試驗、隨機變數及如何應用到擲銅板等生活實例。

北一女資深數學老師蘇麗敏曾獲頒全國師鐸獎、臺北市特優教師、Super 教師等獎項，她為台達磨課師錄製的高中第五冊數學甲「機率與統計」，影片開始介紹隨機的意義時，就很吸睛。她請學生協助畫動漫，模擬課堂常見的師生對答，用生活實例解釋隨機變數的基本概念。

接著以深入淺出的 PPT 投影片，詳盡解析擲硬幣和從袋中取球這兩道常見的隨機變數考題，原本艱深枯燥的數學，變得更生動有趣。

◆ 團隊合作互補專長，曾政清召集名師完成 Mission Impossible

數學是國內學生最頭痛，也是「雙峰現象」最嚴重的科目之一。由於考試引導教學，傳統數學課偏重背公式、解題，缺乏和生活連結，很多學生找不到學數學的意義，甚至從國中小就放棄數學。即使教育部投入很多經費補救教學，每年國中會考數學科都約有三分之一考生拿「待加強」的 C；數學往往是每年大學學測、指考均標最低的科目。

不過，看了蘇麗敏等老師在 DeltaMOOCx 的教學影片，很多學生發現，原來數學也可以這麼有趣。有北市高中生看了影片，數學段考成績進步很多；也有偏鄉弱勢高中生，課後看影片當免費補習，不再害怕、放棄數學，考上不錯的國立大學。

數學科是 DeltaMOOCx 最早錄製、最完整的高中課程，由高中數學學科中心承接計畫，建中前教務主任曾政清擔任召集人，不但網羅蘇麗敏等建中、北一女、中山女中、政大附中、臺中一中、高師大附中等明星高中的學科中心種子教師錄製影片，還兼顧技高、綜合高中學生及城鄉平衡，邀請大安高工、木柵高工、竹南高中、大甲高中等各地教師加入陣營，精銳盡出。

這群名師錄製的高中、高工數學課程，透過 PPT、動畫、繪圖軟體等數位工具，結合生活實例，力求讓一般學生都能看懂。且為符合準備升學考的需求，影片多舉學測、指考試題為例，更在 105 年學測數學科考試當天錄製解題影片。

曾獲教育部師鐸獎的曾政清，是數學科教師團隊的靈魂人物，已有 35 年教學資歷。他自臺師大數學系畢業、退伍後，初到華僑高中任教，就指導學生參加科展，過程中看到學生的創意解題法，自己也從中學到技術，首次體會到教學相長，也發現團隊合作的重要性。

他說，他當時就好像電影「Mission Impossible」裡的領隊，召集不同專長的學生組隊出任務，彼此分工合作，第一年就奪得全國科展冠軍。後來還帶領冠軍團隊，代表國家參加香港國際科展、美國英特爾科展，為華僑高中寫下歷史。

「每隻手指長短不一樣，各有功能，握在一起出拳就有力量。」曾政清認為，不管是指導學生參賽，或協助推動高中數學學科中心、錄製台達磨課師影片，團隊合作都是成功關鍵。他的任務就是組成最好的團隊，善用學科中心的人力及資源，找到優秀老師錄製課程，發揮各自專長，錄製好的課程。

◆ DeltaMOOCx 超前部署,課綱委員示範錄製素養課程

例如當時教育部國教院正在研修 108 課綱,為了讓台達磨課師數學課程銜接新課綱,擔任高中數學課綱研修小組副召集人的曾政清,力邀北一女蘇麗敏、中山女中吳汀菱、高師大附中歐志昌、政大附中賴政泓、大甲高中黃嘉男等多位 108 課綱研修委員加入團隊,錄製新課綱強調的素養導向課程。他們不畏艱難,拍完舊課綱課程後,又補拍新課綱內容。

DeltaMOOCx 因此超前部署,率先錄製新課綱高中數學課程及國三銜接高一的國中素養課程,不只嘉惠國、高中生,影片也成為很多數學老師精進教學的範本,甚至有人在甄選教師試教時採用蘇麗敏的教法,錄取後向她道謝。

蘇麗敏表示,高中數學新課綱努力融入差異化教學內容,採由淺到深的螺旋式編排,讓學生先有數感,感受到數學所學何物,且在生活中真的有用,再學會如何用函數等數學符號的形式表示出來。例如高一教比較簡單的「古典機率」,以銜接國中課程;高二則教進階的「條件機率」。

蘇麗敏說,數學是很基礎、抽象的學科,但現在的學生卻又偏向速成式學習。在有限的教學時數下,108 新課綱又希望把計算機融入教學,讓學生操作,時間往往一下子就過去。偏偏數學艱澀難懂,又快不了,學生程度不一,台達磨課師的影片,有助解決這種兩難的教學困境。

她以自己的班級為例,會先請學生看磨課師影片預習,學到各章節的基本概念。上課時再多些深入觀念的引導、討論與生活應用,不讓數學課流於速成解題。針對請假的學生,她也會請他們看影片自學。不過,有學生坦言,影片雖然講得很清楚,但超過 5 分鐘就看不下去了,「要有強大的毅力」;但也有學生認真看完很多影片,當成補充教材。

◈ 蘇麗敏創新教法化繁為簡，助菜鳥老師試教錄取學校

　　「我錄的影片，即使只有一個老師看到，散播給幾班學生，幾年下來，就可影響成千上百人。」有外校學生寫電子郵件給蘇麗敏，說看過她的影片，講得比較清楚，補充老師課堂上的不足。「這種無形的回饋與後續的影響力，是我當初沒預想到的。」

　　錄製磨課師影片最大收穫，是促使蘇麗敏反思教學脈絡，更加深入淺出，化繁為簡。由於每段影片不能太長，起初她力求簡短、講重點。第二階段她思索除了講清楚概念，如何更生動有趣，於是請北一女學生協助畫

曾獲教育部師鐸獎的北一女數學老師蘇麗敏，錄製台達磨課師課程不只造福學生，更有菜鳥老師在甄選教師試教時師法她的教法而錄取。

動畫，模擬師生課堂對話，從解答學生常見的疑惑出發，點閱率很高。

她發現不少年輕老師觀看 DeltaMOOCx 的影片，常在校外演講場合，有老師向她致謝。有人在甄選教師時，依照她影片上的教法試教，順利考上了。「能讓年輕老師掌握數學概念的精髓，影響力更廣，更有意義。」

同樣是課綱研修委員的吳汀菱，畢業於臺師大數學系、所，曾帶領中山女中學生參加機器人競賽，獲全國及國際獎項數次，並和同事設計數學建模的課程，共同訓練學生贏得了幾次國際獎項。

她說，近年來受手機、線上遊戲風行影響，學生學數學變得較沒耐性，認為學數學的目的就是解題。20 年前的學生學不來，至少會把解法背起來，但現在的孩子往往就放棄。程度稍好的，缺乏耐心，覺得老師不用解釋那麼多，只要告訴他們結論就好。

吳汀菱分析，數學新課綱順應世界變革，隨著電腦運算能力變強，不再那麼強調繁瑣計算及解方程式的能力，只要懂得背後的原理原則及理論即可；此外，更加強調和電腦處理有關的矩陣、向量、資料結構等線性代數，及機器學習、大數據會用到的機率論，而這些也都是 DeltaMOOCx 的課程重點。

有鑑於為數學所苦的高中生實在很多，她發展以學生為本位的教材，讓學生探索數學，了解學數學不是為了成為數學家，而是如何運用數學，這也是 108 新課綱的目標。

◈ 先在課堂上實驗教法，吳汀菱的學生本位課程受歡迎

吳汀菱說，當初答應錄製台達磨課師影片，是以為自己就快退休了，趁機把有趣的教材教法分享給其他老師。她選擇多數學生能接受的教材，

常請教同事或上網觀摩其他老師的教學影片；甚至直接在課堂上問學生喜歡何種教法，才開始製作 PPT。

她最開心的是，有年輕老師問她，會再拍接下來的單元嗎？或發現有老師採用她的教法，有老師反映學生很喜歡看她的影片，都會讓她覺得辛苦有代價，「終於有人理解我做的事！」

吳汀菱說，她會請高三生在早自習時練習台達磨課師的學測解題；近三年她教重修班，也會請學生一邊看重要觀念的影片，一邊做筆記，不懂再問她，看過幾個單元後再考試，學生通過率都很高，成效良好。

中山女中數學老師吳汀菱錄製台達磨課師課程前，會先在課堂上實驗教法，以學生為本位，課程很受歡迎。

她認為，磨課師很適合師生一起觀賞某一段影片後，進行對話、澄清及確認。但新課綱每週數學只有 4 堂課，時間實在太寶貴了，不容易做到。

政大附中老師賴政泓是 108 國中課綱數學科研修委員，也協助大考中心研發混合題型、計算機題型，在北中南各地舉行工作坊，致力推廣素養考題。他上數學課，重視教學脈絡上的起承轉合，先了解學生學習前的背景知識（起），接續到學習新知的開端（承），以數學語言解釋問題或現象，並將學習自主權交給學生（轉），引導學生在所學的知識鷹架下綜合討論（合）。

不過，這套教學理念，往往因每週數學課時間有限，無法落實；台達磨課師的教學影片，可補其不足。

以往高中數學的課程內容，較適合國中會考 B+、B++ 以上程度的學生，領悟力夠，可以很快上手。但很多孩子需要花時間，先透過實作、探究，發現結論，再教他們相關的數學知識，這剛好是 108 新課綱的精神。

然而，現在高中數學每週的節數，從早期含輔導課最多 6 節，如今只剩 4 節，導致帶領學生探究與實作的時間不夠，只能停留在引起動機、講解基礎概念的起、承階段，課堂上很少能讓學生熟練，進入到轉、合的階段。

賴政泓說，以他的班級為例，除了教課本，還有配套講義，8 成以上孩子會認真寫完講義，不排斥數學。但時間不夠，無法陪他們討論，寫講義往往就是翻解答背下來，考試題目一旦改個數字，就不見得能答對。

◆ 賴政泓：磨課師學測複習影片很好用

對於中後段學生，因為他們在學校課堂中，常有學習上有疑問卻不敢

問的情況。所以，在課堂教學若能有效搭配，利用線上學習，省下來的課堂時間，將可提供更多孩子發問的機會。

　　賴政泓指出，在 DeltaMOOCx 線上學習中，他使用最多的是學測複習時的影片對應，讓學生可自學複習。他把焦點單元的連結（包括知識內容和題目），做成 Word 檔，用 LINE 群組寄給學生，讓高三生在上暑假輔導課之前熟練，有問題再來問他或在班上討論，成效不錯。

　　錄製台達磨課師影片的過程，讓賴政泓收穫良多。他說，製作教案時，除要廣泛參考各版本課本，並且理出一套屬於自己的教學脈絡，非常費時。尤其新課綱當時還沒上路，課本都還沒出版，只能根據課綱，自己

錄製台達磨課師課程，政大附中老師賴政泓收穫良多。他希望數學老師能反求諸己，改變教法，讓學生不害怕、不放棄數學。

構思，雖然要花費數十倍的心力，但也相對有趣、刺激，讓他很享受編製課程的歷程。

「老師要反求諸己，唯有自己改變，才能改變學生，讓他們勇敢接觸數學，不害怕、不放棄數學。」例如：計算機融入教學、數位媒材的自學與應用、廣泛吸收資訊等等，都是老師可以豐富教學的方式。賴政泓以班上學生為例，學生感受到老師的改變與用心後，因此改變學習態度，努力不懈，讓他覺得這就是教學動力的來源。

◆ 用繪圖軟體教數學，幾何函數化繁為簡更易懂

DeltaMOOCx 數學課程的一大特色，是使用很多繪圖軟體及動畫，將複雜的幾何或函數概念、圖形，更清楚具體地呈現。

高師大附中教務主任歐志昌分析，以往學生覺得數學難，是因上課講很多概念，太著重寫和記。但概念習得要透過操作，早期幫助學生操作的工具不多，仰賴老師講課。可惜多數學生的理解力不高，提不起興趣，容易卡關。

錄製台達磨課師時，他開始以學生的視角思索，他們希望在教學影片看到什麼不一樣的內容？原本課堂上聽不懂的，加了哪些素材會變得豁然開朗？否則和課堂一樣，學生為何要看影片？

他為此花很多時間，尋找讓學生容易學會數學的操作活動及搭配軟體，讓學生可以自己玩，真正「學」數學，而非只是「聽」數學。他的教學技巧因此大有進展，也回饋到日常教學，提升學生在校的學習氛圍。

傳統數學教學是粉筆、黑板與考卷的鐵三角組合，但無法在網路環境下有效教學，要透過多元方式或多元媒材（軟體、圖片、教具操作），才

能讓學生更有效率學習數學概念。

　　歐志昌舉例，他錄製的單元「數列及其極限」，使用操作簡單、可免費下載的幾何及代數動態繪圖軟體 GeoGebra（GGB），在講解收斂及發散數列時，可以輕易畫出上下移動或慢慢趨近的數列圖形，一目瞭然。但課堂上很難用黑板畫清楚，學生難理會。

　　賴政泓則指出，新舊課綱最大差別之一，是高一數學廣而不深，讓孩子透過計算機等媒材做中學，知道數學可能學到什麼，先有基礎概念。有

高師大附中教務主任歐志昌為台達磨課師錄製課程時，結合繪圖軟體，深入淺出，讓數學變得更有趣。

興趣的，高二再選修比較深入的數 A；沒興趣的，就選比較淺的數 B。

呼應新課綱的實作精神，賴政泓不論在課堂上或錄製磨課師影片，都會使用 GGB 等繪圖軟體。尤其學幾何要畫圖形，學生一旦自己畫過圖，就忘不了。他起初請學生用手機下載 GGB 的 App，但要花時間學怎麼操作。後來乾脆把要用到的小程式存到雲端，學生掃描 QR code 就可使用，省時又方便。

以他在 DeltaMOOCx 主講的三次函數為例，利用 GGB 繪圖，讓學生「眼見為憑」。他先從一次函數、二次函數到三次函數的圖形特徵談起，利用圖像式的觀察帶入思考，學到三次函數的大域與局部特徵。並搭配數值比較，互相呼應，讓學生了解教學內容。

吳汀菱以她最受歡迎、點閱數破萬次的影片「函數圖形的平移與伸縮」為例，在課堂上很難用黑板把圖形的平移與伸縮畫出來，但她利用繪圖軟體及 PPT 動畫，能按部就班呈現函數圖形的變化與之間的關係，幫助理解。

她還曾錄一段影片，以學測考古題為例，講解正餘弦定理的應用，這對學生是道難題。她用軟體把圖畫出來，引導學生探索，學生較有感。結果 109 年學測又考了相關題目，讓她很有成就感。

◈ 社區高中老師錄製課程，李政豐：偏鄉弱勢生受益大

DeltaMOOCx 的數學課程，希望能深入淺出，讓多數高中生都看得懂。所以除了請建中、北一女等明星高中老師錄製，也邀泰北、華江、竹南、大甲等各地社區型高中老師參與。70 歲的竹南高中退休數學老師李

政豐，就是最好的例子。

　　李政豐是第一批錄製台達磨課師課程的數學老師，教學經驗豐富，曾編過國、高中數學教科書，也曾擔任國中數學課程標準修訂委員。他在維真國中任教 5 年，竹南高中任教 36 年後退休，教學、行政經驗已很熟練，加上帶學生做科展須用到快速運算的電腦科技，他年近 50 才就讀交大網路學程數學組碩士班。

　　「數缺形少直覺，形缺數難入微，數形一體就是數學教學最好的雙重表徵！」李政豐指出，數學較抽象，定理、證明推導的過程需要邏輯思考，靜下心來才能透徹了解。他在教學時，一方面讓學生從黑板看推導過程，跟著他的思路走；另一方面用電腦軟體及動畫，呈現解答內容，達到證明與圖像雙重表徵的加乘效果。

為台達磨課師錄製課程的竹南高中退休數學老師李政豐，認為 DeltaMOOCx 對縮短貧富、城鄉差距有很大幫助。

尤其 108 課綱強調實用、生活化,他教學生使用 GGB 等數學繪圖軟體寫作業,即使數學比較差的社會組學生,也有很好概念,不輕易放棄。

他以他錄製的影片「牛頓插值多項式」為例,以往高一課本都只是列出一個公式,學生不知所以然。他透過繪圖軟體將牛頓插值法具象化,取 A、B、C、D 四個點,先畫出通過 A 點的常數函數,再畫出通過 A、B 點的一次函數,然後畫出通過 A、B、C 點的二次函數,最後找到通過 A、B、C、D 等四個點的三次函數,這就是牛頓插值法多項式。

不過,學牛頓插值法到底有什麼用?李政豐以氣象局預測氣溫為例,除非遇到颱風或鋒面等特殊天氣,否則溫度的變化有連續性,可以預測。若有連續四天的溫度,就可利用牛頓插值多項式,找出通過這四天溫度的三次函數,進而預測第五天的溫度大概是幾度,這就是 108 課綱強調要解決生活問題的素養概念。

李政豐說,竹南高中屬非都會區的社區高中,來自低收及中低收入戶、隔代教養、特殊境遇等弱勢家庭的學生比較多,缺乏教育資源,也沒錢補習。透過磨課師影片,可課前預習、課後複習、補救教學,對縮短貧富、城鄉差距有很大幫助。他很欽佩台達文教基金會董事長鄭崇華先生無私付出,造福很多沒錢補習的弱勢生。

⬡ 綜高老師黃嘉男善用專長,教數學結合土木測量

大甲高中數學教師黃嘉男畢業於交通大學土木工程系所,他在選修數學教育學程時,認識研究網路教學的國家講座教授蔡今中,在網路通訊還不很發達的年代,就開始接觸數位課程。他累積錄製台達磨課師課程的經驗後,再到臺師大資訊教育研究所數位學習組攻讀博士。

黃嘉男是 108 課綱綜合型高中數學課綱研修委員，22 年的教書生涯都在大甲高中，同時教高工、高商及高中數學。他觀察，類似該校的社區高中生，常把數學當成死背公式的一門學問，無法將數學知識內化成可用於生活的工具，很多人因此輕易放棄數學。

　　他舉例，若問學生，買兩件衣服，第二件七折和兩件八折，哪種較便宜？有的學生會誤以為是第二件七折，但兩件合計只打八五折，其實比較貴。所以要讓學生不討厭數學，得多舉生活實例，覺得學數學有用，「如同先吃蛋糕，再來學蛋糕怎麼做。」

　　黃嘉男的教學以學生為中心，鼓勵學生不要死背數學公式，在數學概念上發展自己的視覺化表徵，強調用的功能，將數學知識內化成可用於生活的工具。「唯有經過學生自己建構的數學知識，才是帶得走的數學能

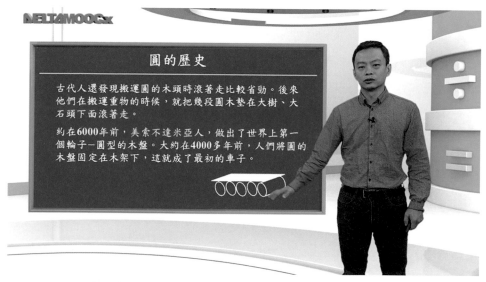

大甲高中數學老師黃嘉男在錄製台達磨課師影片時，善用土木工程的專長，以古代人搬運木頭或建造金字塔為例，更貼近生活。

力。」

例如學生常覺得學三角函數很無趣，實際生活用不到。殊不知生活中充滿三角函數的影子，學過土木測量的黃嘉男，因此透過設計樓梯或測量旗桿高度的情境引導，讓學生學會使用三角比。

他另舉例，很多高一生學到直線斜率就卡關，他錄製的台達磨課師影片，就以騎車上下坡的生活情境，用圖像式的方法，引導學生學習直線方程式最重要的斜率概念。生活中接觸不到的事物，但有探索可能或研究價值的情境，都可融入教學，例如古埃及人如何建築金字塔、計算砲彈軌跡等。

黃嘉男說，磨課師影片很適合用於補救教學，例如他教重補修班，會擬定差異化的學習方式，若某些學生是因直線方程式學不好被當，他就會統一上某個重要的單元，再請學生搭配看其他單元的磨課師影片，若聽不懂再暫停影片，用黑板講解，通過檢核就可過關，非常好用。

⬡ 教技高強調生活應用，林如苹讓入學分數低的學生不怕數學

新課綱為了讓普通高中、技高、綜高及五專等四種學制的學生相互轉銜，部分課程採共構模式，基本概念都一樣。曾政清說，學科中心因此也找了大安高工、木柵高工等技高老師錄製課程，例如某一單元拍了 3 小時影片，2 小時剪給普高，2 小時給技高，其中一小時是普高、技高可重複使用的共構基礎課程。

錄製技高數學的木柵高工老師林如苹，高中就立志當數學老師，雖然大考錄取臺師大地球科學系，但她輔修數學系，再選修教育學程，拿到數學及地科雙專長教師資格。她先在基隆暖暖高中任教 10 年，在職進修拿

木柵高工數學老師林如苹錄製高
工數學課程時，強調生活應用，
讓學生重拾對數學的興趣。

到政大應用數學所數學教學碩士，102 年轉任木柵高工至今。

　　林如苹發現，社區型技高、普高學生的數學學習經驗普遍不好，多數
上課不敢發問。有的人早在小學 3 年級學分數時就卡關，直到升上高一仍
不會通分，1/2+1/3 會算成 2/5。而小學生升上國中，數學由具體的數字轉
成更抽象的函數符號，更讓很多學生適應不良，從此放棄數學。

　　數學是從生活中發展出的知識，為解決問題所形成的學科，林如苹因
此力求化繁為簡，利用生活實例，盡可能讓學生了解數學定義與觀念。像
地科就常用到數學知識，例如用攜帶儀器的探空氣球，蒐集天氣變化的大
數據，需要數學分析技術；探測地震的震央、深度，也會用到三角函數。
高工電機與電子學群的專業科目，也大量用到數學，像控制交通號誌，就

和波形的三角函數有關。

林如苹說，DeltaMOOCx 課程的好處是學生不需要面對老師，看不懂可暫停、倒轉、重複學習，還可觀看不同老師的講解，更易理解。在製作教材時，她都會針對學生容易混淆的概念一一釐清，費力製作生動的 PPT，讓學生明白數學的奧妙。她在課堂上有時也會播放自己及其他老師的教學影片，尤其針對要考統測的高三生，搭配的影片有很多練習題，用來準備統測，CP 值很高。

以她錄製的工科一年級三角函數「正餘弦函數疊合」為例，平時在教室很難畫出疊合圖，但她利用繪圖軟體具體呈現動態過程，搭配 PPT 動畫，讓學生感受動態的三角函數，比單純死背更易理解。她說，有些產業特殊需求類科的學生，入學分數比較低，都能接受她的教法，至少有問有答，讓她感到很欣慰。

台達磨課師每個單元的影片都有練習題，林如苹建議，未來可抽換數字，建立更多、更完整的題庫，每個單元都可隨機選題出幾張考卷，讓學生不斷練習，有助衝刺考試，幫助程度較差的弱勢生。

◆ 技高生拚統測補習，陳亮君：免費磨課師不受限更正確

彰化師範大學數學系畢業的陳亮君，先後在臺中私立常春藤高中、臺中二中、大安高工共任教 14 年，兼有公私立普高及技高的教學經驗。她說，相較於普高學生將數學當成主科，對入學就分科的高工生而言，電學等專業科目才是主科，數學較不受重視。

她指出，普高數學較加深加廣，題目變化性大，技高數學則較偏重基本概念，題目較少變化，很多大安高工學生因此認為數學比專業科目簡

單。但不可否認，技高學生的平均入學成績比普高學生低，數學基礎及理解力較弱，遇到抽象的公式推導較頭痛，要改變教學策略，更具體、實用導向。尤其現在的孩子是圖像世代，更仰賴視覺學習，磨課師融入動畫，他們更能接受。

以她錄製的技高數學課程為例，每個單元會先以生活實例應用為引導，結合 108 課綱素養導向，讓學生了解數學在生活中的用途，再輔以素養題目探討，讓學生更能感受數學的實用性。例如教到數列，她以美國蓋洛普歷年總統選情民調、門牌號碼、計程車計費碼表等來說明。

再例如教到「二次曲線」時，通常會計算方程式，但學生對定義總是

大安高工數學老師陳亮君錄製「二次曲線」的教學影片時，以北二高碧潭大橋的雙曲線拱橋等國內外實例，說明二次曲線在生活上處處可見。

很生疏，老師在課堂上也難畫圖呈現。但磨課師影片可透過動畫呈現，讓學生有視覺上的具體感受，加深印象。陳亮君更以北二高碧潭大橋的雙曲線拱橋、巴賽隆那加泰隆尼亞音樂廳的橢圓形設計等國內外實例，說明二次曲線在生活上處處可見。

不過，陳亮君說，礙於上課時數有限，要趕進度，課堂上只能選用公式推導、圖形或觀念等不易用黑板講述的部分影片。最好用的是重補修課程，會請學生先看影片，若有不清楚，可於課堂提問，更能差異化教學；老師也能透過後臺瞭解每位學生觀看影片時間與學習評量作答情形。

陳亮君表示，現在很多技高學生也會為升學補習，但缺課時要向補習班預約補課影片，常受限預約時段，且要在補習班看影片。免費的磨課師影片完全不受時空限制，且經嚴格把關，品質及正確性更高。未來若能因材施教分級教學，分成基礎、進階課程，可吸引更多學生觀看。

二、玩科學魔術、師生互動，物理磨課師超吸睛

對許多人而言，物理是門較抽象、艱深的學科，想到就頭痛。但他們若看過台達磨課師的物理科教學影片，會從此改觀。DeltaMOOCx 物理科召集人林春煌帶領一批熱血教師，透過像特技又像魔術的各種實驗及師生對談影片，讓原本枯燥無聊的物理變得更生動有趣，且與生活息息相關，吸引其他老師也在課堂上引用，啟發更多學生。

林春煌畢業於臺師大物理系、科教所，目前是臺北科大技職教育所博士生。他擔任過臺北市大理高中物理教師、教務主任，共 25 年，再借調

教育局擔任課程督學，108 年獲教育部師鐸獎。他推動數位教學已 10 年，近 3 年因 108 新課綱推動素養教學，帶領社群成員研發素養教學課程與評量。團隊幫台達磨課師錄製影片，闖出名號，近來還幫大愛電視台拍攝科普影片「TRY 科學」。

　　林春煌說，近代物理有一些比較看不見的東西，像 X 光、陰極射線放電管等，無法在課本裡完整呈現，用影片介紹剛好可以克服這個問題。他曾在課堂上播放有關 X 光及 MRI 原理的影片，有學生看完後很感興趣，決定念大學相關科系，目前在成大醫院當醫檢師，可見數位教學有多大啟發力。

　　擔任高中物理學科中心種子教師的林春煌，以學科中心成員為主，結合約 20 名志同道合的各校老師，集思廣義，團隊合作，拍攝台達磨課師

臺北市教育局督學、大理高中老師林春煌帶領團隊，為台達磨課師錄製物理課程，深入淺出、生動有趣。

影片。他表示，初期設定用生活現象解釋物理為教學主軸，3年內把高中基礎及選修物理課都拍完。最大特色是以實驗當成片頭，引起動機，再配合教師講解與解題動畫，深入淺出。例如有個單元講解高壓電原理，就以電擊棒為道具。

拍實驗其實很辛苦，短短3分鐘影片，可能耗費一整天。林春煌說，還好課程團隊人才輩出，例如大理高中綽號「捲毛老師」的廖建銘很會做實驗，片頭實驗主要由他操作；木柵高工老師謝孟揚則很會美工後製及做動畫。大家分工合作拍出的趣味影片，很多其他學校物理老師也覺得很好看，會在課堂上播給學生看。

林春煌說，第二階段再以學生探究為切入點的素養教學，選擇重要知識拍攝，大多採用社群老師近兩三年來先研發好的教案，已形同實體上課。由老師帶領學生討論學習，或由老師和主播對話，從現象觀察、歸納概念，到原理講解，透過提問，引發學生思考與互動，比做實驗更難。

例如新竹市成德高中陳家騏老師主講的「克卜勒行星運動定律」，別開生面，先請兩名學生操作重力模擬App「Orbit」，探究行星運動的軌跡，最後歸納出「克卜勒行星運動第一定律」：各行星以不同的橢圓形軌道環繞太陽，而太陽位置在橢圓的兩焦點之一。

林春煌指出，負責教學的老師，基本上會先跟他討論大綱，再各自發展架構，請負責美編的物理老師協助。進攝影棚前，團隊會先討論腳本與跟學生、主播的精準對話，並製作相關道具，耗時很長，十分辛苦，有時花了3天只錄1小時影片。

「可能是我們做得太好了，一般老師還跟不上。」林春煌表示，台達磨課師的課程以教物理原理與知識為主，其他平臺大多以教解題為主。他

本來以為台達的課程應該會很受歡迎，沒想到點閱率不如預期，原因出在考試引導教學，很多高中老師上課其實仍停留在教題目，所以學生需要的是解題跟背解答，不習慣看教學影片。直到這次因疫情全國停課不停學，線上教學又被重視，台達影片的瀏覽量才又增加。

林春煌說，過去的物理教學只要學生記住跟理解知識，老師講解是主要的教學活動。但 108 新課綱強調的素養教學，是要培養學生帶得走、能解決生活問題的能力，教學就要轉成以學生為主體。例如要教學生分析能力，並非分析給他聽，因為分析完他只學會了理解，而是老師要設計學生可以真正分析思考的教學活動。老師因此從知識的提供者（物理專長），轉成學習活動的設計者（教育專長）。

所以台達磨課師的物理教師團隊，大多在討論學生怎麼想？要問什麼問題促進學生思考與討論？而非單純傳授知識或教解題，跟一般的物理人不太相同。也就是說，物理教學其實是物理與教育專長並重的跨領域能力，「除非我們放下物理的專業驕傲，誠心地學習學生的認知思考歷程，才有機會引導學生思考。」

林春煌說，很多初任及代課物理老師觀看台達磨課師的影片，精進教學技巧。「我教一個老師，等於教一百個學生，影響力更深遠。」

◆ 立骰、甩水桶…廖建銘的實驗影片神乎其技！

影片中，臺北市大理高中物理老師廖建銘有如賭場高手，只見他右手拿著杯子，一一把桌上的六顆骰子蓋進杯內，然後在空中左右來回搖了幾次杯子，竟然讓六顆骰子直立在寶特瓶蓋上面。

以往只在電視或電影裡才能看到的「直骰」，如今出現

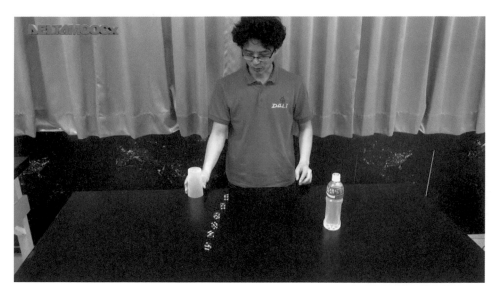

臺北市大理高中物理老師廖建銘為台達磨課師物理課程錄製片頭實驗，大玩物理特技，可以讓六顆骰子直立在寶特瓶蓋上面。

在 DeltaMOOCx「圓周運動」的物理教學影片中，廖建銘神乎其技，讓學生大開眼界，引領他們進入物理的神奇世界。

不過，這只是牛刀小試，他「主演」的實驗影片，不只耍特技，還會變科學魔術。例如讓丟進透明存錢筒的錢幣變不見，讓水中的撲克牌點數變少，背後都暗藏平面鏡反射、水中全反射等物理學原理，讓學生著迷。

中正大學物理系所畢業的廖建銘，已教書 20 年。他喜歡跟學生打成一片，放學後像朋友般聊天，了解現在的學生在想什麼、流行什麼，然後親身體驗，融入課堂教學與實驗，營造「學習也可以很生活」的感覺，不要都只是在講課本或教解題。

廖建銘說，他很喜歡研究不同趣味的實驗，並在課堂演示，引導學生

實作，讓觀念「具象化」，在腦海裡有畫面，臨場感的教學更不易忘記。他多年來參與各版本教科書實驗影片拍攝及編寫實驗手冊，也參與過 99 課綱物理教科書及實驗手冊審查。由於面對鏡頭講話較容易緊張，他在台達磨課師物理團隊中，主要操作片頭的實驗，配合其他老師的課程講解。

他表示，有些實驗只要有適當器材就能輕鬆完成，例如只要在透明的存錢筒內斜放一面平面鏡，鏡子會反射四周影像，看起來就像完整空間，把錢幣丟在鏡子後面，就好像消失一樣。不過，立骰這類實驗，則有賴熟練的「體術」，平常不斷練習，就能變成類似科學的民俗技藝或魔術，為教學加分不少。

廖建銘平時也會為了上課自行拍攝實作短片上傳至 YouTube，有的達數萬點閱率，還曾被電視新聞引用，始料未及。他說，磨課師影片用於補救教學、課前預習或課後複習都很不錯。但現在網路發達，學生只要上網就容易看到其他更吸睛的影片而讓學習失焦，教學影片能否兼顧教學目的及吸睛，是線上教材推廣的重要課題。例如可推出一些經典題型的解題短片，時間緊湊搭配詼諧輕鬆的對話，學生會更想看。

◆ 師生互動、和主播對話，蔡皓偉讓素養課程更活潑生動

國內線上教學影片大多由老師主講，獨撐全局。為更貼近學生，提高可看性，台達磨課師物理科的素養課程嘗試用師生對談方式，激發學生討論、探究物理現象。錄製這類影片的松山高中老師蔡皓偉指出，為營造模擬課堂的真實情況，錄影前有時不會先套好招，讓學生即席反應；且會找文科學生參與，展現多元觀點。

蔡皓偉畢業於臺師大物理系、交大電子所碩士班，任教已 18 年，曾

編寫 99 課綱物理教科書實驗手冊，目前是物理學科中心種子教師、臺北市物理跨校共備團召集人。他說，高中物理有些內容較難用言語描述清楚，學生聽完仍一頭霧水，搭配磨課師影片更能讓學生理解。他上課因此常會引用數位教材，並融入學習單。

以他錄製台達磨課師的單元「駐波」為例，是高中物理較難教的部分，以往在教室若要用板書教學，成效很差，會讓學生不知所云。但他在教學影片中，先以實驗觀察切入，再用動畫呈現波的重疊，讓學生了解駐波是「兩個同頻率、同振幅，但相反方向的波重疊，其波形不會傳遞，只會上下來回振動」。由於看影片一目瞭然，可能有不少老師曾播放這支影片給學生看，點擊率頗高。

蔡皓偉和部分老師當開路先鋒，還錄製師生互動的素養課程，比較生

松山高中物理老師蔡皓偉（左一）為台達磨課師錄製素養課程時，嘗試用師生對談方式，更貼近教學現場。

動活潑，可供現場教師採用。他說，課程團隊會挑選設計的課程，大多是較難教的內容，平時已共備好教學流程，再適度修正，成為一小段一小段適合放在網路上的影片。

蔡皓偉說，拍師生對話影片壓力大，很辛苦，要事先設計對話，並挑選適合的學生。為避免學生怯場，讓流程更順暢，他通常會找年紀稍長、以前教過的學生，從大一新鮮人到已錄取史丹佛大學研究所的學生都有。除了找臺師大物理、化學等相關學系學生，他也找了兩位文組學生參與，呈現前、中、後段學生都有的真實多元情境。

此外，他會設計某些問題或情境，讓學生在沒套招、事先不知情的情況下，說出真實想法與回應。例如他先請三位同學 PK 做實驗，再請另三名同學根據他們看到的實驗片段，判斷哪個人做的實驗較成功，根據什麼理由。他藉此訓練學生分析、評鑑這類高層次的素養能力，且學習效果不僅不打折，反而更高。

素養課程也嘗試模仿談話節目，請老師和主播對話，由愛爾達製作人石曉茜擔任主播。蔡皓偉表示，錄影前他會先跟主播簡述課程主題，敲定誰問誰答的流程。例如聊到國慶煙火，問及煙火為何有這麼多色彩，他就會解答，是和原子結構有關，不同原子燃燒的顏色不同，例如鈉燃燒是黃色。

蔡皓偉認為，台達磨課師的教學影片雖然儘量限制在十幾分鐘內，但還是有點長，學生未必有耐心看完每段影片，且因主要是老師講解，影片也較無趣。如何讓影片精彩有趣，且更短時間內就讓學生有收穫，未來仍待努力。

手繪軟體介紹游標尺，謝孟揚一筆一畫寫出美感

教學影片若能善用動畫，不只能具體呈現抽象概念，有時還能兼具美感。木柵高工物理老師謝孟揚就利用手繪軟體，為台達磨課師錄影片介紹游標尺的使用，可看到他一筆一畫寫出工整的解說文字，賞心悅目，影片上線 3 年來已累積逾 5.6 萬人次點閱。

臺師大物理所畢業的謝孟揚，曾在大安高工、埔里高工及木柵高工任教共 8 年，曾多次獲得創意教學及多媒體教材競賽獎項。他在台達磨課師物理科團隊中貢獻美工及動畫專長，讓影片兼具動態呈現及美感。

他說，高中物理多會使用抽象符號與專業用語描述問題，造成師生溝通上的落差，像教到光電效應，大多用靜態的圖片呈現，但這個物理現象卻是動態過程，所以他會搭配模擬動畫，讓學生看到用哪種顏色的光線打金屬片，可以打出電子，呈現學校課堂做不到的動態實驗。

謝孟揚說，素養導向的課程，著重培養學生的能力。過去的教材教法很難呈現，只有上實驗課時較易培養，因為學生從實驗操作過程中，會產生許多問題，需要老師在旁引導並協助解決，這就是主動學習的起點。所以設計素養課程的關鍵，在於如何讓學生動手操作、動腦思考。

尤其磨課師的影片，須設定所有人都能簡單理解，不能像傳統課堂方式上課，否則就失去線上課程的意義。所以，大家須一起討論、設計教材教法，雖然過程相當耗時，但也更能照顧到多數學生感受。

以「游標尺的使用與測量」這個單元為例，謝孟揚使用手繪軟體，圖文並茂教學生怎麼使用游標尺。例如畫面上先出現一把尺，接著會看到他的手一筆一畫慢慢寫出主尺、副尺、固定螺絲、外側量爪、內側量爪等文字，標示出不同結構，再由其他老師配音、剪輯，一目瞭然又好看。他說，

可能因多數高中生須操作這個器材，加上容易理解，網路點擊率特別高。不過光錄製這 4 分鐘的影片，就要花 3 小時。

謝孟揚說，其他教學平臺多半教學生如何使用公式解題，或以數學推導物理公式，只是將傳統課堂內容錄成影片。但台達磨課師主要仍以建立物理概念為主軸，從生活經驗出發，講解例題只是為了讓學生

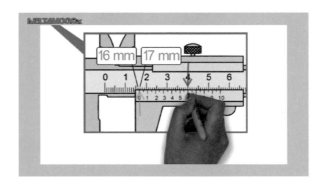

木柵高工物理老師謝孟揚在台達磨課師物理科團隊中，貢獻美工及動畫專長，例如使用手繪軟體，圖文並茂教學生怎麼使用游標尺。

理解概念。他期許物理教育是為了讓學生理解生活，而非培養專業物理學家。

◆ 波耳曾是奧運選手？融入科學家軼事，張智詠讓物理變得更有人味

波耳、克卜勒、居禮夫人、愛因斯坦等大咖物理學者，大家即使不懂他們的理論，至少也聽過名字。但你知道量子力學大師波耳，曾是入選奧運的足球守門員嗎？而兩度獲諾貝爾獎的居禮夫人，竟曾跟老公的學生捲入不倫戀？

臺北市陽明高中物理老師張智詠錄製台達磨課師課程時，融入有溫度、有人情味的科學史，讓學生知道，科學發展並不像課本上寫的那樣理所當然，其實也像一般人一樣多彩多姿，使得教學影片更引人入勝。

臺師大物理系、臺大應物所畢業的張智詠，雖然教學資歷才 10 年，但曾兩度獲北市教學卓越獎優選，更曾獲全國教師創新教學媒體競賽優等、甲等。他希望學生在他的課程，看見科學蘊含的人性，拉近科學與孩子的距離，塑造求知的渴望。他因此不論在課堂或磨課師影片中，都會介紹科學家的軼事，讓物理不再只是生硬艱澀理論與名詞。

他舉例，諾貝爾物理獎得主波耳，曾是丹麥足球國家隊的守門員，一度被列入奧運選手名單，但沒上場，堪稱史上最有學問的守門員。而美國天文學家哈伯，則是跳高選手，曾是伊利諾州跳高紀錄保持人，1990 年發射升空的哈伯太空望遠鏡以他為名，但他早在 1953 年過世，所以沒看過哈伯望遠鏡。

再例如居禮夫人在丈夫去世後，曾與丈夫生前指導的博士生、已婚的

物理學家朗之萬同居；愛因斯坦一生也不斷有外遇，這些都是教科書上不會寫的軼事。

以他主講的單元「都卜勒效應」為例，在講解理論之前，先提到都卜勒是維也納的富二代，年紀輕輕就當上維也納大學物理學院首任院長，他曾花了整整兩天，請樂手在來回移動的火車上演奏，再請樂師在月臺上記錄聽到的音階，發現火車（音源）靠近時音調變高，遠離時音調變低，就是「都卜勒效應」。

他錄製的另一段素養課程，一開場問學生：「人能不能像變色龍一樣變色？」然後先賣關子，從聽見車子經過的聲音等生活經驗出發，了解波動的性質，最後再提到，都卜勒當初曾推測光波和聲波一樣，移動時也會改變頻率（光的顏色）。後世學者研究，若跑向觀察者的光源，速度快到

臺北市陽明高中物理老師張智詠錄製台達磨課師課程時，融入有人情味的科學史，更引人入勝。

三分之一光速以上，看到的顏色就可能變成高頻的紫色，同樣速度遠離觀察者，就可能看到低頻的紅光。所以人只要速度夠快，理論上能像變色龍一樣變色。這雖然有點無厘頭，卻很有趣。

張智詠說，他理解的素養教學，要像帶小孩子探索世界一樣，先發現問題，由貼近生活的疑問開始，引起動機，最後將學到的內容拿來解決生活情境。傳統的講述式教學方法並非全盤否定，而是可調配使用時機和比率，穿插在課程中。不過，面對相同的情境敘述，學生想到的畫面不一定跟老師一樣，因此可透過課堂實作或照片、影片、模擬軟體等多媒體來具體呈現，磨課師因此更能派上用場。

三、華人世界最完整線上高中化學，磨課師讓你眼見為憑

長短蠟燭在同一密閉容器內燃燒，哪個會先熄滅？豆漿裡面加鹽或醋，哪樣最先凝結成豆花狀？在平地一大氣壓下，如何讓水在 70 幾度就沸騰？

很多高中生覺得化學難，因為一堆化學式及化學方程式，光靠死背很容易忘記。其實化學在日常生活無所不在，例如上面這三個 DeltaMOOCx 化學課程裡的小實驗，即使疫情期間宅在家，不用到校也可自己動手操作，找到答案。

搭配課本錄製完整的實驗影片，讓高中生先「眼見為憑」，進而引導高中重視實驗課，讓學生「手動為憑」，DeltaMOOCx 讓化學課變成更有趣，不再令人望之生畏的生活科學。

◈ 化學名師高中化學曾被當，實驗讓周芳妃一頭栽入化學

DeltaMOOCx 化學科召集人、北一女老師周芳妃，是國內高中化學名師，甫獲 110 年教育部師鐸獎。不過，她就讀高雄女中時，覺得化學很艱深，害怕讀化學，沒興趣，也沒熱情，最後被當，連補考都放棄。沒想到大學聯考填志願，父母希望她念臺灣師範大學當老師，而她的分數又剛好落在該校理學院第一志願化學系，最後仍硬著頭皮就讀。

化學很爛，個性又太活潑，周芳妃覺得當化學老師，會誤人子弟，起初足足哭了兩個月。不過，她說，系上大一每週都有強度很高的實驗訓練，讓她一頭栽入化學世界，每晚在臺師大體驗不同社團之外，大一在有些科

DeltaMOOCx 化學科召集人、北一女老師周芳妃強調高中化學一定要做實驗，透過磨課師影片可先眼見為憑，在疫情期間發揮很大功效。

目幾乎被當的情況下，化學實驗竟拿到全班最高的 99 分。之後她又遇到很多嚴謹的教授，緊盯學生練基礎功，從此開竅，大二到大四每學期都拿到班上前三名的書卷獎，教授都覺得她是學術人才。

昔日化學被當的高中生，為何最後能讀到化學博士，變成教授眼中的學術人才？周芳妃的結論是，實作在高中化學是個很重要的歷程，若沒機會實作，至少先看到，再摸到、做到，化學就會變得更有趣，而非艱難的學科。也因這樣的省思，往後 35 年她持續學術專業的訓練，但寧願當個高中化學老師，投入科學教育。

彰化縣立成功高中校長林克修是 DeltaMOOCx 化學課的台柱，他也表示，化學是個實驗科學，沒做過、沒看過，永遠只能死背，學不好化學。他舉例，酚酞是酸鹼指示劑，在 pH 值大於 8.2 的水溶液中，會呈現「桃紅色」或「粉紅色」。關於這個顏色，若沒有做過實驗，同學只能死背；但只要有做過實驗，看過一次它顏色的改變，一輩子都不會忘記，而且可以活用這個性質。實驗的重要性，可見一斑！

「實驗對於高中化學超級重要，能讓學生親眼見證，課本講的都是真的，只要做過實驗，絕不會忘記。」不過林克修說，一個簡單實驗，老師可能 5 分鐘就搞定，學生從分組拿儀器及藥品到做實驗，可能要花 25 分鐘。除非老師很有熱情，否則多半會省略實驗，照著教科書講就好。而台達磨課師剛好找到一個折衷切入點，把課本提到的實驗做出來，且非常講究，能看到關鍵變化，老師上課可節錄引用，學生看了有問題再解答。

周芳妃說，她結合學科中心與各地教師為台達磨課師錄製課程，一大目標就是希望全國高中生都有機會實作。且基於聯合國愛護生態、永續環境的 21 世紀理念，課程團隊研發「綠色化學」實驗，推出很好操作、友善環境、安全價廉的實驗，可提供給師生在中學校園或居家環境操作。有

些書中介紹卻無法在高中環境進行的危險反應，也協助在專業環境錄製，以提升學習效果。

◈ DeltaMOOCx 率先研發綠色實驗，好到可投稿國際期刊

「我們設計的實驗，有的只花費 30、50 塊臺幣。」周芳妃指出，要讓全國 10 萬名高中生都能做實驗，一定要管控材料成本。有的實驗要重新研發，在台達磨課師的平臺上首播，全新設計好到可以投稿國外期刊。

周芳妃表示，高中化學要結合巨觀現象、微觀粒子交互作用理論與重要符號表徵，如何用合適的方式表達出來，讓團隊老師傷透腦筋。課程因此力求導入生活情境、尖端研發知識及應用於生活的科技產品，但最後又要讓學生在考試中能正確寫出重要的化學式及學理定律。

例如根據 108 新課綱選修化學編製的「科學素養＿化學宅急便」系列影片，共分成 11 個單元，每單元都有幾段不同主題的影片，每段影片都先以「基礎探索」融入生活情境，引起學習動機，採用雙人互動演出，穿插演示實驗操作。影片 PPT 內容兼具物質的巨觀照片、粒子微觀模型、粒子微觀動畫等，完整說明科學概念與重要符號表徵（化學式、化學方程式、科學定律等）。

「基礎探索」提到的「模擬試題」，則製作另一支同名影片呈現，增加學習者使用影片的彈性。最後再搭配由臺師大化學系博士生范智傑示範操作的綠色實驗，讓學生見證「基礎探索」提到的化學概念或表徵。

以「物質的三態」單元之「膠質溶液的性質」為例，「基礎探索」由周芳妃及臺北市中崙高中老師高貫洲授課，以大家常喝的豆漿為例，說明這類外觀不透明或類似透明膠水狀的膠質溶液有何性質。例如只要在一杯

水裡面加上一滴豆漿，用雷射筆從側面照射玻璃杯，就會照出一條光亮的通路，這是因膠質粒子比較大，會使光線散射，稱為「廷得耳效應」。

膠質溶液的另一特性，是膠質粒子表面經常帶相同的電荷，例如豆漿的蛋白質粒子帶負電荷，會相互排斥，所以不會凝聚。但若在豆漿內加入大量的電解質，電解質所提供的陽離子會把豆漿粒子表面的負電荷中和掉，就會發生凝聚現象。

周芳妃接著做一個小實驗，在不同杯的豆漿內，分別加入不同種類陽離子的電解質，包括食鹽、硫酸亞鐵、明礬及食醋，結果發現加了醋的豆漿很快凝聚出豆花般的形狀，其他三杯加入的是鹽類電解質，豆漿凝聚比較慢，以正三價鋁離子的明礬作用比較快，最慢的是加入正一價鈉離子的食鹽。

高貫洲則另外錄製影片，詳細講解兩題模擬試題；學生也可點選同一主題的綠色實驗，見證「廷得耳效應」、粒子表面帶相同電荷等膠質溶液的性質。

通關試題模擬師生問答，指考諾貝爾獎難題迎刃而解

此外，這 11 個單元還會另外錄製「通關試題」系列影片，透過師生問答互動，活用所學知識，深究解析歷年指考試題。考題共同特色是跨章節或跨領域，須統整多個核心概念，第一眼看起來令人害怕，但看過深入淺出又有趣的解題影片，就可迎刃而解。

林克修和范智傑扮演師生，搭檔錄製「通關試題」。他說，挑出來的都是課堂上最常被問到的試題，例如 106 年指考化學非選題，是和 2016 年諾貝爾化學獎相關的「奈米機器」，學生看到這題，一定會問老師怎麼解。

林克修在「通關試題」影片的前半段，做了一個大海報，直接在上面標註解題；後半段更費力做了模型，模擬給學生看，「一般老師根本不可能有時間作模型！」

他說，若他教 3 個班，每班有 3 個人問同一問題，他就要重複講解 3-9 次。有了解題影片，老師可省去重複講解的時間，專心診斷，看學生在哪裡卡關，再找出相關影片讓學生看。若解一題花 10 分鐘，影片每年 5,000 人看，10 年就等於幫老師省了 50 萬分鐘，成本效益有多大！

周芳妃說，「通關試題」上線前，她曾試播給三個北一女任教班級看，影片結束後，全班熱烈鼓掌，讓她深感努力沒白費。

⬡ 教師團隊 17 人分工合作，3 名教科書主編全力指導

錄製 DeltaMOOCx 的化學課程很費工夫，動用大批人力。周芳妃說，除了 17 名各校高中化學老師，還邀請葉名倉、張一知、呂家榮等三位臺師大化學系教授擔任指導教授。他們各自是三家不同高中教科書的主編，錄影前都會安排多次腳本編製會議，所有影片的 PPT、實驗腳本，都逐字逐句、一頁頁審閱修訂，協助釐清很多概念。

林克修說，錄製磨課師影片很耗費體力、腦力。每個單元前都要先草擬錄製內容與 PPT，和教授討論是否有遺漏，調整後做 PPT 美化和動畫，再和教授在線上會議討論，修正後再入棚錄影。之後還要經過自審、外審、複審等階段才能上線，前後至少修正 5 次以上，「放眼目前網路上的高中化學影片，不可能像 DeltaMOOCx 這麼千錘百鍊！」

疫情停課期間，許多高中老師線上教學會引用臺北酷課雲的影片。不過周芳妃說，和 DeltaMOOCx 相比，酷課雲的製作門檻、畫質都較低，

審查也不像台達磨課師這麼嚴謹，層層把關。天賦好、聲音又有磁性的高貫洲，曾幫酷課雲錄過很多影片，感受最深。

◈ 曾借調北市錄 100 多支影片，高貫洲：DeltaMOOCx 不用單打獨鬥

教書 20 年的高貫洲說，化學是一門著重記憶與理解的科學，若能將生活中的化學與課程結合，比如咖啡的萃取方式與風味、購物頻道萬用清潔劑去污力真假等議題，更可提升學生的學習動機與興趣。2007 年中崙高中致力發展行動研究，他就開始將環境化學或較複雜不易理解的觀念，結合 PPT 錄製影片，讓學生回家後線上學習。自 2007-2014 年他每年至少完成一份行動研究教材。

2015 年他借調一年，製作臺北酷課雲化學數位教材，包括觀念解說與大考解題。但因人力有限，從製作 PPT、錄影、配音到後製剪輯，全由他一人包辦，一年內就錄製 100 多支影片，「但薪水沒多半毛錢。」他笑說。

高貫洲表示，反觀 DeltaMOOCx 的化學課程，投入很多人力，不用單打獨鬥。尤其 3 位指導教授各有專長，呂家榮專長分析化學與感測儀器的設計，葉名倉是有機化學與藥物合成的資深專家，張一知橫跨光電材料領域，又是國際化學奧林匹亞主席。三人經驗豐富，又是高中教科書主編，對於高中學生常有的迷思概念，會深入淺出協助設計問題，一步步引導學生澄清概念，對錄製課程幫助很大。

他表示，化學課程團隊分工很細，針對不同細項如科學史、實驗、教材說明、迷思概念破除等，都有詳盡規劃，這是台達磨課師化學科最有特

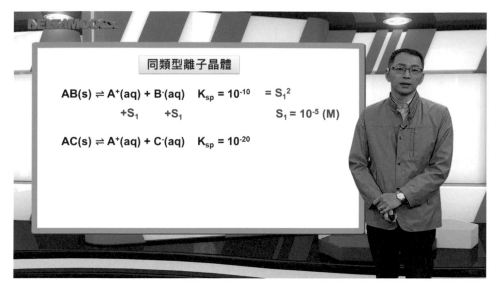

臺北市中崙高中化學老師高貫洲曾幫臺北酷課雲錄製 100 多支教學影片，後來加入台達磨課師化學科教師團隊，不用再單打獨鬥。

色的部分。

周芳妃表示，開始錄製台達磨課師課程時，108 新課綱還沒定案。但身為 108 課綱微調的化學科全國副總召集人，她在新課綱修訂過程中，也曾參與很多相關的跨部會議，會收到最新訊息；加上呂家榮等三位指導教授也都很清楚課綱滾動修正的方向，所以錄製台達磨課師課程時，就已融入新課綱強調的科學素養、實驗安全及化學物質安全管理的精神。

◆ 配合聯合國修正化學表徵，完成史上最完整的中文繁體化學實驗影片

例如針對列管的毒化物實驗，只單純在影片中示範，另外發展適合高

中師生操作的替代性實驗，可達到同樣教學效果。每一支綠色實驗影片，也都會強調實驗安全，最妙的是，范智傑還改編流行歌曲「愛江山更愛美人」，實驗前都唱歌提醒：「實驗短短幾分鐘呀，不做不罷休。實驗衣記得穿，護目鏡戴好囉！長頭髮綁好啊，安全記得做，實驗準備要開始囉！」

此外，在新課綱課本出版前夕，聯合國 IUPAC 組織通過修正化學表徵呈現方式。周芳妃說，當時已編好的教科書都要全盤修改，而台達磨課師已錄好的 19 支基礎探索化學影片，也在上線前又全部拿回來，根據聯合國的標準，修改用了 80 年的化學表徵方式，和全球一致。她特別感謝台達基金會不惜成本投入重金，讓化學課程超前部署，與世界同步。

讓周芳妃最自豪的是，經過 17 名老師團隊合作，終於把高二與高三選修化學課本上每一章節提到的重要概念，都錄製成 54 支綠色化學實驗影片，「這是臺灣史上首次配合化學課本內容推出完整、繁體中文版的實驗影片。」

林克修指出，化學學科中心接下 DeltaMOOCx 的任務前，也曾參與資訊融入教學計畫，嘗試結合動畫錄製影片，引起學生興趣，但很難找到同時具有化學與資訊專長的老師。請不懂化學的資訊老師作動畫，可能出現誤差，例如水的化學式，兩個氫原子和一個氧原子有特定位置，不能隨便亂擺。這些動畫影片調整很久，好不容易通過驗收上線，但經過推廣，看的人不多。不過，學科中心後來錄製 DeltaMOOCx 的影片時，仍儘量讓當時做的動畫派上用場。

林克修說，當初化學學科中心的幾位核心種子教師決定錄製台達磨課師時，一大著眼點是希望爭取繁體中文的網路化學課程詮釋權。因為光以化學元素的名稱來看，在臺灣稱為「矽」，大陸卻是「硅」，若我們不錄自己的課程，學生將來上網只能看到大陸簡體版的影片！

他很感謝台達文教基金會董事長鄭崇華的遠見，把 DeltaMOOCx 在華人世界的第一品牌做出來，當初花兩三億元建立這個教學平臺，絕對值得。

臺師大化學系面面俱到，支援實驗場地、器材、人力

周芳妃特別感謝臺師大化學系協助提供錄製影片的實驗場地、器材及人力。臺師大副研發長、化學系教授呂家榮指出，綠色化學實驗都在化學系拍攝，較不會有安全問題。系上也會根據攝影需求提供器材，拍到一半缺什麼東西，很容易從系上取得，不會有缺器材的問題。此外，實驗內容及腳本也都經過 3 位教授審查，力求讓高中生容易理解。

呂家榮說，高中老師實在太忙，要在課外挪出時間拍攝實驗影片，實在分身乏術。所以全部實驗都由化學系博士生范智傑動手操作實驗，分攤老師們的負擔。

周芳妃說，北一女等一般高中實驗室本來就不夠用，整天都用在教學。她曾幫教育部拍攝一支實驗安全宣導短片，只錄了短短 15 分鐘，就占用實驗室整整兩天。DeltaMOOCx 基於成本效益，有時一天就要拍攝 9 段影片近 20 個實驗。光 5 分鐘的實驗，從籌備到完成常要花 20-30 小時，以高中的場地及人力，絕對無法完成。臺師大化學系提供實驗場地、人力，幫了大忙

她笑說，每個實驗現場至少都會有一名教授、4 位老師「像侍奉皇帝一樣」，陪在范智傑身邊。其中至少 2 位老師協助布置場地，遞器材給范智傑，就像在手術房提供開刀用具給醫生的護士，其餘老師和教授則站在攝影機旁監測實驗。

周芳妃則是從腳本會議到拍片，從頭到尾都參與的靈魂人物，拍了200支影片都在現場。她的角色有點像導播，除了調動有空的老師到現場幫忙，還要口述腳本讓拍片人員知道實驗流程，並指揮老師及臺師大學生準備器材、收拾現場等。至於范智傑操作實驗時講的口白，也是周芳妃和教授審視腳本後，由他口述。

◆ 操作實驗的神之手，來自臺師大博士生范智傑

　　范智傑是建中畢業的化學高材生，周芳妃曾指導他和北一女的學生組隊參加清大主辦的「高中化學能力競賽」；他也曾入選化學奧林匹亞競賽

臺師大化學系教授呂家榮（中）和該系博士生范智傑（左）協助北一女老師周芳妃帶領的台達磨課師化學團隊錄製綠色實驗影片。

國手選訓冬令營。他說，國中時就已自學高中化學，升上高中已接觸大學的有機、無機化學，當時他覺得高中化學太簡單。

但等到他兼過十幾個家教，讀到臺師大化學系博士班之後，從他家教學生的角度來看，反而覺得高中化學太難。因為課本大多翻版自大一普通化學，太抽象，又有一堆化學式的英文字，沒實際操作體驗、真正看到，根本不知道是什麼東西。

他說，對沒興趣、也不想讀化學系的學生而言，會覺得高中化學為何要教那麼多？畢竟大家不只讀化學，還有數學、物理、生物等其他科目。其他科目也有同樣問題，像他在建中念的高中生物，就比大一普通生物難。

「數學可純粹用想的，但化學若只靠想的，和實際做出來看到的，有時差很多。」范智傑說，他就讀私立初中及建中時，學校都會做實驗。但他家教學生的學校，有的甚至把實驗室都拆掉，實驗課都拿來考試。學生不做實驗，只會考試，其實無法真正學好化學。

「化學是一門眼見為憑、手動為憑的學問。」呂家榮說，他回想中學時代，有些同學數學很好，但他比較差，因為他的抽象思考能力比較弱。他比較喜歡實作，親眼看到化學實驗結果，更能接受老師上課講的內容。

◈ 讓學生先「眼見為憑」，
　呂家榮：DeltaMOOCx 造福偏鄉弱勢生

不過，呂家榮表示，偏鄉學校的教學資源及實驗器材，不像建中、北一女這些都會學校這麼充足齊全，很多學生來自弱勢家庭，也沒錢補習。透過台達磨課師的免費教學平臺，對偏鄉弱勢生幫助很大，因為即使沒做

過，至少看過台達磨課師的實驗影片，能眼見為憑；當然自己手動操作更好。

台達磨課師的化學實驗，會避免使用鉛、汞等有危害性的物品，儘量選擇沒毒性，容易購買、價格便宜，在學校或家裡都可安全執行的實驗器材；且落實綠色化學實驗的十二大原則：防廢、物盡、低毒、保安、降輔、節能、再生、簡潔、催化、可解、監測、思危。

例如大家都學過，水在一大氣壓力下的沸點是攝氏100度，但在不同氣壓下，沸點會改變，可讓90度或溫度更低的水沸騰。低壓下的水沸點比較低，所以高山上的東西不易煮熟；高壓下的水沸點高，壓力鍋因此更能快速煮熟。

團隊因此設計一個實驗，將77.1度的水倒入水瓶內，再用橡皮塞封住瓶口，成氣密狀態。然後把電子溫度計的不鏽鋼針刺進橡皮塞內，瓶口接三向閥及壓力計，把瓶內的空氣抽掉，就可讓70幾度的水沸騰起來。相關器材不貴，市面上買得到，且容易安裝，可重複使用，符合綠色化學原則。

范智傑說，化學課本提到的實驗，有時太過理想，在實驗室操作，一開始無法得到理想結果。礙於拍片時間及成本，DeltaMOOCx的影片只能簡單說明，無法詳細探討失敗的原因。反觀有些很厲害的YouTuber，會把實驗所有失敗的過程都詳細記錄下來。

「現在大家連飯都沒得吃，等到有飯吃，再做蛋炒飯、燉飯等不同料理。」周芳妃說，很多高中根本不做實驗，有台達文教基金會鼎力相助，現階段要先將課本提到的所有實驗完整做出來。接下來除了發展課輔系統，還可針對同一主題的實驗，做不同層次的探究切割。

◆ 化學素養重探究，開炸雞店也能研發最好吃產品

周芳妃表示，她和呂家榮共同的指導教授施正雄曾說過，投入化學素養教育，並非讓每個學生都當化學家，而是要培養他們的探究精神，即使開炸雞店，也能賣出最好吃的產品。化學其實最適合探究，因為不同比例的原料配方，放入的先後順序不同，都可能產生不同反應。下一階段的實驗，可聚焦在提升素養及不同層次的探究。

DeltaMOOCx 的化學課程有很多用處。周芳妃說，首先她會在講課時，穿插播放影片，問學生看到了什麼、為何要這樣做。其次當作高一預習課程，課前看影片，上課時先小考 5 分鐘，再針對學生問題點加強教學，類似翻轉教育。幫助最大的，是寒暑假的補救教學，可先透過前測，有如把脈，找出學生病灶，再指定看相關影片，對症下藥。

林克修說，尤其資質並不頂尖的社區高中生，某些先備能力不足，升上高二時，可能高一化學還沒學好，上重補修課，若還是全班齊步走，可能依然聽不懂。這時要讓他們「聽自己學習的鼓聲」，可由老師帶領他們看磨課師影片，能走多遠就多遠，先重拾對化學的興趣與自信，若能擴及到數學、物理等其他比較難的科目，再好不過。

此外，108 課綱推動彈性自主學習課程，高中生也可把觀看化學科影片列入自主學習計畫。高三生準備大考時，DeltaMOOCx 的化學影片也是絕佳的總複習材料，除了各單元基礎探索，還搭配課本習題及學測、指考試題解析。尤其在疫情停課不停學期間，更是無比珍貴的遠距自學及複習平臺。

DeltaMOOCx 的影片也可作為國中資優生自學高中化學的輔助教材。周芳妃說，科展等某些場合，有國中生跑來和她合照，因為他們看過台達

磨課師的化學課程，受惠良多。

◈ 錄製銜接課程，林克修要讓國中生愛上化學

林克修說，他錄製高一化學的第一單元「緒論」，是量身訂作的國、高中銜接課程，結合實驗的 6 支影片，生動有趣，還可應用到生活。他希望能把國中生「騙」來，黏在平臺上，愛上化學。

他舉例，「緒論」單元引用非常有名的化學教育範例「長短蠟燭的燃燒」影片，先問學生長短蠟燭在同一密閉容器內燃燒，哪個會先熄滅？為什麼？實驗發現長蠟燭先熄滅，原因是燃燒蠟燭產生不能助燃的二氧化碳，因加熱膨脹往上跑，長蠟燭因此先熄滅。應用到生活，就是遇到火警逃生時，要當短蠟燭，放低身體。

彰化縣成功高中校長林克修為台達磨課師錄製高一化學緒論，採用「長短蠟燭的燃燒」等化學教學實驗範例，要讓高一學生一入學就愛上化學。

林克修說，從小學生到高中生，他都講過這個實驗，大家都聽得很專注。最後問到逃生時要當長或短蠟燭，沒有人會答錯。這就是新課綱強調的素養精神，不但要思辨，還要能解決生活情境的問題。他和周芳妃有同樣的經驗，也曾有國中生，在校外場合認出他。

四、大學教授開講高中生物，暢談最新研究展望未來

新冠肺炎變種病毒入侵臺灣，至 2021 年 11 月已造成 1 萬多人染疫，800 多人死亡，全國上下為政府購買疫苗不足及國產疫苗的保護力吵翻天。不過，雖然大家三句話不離疫苗，但恐怕沒幾人知道疫苗的英文 vaccine，字根來自拉丁文的母牛 vacca，源自 18 世紀英國醫生金納發現種牛痘疫苗可治療致命的天花。

金納開啟研發疫苗之路，但為何種牛痘卻可治天花？疫苗如何預防疾病？它在後天免疫系統的主動免疫扮演什麼角色？而減毒、死菌、類毒素等疫苗，又和國產高端及美國 Novavax 的「次單位」新冠疫苗有何差別？

上述有關病毒、免疫系統、疫苗等與生活息息相關的疑問，都可在 DeltaMOOCx 的生物教學影片找到答案。成功大學生物科技與產業科學系教授王涵青透過圖文並茂的 PPT，有條不紊、言簡意賅地為高中生上了 5 堂「防禦與免疫」的生物課，在疫情停課期間更加受用；也因為是大考生物科出題重點，影片點閱率不低。

◆ 羅竹芳領軍成大教授，生物課程結合生活與最新發現

台達磨課師的高中課程主要由高中教師錄製，生物科是唯一例外，請大學教授擔綱演出，由成大生物科技與產業科學系講座教授羅竹芳帶領成大教授團隊錄製教學影片。課程除了力求符合課綱精神，也強調結合生活、融入科學史及最新科學發現，不只更能啟發學生探索科學，也適合社會人士終身學習。

羅竹芳是國內蝦類病理學專家，曾任臺大生命科學院院長及成大生物科學與科技學院院長，曾獲國家講座、教育部學術獎、臺灣傑出女科學獎等殊榮。她表示，高中教科書剛開放民編本時，她曾短暫參與高中課綱研修及審查教科書，發現很多高中教科書都找大學教授主編，但他們通常很忙，編出來的課本往往流於片段知識，主概念的串連做得不好。

羅竹芳說，她在大學上課希望讓學生知道科學創新是怎麼發想，透過哪些研究才能達到如今成果，會引用「自然」等知名國際期刊當下最新研究，不讓學生停留在記憶中的教科書知識。但學生有時看到某張圖，會說高中課本教過，沒興趣探究是經過多少科學家的努力，才能濃縮出圖裡面的成果。

她因此希望透過台達磨課師課程的引導，讓高中生不要以為課本上的知識就是終點，要知道還有多少未知數可以探索；不要只會死背知識，要曉得學無止境，既有的學理也可能被推翻，未來可無限延伸。

羅竹芳曾主持教育部的一項大型計畫，建立「臺灣通識網」（GET），動員上百位大學教師製作通識數位教材，授權各地教授免費使用，甚至可以打包下載，讓偏鄉學校的學生也能上網看到大師教學。

當初為了解決引用國外教材的版權問題，她曾和美、日、法等國的圖

台達磨課師生物科由成大生物科技與產業科學系講座教授羅竹芳帶領成大教授團隊錄製教學影片，引導學生探索未來。

書館等相關單位接洽，對方非但都同意免費授權使用，甚至還感謝臺灣用他們的東西，傳播他們的文化，讓她很感動。經她努力推動，「臺灣通識網」也從一開始不到 8 門課，到後來各校教授以課程能上網為榮。

◆ 強調實驗基本功，引用最新研究展望未來

「人才培育要向下扎根，越早越好，等孩子上了大學，才來培養他們的科學態度，已經有點晚了。」羅竹芳表示，基於這個理念，當台達磨課師計畫主持人彭宗平教授請她參與計畫時，「我當時雖然很忙，但居然一句話就答應了。」

羅竹芳說，成大團隊錄製的線上生物課程，針對生命的特性、動物

與植物的構造與功能、遺傳與生物工程、氣候變遷與環境等五大主題，從DNA、細胞、個體，到生態學，由小而大循序漸進，希望學生不要迷失在分子生物學當中，要曉得基因工程等分生學研究只是工具，最後還是要看生物個體及生態如何發展。

她表示，她找來錄製影片的教授，都很關心高中教育，也曾參與研發大考試題等計畫，對高中課綱及課程不陌生。從頭到尾她也都請家齊高中老師房樹生當顧問，協助檢視課程是否符合課綱精神。但大家會引用最新、最實際的例子，講解時儘量活潑，讓學生活在當下，展望未來。

基於高中生物課的實驗課不夠，學生缺乏實作經驗，羅竹芳表示，成大團隊錄製的課程，因此很強調實驗的重要性，讓學生知道學理、創見如何和實驗連結，得到驗證及落實。

她說，當年她就讀輔仁大學生物系時，系主任是奧地利神父，很強調實驗，上生物課時一人一臺顯微鏡，有自己的實驗桌，器材、藥品都來自德國，她的基本功都在當時學到。

王涵青也有同樣經驗。她就讀中山醫學大學公衛系時，成績很不錯，但起初只是為了考高分而學習，從未真正感到學習的快樂。改變她的是教寄生蟲學的教授，發現她很喜歡做實驗，會找她深入討論，還要她接受挑戰，在跑台考試時，答出每一種蟲的學名全名，而其他學生只要答縮寫即可。結果她全答對，這門課的期末成績全校最高分。

王涵青說，該教授一度想找她一起做實驗，但走進實驗室，發現老師正在解剖小鼠，看到紅色的血，她發現自己不適合，可以走別的路。畢業後她先就讀臺大海洋生物所碩士班，再就讀臺大動物所博士班，曾擔任羅竹芳的教學助理。之後到東京海洋大學做博士後研究，連週末都留在實驗室，「因為對我來說，做實驗是件很快樂的事。」

◈ 請人做動畫，圖片重繪不抄教科書

　　DeltaMOOCx 的生物課，也很重視圖片、動畫的講解。羅竹芳說，她除了請人製作動畫，所有的圖片也都重繪，沒有任何一張圖片抄自教科書。

　　王涵青舉例，她教到心臟搏動的過程，以往教科書或課堂上，學生永遠只能看到圖片。但她翻新教材，找到一個可免費引用的國外動畫，可以把心臟如何輪流收縮、產生電位差、血液輸送的過程，清楚呈現出來，「這就是線上教學永遠無法被取代的優勢」。她也曾半夜用 PPT 畫出腎小管，清楚呈現人體受傷後，白血球如何穿透血管進入受傷處。

　　她說，動畫都出自老師的心血，不刻意花俏，而是為了讓學生更加理解。像她錄製的免疫、內分泌單元，點閱率最高，除因大考常考，也因這

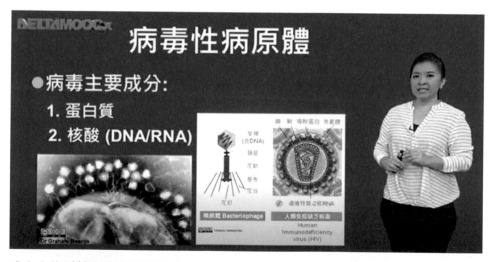

成大生物科技與產業科學系教授王涵青在台達磨課師的生物課程中，透過圖文並茂的 PPT，為高中生上了 5 堂切合疫情時事的「防禦與免疫」。

兩個單元最需要透過動畫解釋，像她就把內分泌從腦下垂體開始的一連串輸送途徑圖像化，比文字描述具體多了。

羅竹芳說，成大生物科技與產業科學系副教授郭瑋君錄製的植物激素相關單元，內容、取材都很吸引人，迴響也很不錯。

郭瑋君畢業於臺大物理系、園藝系碩士班，擁有美國普渡大學植物科學的博士學位。她因教學認真、活潑，被羅竹芳延攬錄製台達磨課師影片。

◈ 郭瑋君錄課程結善緣，
建議錄製「生活中的科學」推廣終身學習

郭瑋君說，大學教授錄製高中線上課程，不像她想得那麼簡單，因為要轉換觀點，把專業語言轉成讓高中生接受的話語，既要有趣不枯燥，又要傳遞知識，不能太過淺碟化。所以當初羅竹芳邀她加入團隊時，她猶豫了一下。但在中研院擔任研究員的老公認為這是個「善緣」，也可以推廣植物科學教育，鼓勵她加入行列，貢獻專長。

以她最受歡迎的植物激素系列影片為例，一開始就舉了好幾個生活實例，包括有些多肉植物的葉子為何井然有序像花一樣美？為何阿嬤種的荔枝結果纍纍？為何有的南瓜能大到裡面坐一個人？這些都是植物激素巧手的安排。

她接著再一一介紹生長素、細胞分裂素、吉貝素、乙烯、離層酸等五種植物激素及實際應用。以吉貝素為例，最早是 1926 年由日本的育種學家在臺灣發現有棵水稻似乎病了，長得太高卻不結實，中看不中用，像得了「笨苗病」。後來發現這個水稻感染「吉貝菌」，會分泌化合物促進莖生長，這種化合物就被命名為「吉貝素」，可以促進植物種子的發芽以及

開花。

　　吉貝素在生活的應用很廣，包括讓玫瑰的花莖伸長增加商業價值，或促進無子葡萄的花莖伸長，讓開花數變多，果實成長空間也變多，可結實纍纍又大顆。另一方面，也可用矮花劑抑制吉貝素合成，讓盆花的莖矮化，營養可以集中，開更多花；同樣道理也可應用於培育小而美的盆栽。

　　郭瑋君表示，可能因為大考生物科常考植物激素，系列影片的點閱率比較高。為了呈現向地性、向光性等激素的移動性概念，她嘗試用動畫讓學生了解植物會運動，但要花時間把概念一個個分解、把移動途徑畫出來。

　　她表示，成大團隊為 DeltaMOOCx 錄製的生物課程，很多和日常生活息息相關，應該不限高中生，也可以對一般社會大眾多加推廣，成為終

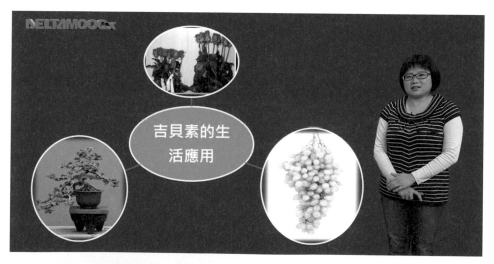

成大生物科技與產業科學系副教授郭瑋君錄製的吉貝素等植物激素相關單元，內容、取材都很吸引人。

身學習的社會教育資源。且未來若要錄製新課程，不必太學科導向，可以錄製「生活中的科學」，鎖定大家關心或常引發正反辯論的議題，用科學證據來釋疑。

她舉例，很多人完全抗拒基改食物，但只是基於道德信念，而非科學證據。然而，糖尿病患者打的胰島素及很多疫苗，其實都算廣義的基改產品，都是把基因改造後，放到別種生物體內表現及萃取蛋白質，打到人體內。

郭瑋君表示，身為科學教育家，應推廣科學化的思辨，持平討論每一個議題，不管面對基改食物、胰島素或新冠肺炎疫苗，都應以科學實證為根基，讓民眾有「知的權利」，讓大家清楚了解生物科技產品的優點及缺點，發生率多少，由民眾決定是否承擔風險，可以透過專業線上課程來推廣這些科學知識。

◈ 「失敗學」更能啟發學生，王涵青盼課程融入更多科學史

王涵青說，未來若還可以再錄製課程，她希望加入更多科學史上重大發現的故事，尤其強調科學家如何從失敗中站起來，永不放棄的故事。

例如 2009 年諾貝爾化學獎得主 Ada Yonath，和另兩位學者因揭開核醣體的奧秘獲獎。她有次摔斷腿住院，仍請學生印了一大疊論文給她看，從中找到突破點。

原來 Yonath 之前實驗使用的核醣體，都來自在安穩環境中長大的細菌，無法適應實驗室的環境。她改用在惡劣環境中成長的細菌核醣體，出院後實驗就成功。王涵青常告訴學生，從此例得知，在太安逸的環境長大，卻較缺乏抗壓力。

王涵青說，大家永遠只看到科學家成功的一面，殊不知「失敗學」更能啟發學生。她再以 2011 年諾貝爾生醫獎得主史坦曼的傳奇故事為例，他因發現可以呈現抗原，激發後天性免疫系統的樹突細胞而獲獎。他一開始很不順，因為樹突細胞很少，只占白血球中的 0.2%，是非主流研究，但他不屈不撓，多年後終於成功證實樹突細胞是免疫研究的「夢幻逸品」。

史坦曼還以樹突細胞研發癌症疫苗，他罹患胰腺癌後，拿自己做人體實驗，多活了 4 年。在 2011 年諾貝爾生醫獎公布前，他還跟女兒說，要活久一點才能領到獎。沒想到名單公布前三天他過世了，但因名單早就決定，最後仍頒獎給他，由女兒代領。

王涵青表示，史坦曼樂觀、永不放棄的精神，很值得學習。她主講的「後天性免疫系統」影片，只簡單提到史坦曼這個人，若未來要繼續錄製影片，她希望能詳述這類發現的故事。

郭瑋君和王涵青都建議，DeltaMOOCx 可加強使用者的回饋機制。目前開課老師只能從影片點閱率得到回饋，但無法知道哪些單元為何吸引人？哪些單元還可改善或希望再增加哪些單元？若因應使用者需求改善，相信 DeltaMOOCx 會發揮更大影響力。

此外，王涵青認為，DeltaMOOCx 還可增加檢測機制，聽完一節課就參加小考，確認是否真的聽懂。她建議檢測「遊戲化」，比照很多線上遊戲，透過考試累積經驗值，可不斷闖關看更多單元，並公布排行榜，看哪個高中、哪個學生的經驗值最高，寓教於樂，鼓勵更多學生上網自學。

◆ 培養入門觀察力，製作標本、生物繪圖攝影統統教

觀察周遭環境事物，是科學研究及走入生物學的起點。可惜國內高中

生物教育受限於教學時數有限及考試引導教學，老師較少帶領學生實際踏查生物世界。

為培養學生的觀察力，DeltaMOOCx 特別請高中生物老師錄製相關課程，除了帶領學生到潮間帶實地觀察，也教導如何在實驗室用顯微鏡觀察動植物及製作標本，更請美術老師教生物繪圖及攝影，打好觀察生物的基本功。

2019 年從新竹高中退休的生物老師許慶文，原本是高中生物學科中心的負責人，他結合幾位學科中心的種子教師及藝術領域教師，為 DeltaMOOCx 錄製「觀察力的培養與訓練」及「鄉土生物觀察」兩個入門單元。

許慶文說，高中生物課綱一向由大學教授主導，偏重生物科技，三分之二內容都和生理生化有關，弱化生態演化、分類等傳統生物學，和生活脫節。高中仍屬於國民基本教育，生物課不應淪為培養生物學家的菁英教育，應更貼近生活。

所以許慶文從新竹高中任教到退休後至竹北高中兼課，都指導生物研究社的學生，從觀察入門開始，到香山海濱等鄰近地區實地踏查，整理鄉土生物資料。他因此把線上教學的初體驗，獻給台達磨課師，除了教入門、進階生物觀察及顯微觀察，也以新竹香山及貢寮馬崗等潮間帶的實際踏查為例，教學生如何觀察鄉土生物。

許慶文指出，觀察是科學研究非常重要、也是最基礎的技術。科學研究歷程通常從觀察開始，然後提出問題、假設，到實驗、結論、建立理論模型、預測、形成定律，所以觀察是走進生物世界的不二法門。學生物的第一件事，就是要學會觀察周遭生物，不能紙上談兵。

不過，要把生物觀察轉為線上課程，初期遇到一些技術問題。許慶文

說，他和愛爾達電視台的工作人員第一次外拍，帶竹中學生
到香山海邊觀察螃蟹、水筆仔等潮間帶生態，但野外收音效
果不好，有雜訊干擾，後來改在愛爾達攝影棚用 PPT 呈現。

許慶文表示，生物觀察可由大而小，先用肉眼粗略地看，再用十倍放
大鏡、百倍解剖顯微鏡、千倍光學顯微鏡看得更仔細。例如他錄製的課程
中，以野外常見的大花咸豐草為例，先以肉眼觀察對生葉序、葉緣鋸齒、
頭狀花序等特徵，再採樣到實驗室，用顯微鏡觀察花粉粒、微管束、葉綠
素、氣孔等細胞層次的結構。

最特別的是，DeltaMOOCx 還請竹中美術老師劉時傑教「生物繪圖
與技法」，包括用鉛筆描繪昆蟲標本，用色鉛筆描繪植物花卉，用水彩、
壓克力顏料上色等實用技巧；竹中藝術與生活教師吳安芩則教「生物攝影

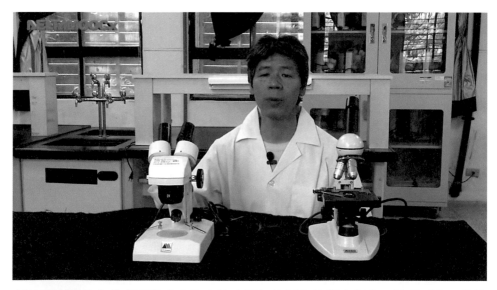

新竹高中退休生物老師許慶文為台達磨課師錄製生物觀察課程，除了到潮間帶等
野外拍攝影片，也教學生如何使用顯微鏡。

與藝術創作」，介紹拍照器材、構圖、生物色彩學與視覺設計等，學生可以把生物觀察的全方位技巧一網打盡。

五、地科影片深入淺出老少咸宜，連小學老師都當教材

「嘿，你喜歡打籃球嗎？」影片中，高雄市前鎮高中地科老師黃翊展帶球上籃後，問觀影者籃球員出手瞬間，要花多少力氣，才能把球投進？我們平常又如何知道眼前的物體，和我們有多遠呢？

畫面轉到籃球場上遠、中、近排成一線的三個交通錐。黃翊展接著解

高雄市前鎮高中地科老師黃翊展在台達磨課師的影片中，以投籃為例，用「視差」的概念當引子來教「天球座標系統」。

釋，因為左右眼所見影像不同，越近的物體影像差異越大，越遠的物體，影像差異越小，加上經驗累積，自然而然能推算籃框與自己的距離，知道花多少力氣才能把球投進籃框。

不過，這節課並非教打籃球。黃翊展別開生面，用「視差」的概念當引子來教「天球座標系統」。他說，我們晚上仰望星空，為何分辨不出星星的遠近，是因它們離我們太遠了，遠到眼睛無法分辨出影像的距離。

畫面接著逐漸遠離臺灣、地球，飛到星空浩瀚的宇宙。黃翊展用 3D 動畫，告訴大家，宇宙若是一片沙灘，地球則比一粒沙還小。我們在地球無法用肉眼判斷與星座的距離，天文學家因此把宇宙想像成一顆極大的球體，而地球是中心的一個點，所有星體都能以地球觀測者的角度，投影在這個假想的「天球座標系統」上。

◈ 3D+ 手繪逐格動畫，擴展黑板、教科書的二維空間

透過 3D 動畫及手繪逐格動畫等技術，黃翊展和其他參與台達磨課師專案的地科老師及愛爾達電視台的工作人員團隊合作，錄製了超高品質、又吸睛的地科教學影片，許多單元的點閱率都萬人起跳，甚至連國小老師都當成天文課的教材。

臺師大地科系、高師大科教所畢業的黃翊展，是高中地球科學學科中心的種子教師，有 14 年的教學資歷。他說，地球科學的「學習尺度」非常兩極，大到要理解天體運行、宇宙結構的空間概念，小到礦物的粒子如何結晶，往往超出人類的生活體驗，學生常要在心裡建立一個模型。但老師教的模型，可能在每位學生心中長出不同樣貌，例如誰看過「板塊」呢？

所以 3D 動畫等多媒體教學，對地科老師非常重要，可補足書本、黑

高雄市前鎮高中地科老師劉育宏講解「地球的起源」，運用 3D 動畫等多媒體，擴展教科書與黑板的二維空間。

板等「有限空間的二維平面靜止影像」之不足。他上課因此很常使用軟體、影像、動畫及線上資料庫來協助教學，其他地科老師也很普遍。

　　例如可用真實的地震資料讓學生看出板塊的概念。美國就有地質學家開發出軟體，記錄 1960 年代至今的各國地震資料，可依時間動畫呈現臺灣某個地震帶的剖面圖，一目瞭然。

　　地科學科中心執行秘書、高雄女中教師張家齊是台達磨課師地科課程的召集人，負責協調學科中心內的種子教師撰寫腳本、拍攝等相關事宜。他說，地科處理的是「複雜系統」的問題，一開始就無法簡化，多種不同尺度的變因同時存在，互相影響。

　　不過，高中生較希望聽到的是如何使用公式求解，但因複雜系統的緣

故，老師無法給學生「理想」的公式。於是學生便想要死記硬背課程內容，龐雜的資訊便淹沒學生，成為學習障礙。磨課師的優勢，在於學生可藉由重複觀看影片，推敲上課內容的脈絡，檢視自身思考的缺失。

◆ 占學測自然科總分 1/4，磨課師是複習大考地科利器

張家齊說，地科雖然未列入大學指考科目，但在學測自然科當中，和物理、化學、生物各占總題數 1/4，雄女排在高一授課，學生上課態度尚佳，與其他自然科沒明顯差異。

過去對於第一類組學生而言，地科是自然科中相對好拿分的題目。但張家齊指出，對於第二、三類組的學生而言，若高一採用死記硬背的方式學習地科，學生反而常說「自然科大部分都錯在地科。」

黃翊展表示，地科表面上雖區分為天文、地質、大氣、海洋等四個領域，實則是一門運用跨學科原理原則解釋複雜環境、理解環境與生物互動關係的學問。考試若遇到需要邏輯思考判斷的複雜系統題型，就不容易回答，這也是為何常有學生覺得地科比較難，因為只靠記憶無法真正學好。

黃翊展因此建議學地科時，可當成運用自然領域跨科知識統整思考的一個學習機會，培養與提升科學素養。平時生活多關心科學新聞（日月食、地震、颱風、黑洞觀測等），多接觸相關議題（藻礁、再生能源、空氣品質等）。

黃翊展說，在 108 課綱強調素養導向的教學設計下，如何讓學生「如同科學家一樣經由證據與資料建立起抽象概念」，是當前課程設計強調重點，以實現真的「教科學」，而不是「介紹科學知識」而已。

◆ 力求難易適中，涵蓋課綱重要概念

當初在拍攝台達磨課師地科影片時，遇到 108 課綱正在編修，張家齊說，學科中心團隊因此有共識，以課綱變動也都會一直存在的單元為優先拍攝內容，例如星體的週期運動一定會教。其次，基於影片是要給全國高中生看，力求難易適中，涵蓋課綱重要概念。另基於急迫性，較難理解的天文學，也列為課程重點。

學科中心希望影片除可在課堂上引用，也可讓學生課前預習、課後複習或重補修時觀看。學科中心在 5 月中旬疫情發布三級警戒，全國停課不停學時，曾公布台達磨課師所有地科影片連結讓老師分享，疫情期間影片觀看率應該會更高。

張家齊說，撰寫影片腳本時，學科中心以章為單位，分小組認領，例如大氣是一章，底下分出許多節，有人負責寫腳本，有人露臉講課或兩者兼具。錄製過程面臨一大問題，在於某些國外動畫影片雖然做得很好，但只能在課堂上播放，無法在公開的磨課師引用，因此要由愛爾達協助重製動畫，非常燒錢，但效果很棒。例如在學生發展空間概念的時候，做出「天球座標系統」的動畫，就很受用，廣受好評。

「我們真的很用心！」黃翊展說，他記得幾次在錄製前的製播會議，因不懂影像設計與鏡頭術語，和動畫師討論腳本裡希望的動畫細節，除了嘗試畫分鏡圖，也花了很多時間教會動畫師某個科學概念，才達成共識，做出正確的動畫。也因此每個影片從腳本、動畫設計到錄製，花了很多時間，並非只是一個老師站在鏡頭前指著投影片教學而已。

◆ 打籃球、彈吉他和地科有何關係？黃翊展教法別出心裁

黃翊展最滿意的作品，是到學校籃球場外拍，錄製天球座標系統這個單元，為了解釋為何以前的人要想像一個天球來描述星座的位置，提到「視差」的概念，就從學生最熟悉的打籃球談起，再用 3D 動畫解說，很貼近學生。他錄製另一個單元也很酷，背了一把吉他進攝影棚彈唱，簡單地把樂譜的概念轉化到光譜，是很好理解又好記的概念遷移。

黃翊展說，他上高一地科時會使用台達磨課師的影片，學生可因動畫呈現，更有效率地學會某些抽象概念。他也在期末的重補修課使用線上課程，設計學習單，讓學生自學，最大好處是可因材施教，學生可只觀看自己需要補強的單元。

黃翊展表示，未來若有機會，他當然希望還能多錄製一些課程，但真的需要多一點製作經費與溝通的時間，事實證明好的教學影片急不得，做出精緻的好東西較重要。

黃翊展說，沒有老師會拿別人的整個教案複製到自己的課堂，老師都會有自己的思考邏輯與呈現方式。因此好的教學影片一次只講清楚一個概念，也要充分利用影像與動畫來呈現，被推廣與利用的機會較能提高。學科中心除了建置友善的平臺，整理磨課師等各種教學資源，讓地科老師更好索引取用，也可開放給任何有需要、想自主學習地球科學知識的大眾使用。

當今每個人最熟悉的影音平臺莫過於 YouTube，黃翊展認為當初把 DeltaMOOCx 的影片放在該平臺是很好的決定，更有觸及率，也更能嘉惠想要學習的人。但可以思考如何將在 YouTube 瀏覽的人，帶回 DeltaMOOCx 自己的平臺頁面。

◆ 深入淺出介紹天文學，孫維新帶高中生星空奇航

「很多人在壯麗的星空底下，深受感動，發願好好活在當下，珍惜時間。可是我們倒要問一個問題，什麼叫作『當下』？而什麼又叫作『現在』呢？」

剛從國立自然科學博物館館長退休的孫維新教授，是國內知名天文學者，曾任教於臺大物理系及天文所，他應邀為 DeltaMOOCx 錄製六集的「星空奇航」，深入淺出介紹天文學。

他在第一集「天文學」中，一開始就提醒觀眾，若以天文學的角度，我們看到的「現在」或「當下」，可能早已成為歷史。「就像我們頭頂陽光普照，太陽的光線到達地球要多久？我們看到的太陽，是現在的太陽

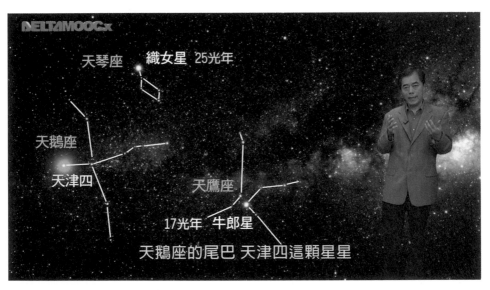

剛從國立自然科學博物館館長退休的孫維新教授，是國內知名天文學者，他應邀為 DeltaMOOCx 錄製六集的「星空奇航」，深入淺出介紹天文學。

嗎？」

他接著指出，光速每秒運行 30 萬公里，而太陽距地球 1.5 億公里，太陽光到達地球表面要 500 秒。所以我們抬頭看到的，其實已是 8 分多鐘以前的太陽。而「夏季大三角」的牛郎、織女及天津四這三顆星，距離地球更遠，我們看到的星光，分別是 17、25，和 1400 多年前從這三顆星發出來的光。

從小受過戲劇訓練的孫維新，以充滿磁性的嗓音，配合精緻的天文圖片及動畫，帶領觀眾進入跨越時空的天文世界，雖然沒特別宣傳，但頗受歡迎，第一集就多達 2.5 萬人次點閱。

孫維新說，天文學以物理為基礎，2017-2020 這 4 年的諾貝爾物理獎，就有 3 年頒給天文研究。除此之外，天文學也最容易成為年輕學子進入自然科學的跳板，因為它既神秘有趣，卻又很實際，我們一抬頭，就可看到夜空中的行星、衛星、恆星，是大家都可直接觀察同時理解的東西，但若換成奈米、高能和原子核等領域，就無法輕鬆簡易地介紹給大家。

他表示，天文有很多漂亮的圖片，讓人感嘆天體如此瑰麗，是人們對天文產生興趣的起點。早期很多人是看了天文書，才對天文有興趣。不過，孫維新在第一集影片中提到，天文是一門觀測的科學，上課地點不應在教室，而應在戶外星空下。

他回憶當年從美國返臺，第一堂課教的就是「星空觀測」。他問學生，星星跟月亮是怎麼升起和落下？四季星座是怎麼輪替和更換？太陽每天升起的角度，會不會變換？「學生一臉茫然，老師一肚子無奈。」

上天文學要走到戶外，改成線上教學也沒問題

百聞不如一見，他於是和學生約好帶著兩瓶酒、幾碟小菜，晚上在校園大草坪觀星。過了許久，有學生驚嘆：「星空竟然會動欸！」這不是因為喝酒的緣故，而是星空本來就會動。

孫維新指出，就傳授知識而言，天文學要比其他學科有利多了。例如讀核子工程，不太可能帶學生走到原子爐裡面看；學奈米、凝態物理，學生也不太可能實際操作實驗儀器。但天文學只要走到星空下，架起望遠鏡，天體就在眼前了。和其他學科一樣，天文由線下改為線上教學，也沒太大問題。

他表示，天文學的內容取之不盡，用之不竭，尤其結合太空發展，人類踏出地球以外，走向月球、火星及外太陽系，天文能討論的東西更多，隨手都有二、三十個主題。

但因時間和經費有限，孫維新為台達磨課師錄製的「星空奇航」，就先挑了六個主題，他先簡介天文學及充滿活力、仍高速變化的宇宙；接著探訪太陽系及冥王星的冰世界；然後介紹 2015 年發現的系外行星「克卜勒 452b」及面對外星生命的省思；最後再介紹大家很熟悉的月球及火星，包括月全食、血月和超級月亮等常見名詞，及火星表面曾有液態水流過的痕跡等發現。

他說，要做出好的天文節目，得投入大量時間、精力與經費。「星空奇航」系列影集，台達文教基金會及愛爾達電視台大力協助，不只內容有趣，為求品質，影集從現場拍攝的畫面、收音到剪接、後製，甚至上字幕時標點符號要怎麼空，也都有一定要求。但若和發現頻道（Discovery）等其他國外單位的影集相比，國內還可再精進。畢竟像 Discovery 光做出

一集試片帶的經費，就多達 10 萬美金，和一般公務機構出得起的經費，不可同日而語。所以 Discovery 的影集無論在空間廣度或時間深度上，都特別感動人，製作單位甚至派同一組團隊，連續兩年到阿拉斯加的雪原上長期追蹤狼群，第二年還能認出哪隻小狼長大了，哪隻母狼不見了，把人和動物的情感連結放進去，就能讓人百看不厭。

孫維新指出，天文等科普影集如何拍出感情的深度，要寫好的劇本，有哲學思考和科學人文的關懷，也要有技術上的突破。尤其現在動畫發展日新月異，能把整個宇宙的演化，包括最初的大爆炸、星系及恆星形成的過程，用精彩也壯觀的動畫呈現出來。

◆ 科普影片要和電影、電玩競爭，要不吝投入經費、技術

「我們已經被好萊塢的電影寵壞了！」他說，做影音科普教育要和電影、電視及電玩等娛樂產業競爭閱聽大眾的時間及金錢，如果品質內涵輸人家一大截，除非充滿仰望知識的熱情，否則不會選擇看知識性節目。

若希望渴求知識的人們，認真看你做的影音內容，有知識收穫，又希望內容可推廣出去，效果就不能太差，技術費用少不了。孫維新說，在全球化競爭下，若要能藏諸名山，流傳後世，內容和技術都要有很大的投入。

但如果小國寡民，能拿出一定資源做到講究的階段，讓有興趣的人看了覺得不錯，能認真學習，就很好了。以這個角度來看，台達磨課師雖然做得很辛苦，但做得很好。

「我認為老師的責任只有一個，就是要讓你教的東西看起來有趣。」孫維新指出，不論是線上或線下教學，老師都要謹記一點，就是你的任務是希望吸引人來看來學，更重要的是在接觸後能喜歡上，產生對這個領域

的興趣。而非只是當成一個工作，只求做完交差，花掉經費，內容好壞再說。

◆ 從小接觸戲劇訓練，孫維新：老師一樣要吸引觀眾目光

孫維新從小接觸戲劇訓練，小六就代表北市老松國小參加全國第一屆兒童電視劇比賽，剛好大姐是大學話劇社長，給他非常專業的訓練，矯正了他的國語發音。上了國、高中他有更多磨鍊的機會，尤其高中接觸平劇，知道舞台表演是怎麼回事。

上大學後，不只平劇，還接觸到話劇，畢業後曾參加專業演出，學到更多戲劇領域的概念，也更深刻認識到，當老師和當演員是同一回事，都是站在臺上，創造一個有趣的氛圍，吸引臺下的學生或觀眾，願意接受你傳遞的訊息。

他說，老師要懂得展現自己，在臺上成為吸引目光的焦點。要能把上課內容變成充滿懸疑挑戰的推理劇。大家同樣教 2+2=4，但每個人的教法不一樣。「我們常說，科學是客觀的，但科學教育是主觀的；科學是科學，但科學教育是藝術，要把手邊的素材，打造出引人入勝的故事！」

六、線上課程藍海市場，高工電機與電子課程大受歡迎

相較於普通高中，國內技術高中的線上課程少得可憐，尤其強調操作的實習課，在疫情停課期間改線上教學，更是麻煩。但若你念的是高工電

機與電子群科，就有福了。

DeltaMOOCx 平臺不但有「基本電學」、「電子學」、「數位邏輯」、「電工機械」等統測必考專業科目，連相關實習課也有教學影片，由群科中心種子教師教你怎麼設計電路、寫程式、修電器。高中生也可上平臺觀看為他們量身訂作的「機器人微課程」，在家就可自學怎麼設計、組裝機器人。

疫情期間無法補習的電機與電子類科國考生，DeltaMOOCx 更是寶庫，不但可免費看影片，寫習題，不懂還可在平臺提問，有老師值班解答。因技高是線上教學長期被忽略的「藍海市場」，DeltaMOOCx 的課程因此

臺中高工教務主任、DeltaMOOCx 電機與電子課程召集人鍾裕峯表示，國內技高線上課程很少，台達磨課師相關課程因此成為藍海市場，大受歡迎。

大受歡迎，影片已累計數百萬點閱人次。

　　臺中高工教務主任、DeltaMOOCx電機與電子課程召集人鍾裕峯表示，早期技高、普高學生數7：3，如今也還接近1：1，但學生占了一半的技高，線上教學資源卻少得可憐，包括均一平臺、臺北酷課雲及教育部因材網，技高課程很少。這一大群將來要擔任經濟發展支柱的學生，長期不受重視，對國家不是好事。台達電子文教基金會願意重視技高，製作免費的磨課師課程，是非常棒的事。

　　鍾裕峯說，群科中心以群部定課程為核心，規劃課程，由工作小組推薦、尋找各科專精教師協助拍攝，讓學生具備完整的學習架構。至於技高實習課程需實際操作畫面，也和理論科目的錄製方式不同，最後以電視台出機外拍或教師桌錄完成。

　　DeltaMOOCx課程和其他平臺最大的不同，鍾裕峯歸納出以下五點：首先，所有課程均以課綱為架構拍攝，可完整學習；二是所有課程均經專家學者一關關審核通過才上線，正確性高；三是平臺有值班老師負責回答問題，學習不中斷；四是所有課程均公益免費，學習者無需任何費用；其五，影片解析度為HD畫質，品質極高。

　　鍾裕峯指出，新課綱強調以學生為中心的學習模式，MOOCs課程就是一種以學生主動學習為核心的學習模式，是時代趨勢，要趁早讓技高學生習慣這種教學改變。

　　學習不外乎課前預習、課中釋疑、課後複習，鍾裕峯說，DeltaMOOCx完全具備這些功能，只要教師與學生調整教與學的模式，教學成效一定可事半功倍。由於課程完整，有需求的收視者除了學生，亦有不少社會人士。電機與電子群錄製科目在目前學校、業界、國家考試均為核心科目，自然容易引起共鳴。

◆ 實習課 20-40 人圍一圈，看 DeltaMOOCx 影片更清楚

DeltaMOOCx 電機與電子群科的實習課，更是獨步，以往老師在學校上實習課，往往 20-40 個學生圍一圈，站後面的不容易看清楚。相較之下，DeltaMOOCx 影片把實作過程與細節拍得一清二楚，彌補課堂之不足。

鍾裕峯指出，目前技高的實習課程時數，其實和以前差不多。以電機與電子群科為例，以前是一門實習課上一整天，現在是兩門課上一天，雖然廣度增加，深度卻不夠。此因隨產業升級，現在多數技高學生都升科大，有些能力到大學、研究所再學即可，不用教太深。反觀早期的高職對接產業人力需求，實作很重要，可以一整年都教怎麼修電視。

不過，鍾裕峯說，類似美容、餐飲、冷凍空調等類科，目前仍能對接產業，畢業生較少從事研發工作，仍要強調實作能力，實習課就相對重要。然而，線上實習課程主要是讓學生減少摸索時間，仍須線下實際操作比較有成效，因為技術的熟練不能只單靠「想像」而已。

如何透過外拍或桌錄，呈現實作過程的畫面，是較大挑戰。但若線上課程設計完善，學生對實習流程與重點將更能強化，也間接提升學習的成就感。

臺中高工電子科老師張元庭在 DeltaMOOCx 主講「數位邏輯實習」及「電子學實習」，他說，學校的實作課往往一組 20 名學生，但同時上課效果不好。他因此常分兩批同學講課，但學生的問題仍無法一一解決。

相較之下，錄製磨課師的實習課程，透過專業攝影效果，可以很清楚呈現某個主題的操作情況，學生可回家一看再看。若還是看不懂，可隨時在線上平臺發問，有值班老師回答。

張元庭說，中工買了一台德製 CNC 電路板雕刻機，他錄製課程需要

臺中高工電子科老師張元庭為 DeltaMOOCx
錄製課程，他說最大的收穫就是做出很多成品，
「研究室都擺滿了我的玩具」。

電路板示範操作時，就先用雕刻機把電路板製作好，元件插上去，就是塊很漂亮的板子。錄製時，PPT 配合實作畫面解說，一步步呈現。最大的收穫，就是做出很多成品，「研究室都擺滿了我的玩具」。

臺中高工控制科老師莊凱喬也表示，技高實習課一個長久的問題，在於老師示範操作時，通常學生圍成一圈，站在前面的人才看得清楚。甚至有的私校精簡師資，實習課全班擠在一起上，教學效果有待考驗。以他錄製的「電子學實習」為例，很多初學者第一次看，絕對看不懂，回家反覆看 DeltaMOOCx 影片，老師所有操作過程一清二楚，多看幾次就懂了。

莊凱喬說，除了 DeltaMOOCx 的影片，他把自己寫的「基本電學」

臺中高工控制科老師莊凱喬為 DeltaMOOCx 錄製「電子學實習」等課程，所有操作過程一清二楚，學生多看幾次就懂了。

教科書的解題部分，也錄成影片放到 YouTube。他曾經開設 SPOC 課程，就把自己錄的影片組織成教材，還引用國外解說基礎概念的動畫影片，自己翻譯，讓學生更易理解抽象的電學概念。

◈ 基本電學實習，黃俊程教你怎麼修電器

在「基本電學實習」這門課當中，南港高工冷凍空調科主任黃俊程錄了「常用家用電器之維修」單元，不但是丙級技能檢定的考科，對不懂電器的民眾，也很實用，看了影片不見得會自己修電器，至少知道哪裡故障，可以長知識。

黃俊程說，電器維修的課程涵蓋照明（日光燈、水銀燈、緊急照明燈、

南港高工冷凍空調科主任黃俊程錄製「常用家用電器之維修」，教學生如何維修烤箱、電鍋、電風扇等家用電器。

無段調光燈）、旋轉（電風扇、洗衣機）、電熱（電鍋、烤箱、電暖器、吹風機）等三類電器，幾乎和在學校教的一模一樣，好處是鏡頭可以帶到細部畫面，學生一定都看得到，反而學校大班制的實習課，站在後面的學生，就看得比較模糊；不過，有些太小的零件，攝影鏡頭無法對焦，現場教學再細部說明。

在錄影之前，黃俊程會先把故障模組做出來，例如家用的電熱管電暖器，就先讓兩管中的一管不發熱，再用 PPT 配合實物照片及實作解說。例如最常見的問題，是電熱管燒掉，只要用檔位 ×1 的電表，量測電熱管兩端，若電阻無限大，表示電熱管燒斷了；若有量測到電阻，表示沒燒斷。

接著他再教學生如何拆裝及更換電熱管，包括鬆緊螺絲的每道動作，都在鏡頭下示範得一清二楚，學生在家裡就可操作。

◆ 首創機器人微課程，高中多元選修 DeltaMOOCx 幫得上忙

108 新課綱鼓勵高中開設多元選修課程，能提前探索升大學志趣。其中很多二類組高中生把就讀電機與電子科系列為首選，希望學校能開設相關選修課。但普高缺乏這類師資，學生也只在物理的少數章節接觸過電學，即使只想組裝自走車等簡單的機器人，先備知識遠遠不足。

DeltaMOOCx 請電機與電子群科優秀老師開設的 7 門完整課程，包括「基本電學」、「電子學」、「數位邏輯」及相關實習課和「電工機械」，剛好可支援高中開設多元選修課所需。尤其現在很多高中生瘋機器人，紛紛組隊參加國內外比賽，DeltaMOOCx 特別為高中生設計「機器人微課程」，只要看過 8 小時的套裝課程，就可馬上掌握基本概念，設計組裝機器人。

鍾裕峯說，技高老師及 DeltaMOOCx 若要支援高中開設選修課程，絕對沒問題，但要先了解高中的需求。且為高中設計套裝微課程，除了要多點操作，也要顧慮成本，選用的材料費儘量壓低，不能讓學校或學生買不起。

張元庭指出，他有個同學家裡開機械廠，對電機與電子很有興趣，國中時看網路影片自學，就已可自組電路板。讀沙鹿高工電子科時更獲得國際技能賽亞軍，保送臺科大，畢業後自己開公司。

如今類似 DeltaMOOCx 的免費網路教學平臺興起，成為自學利器，可幫助更多學生。

張元庭說，電機與電子群科中心近期推動模組化的微課程，結合「基本電學」、「電子學」、「數位邏輯」等相關教學影片，再加入新編的程式語言、機器人等單元，應用到生活，就可讓有興趣的高中生做出機器人

等有趣的成品，很值得推廣，而且普高也可將微課程應用到「機器人專題」的選修課程。

◆ 推廣遍及偏鄉學校，
電機與電子群老師沒聽過 DeltaMOOCx 的很少

南港高工電子科老師支裕文表示，DeltaMOOCx 的電機與電子課程，鎖定對象是一般技高學生，內容詳細，不會教得太難，普高學生來看，也很容易上手。例如北市中正高中和臺北科大及西門子臺灣分公司合開 AI 人工智慧班，因學生缺乏基本電學知識，請幾名南港高工的老師幫忙上課。他就請學生課前先看台達磨課師的影片，內容包括怎麼把電晶體當成

南港高工電子科老師支裕文為 DeltaMOOCx 錄製「數位邏輯」等課程，也曾到偏鄉學校帶營隊，教學生如何組裝機器人。

開關使用等基本概念，上課有問題再由他解答。這些學生為了做專題，很有企圖心，學習成效比較好。

支裕文說，高中新課綱增加「資訊科技」與「生活科技」兩門必修以及「機器人專題」選修，針對初學者，需要老師設計模組課程帶他們學習。DeltaMOOCx 因此為高中生開出「機器人微課程」，分成底盤基礎篇及軟體篇，除了取材既有影片，另各新編 5 小時及 3 小時教材，強調實作。

例如到南港高工外拍，教學生如何使用 CNC 數控銑床做精密加工。程度比較好的高中生若想進一步研究，還可推薦看科大教授開的「機器人學」。

鍾裕峯說，電機與電子群科中心每年都舉辦很多場研習，會藉機推廣 DeltaMOOCx 課程，也會應學校要求到校推廣。

「群科中心推廣磨課師課程很成功，技高電機與電子群科的老師，不知道 DeltaMOOCx 的人很少。」臺中高工電子科老師張元庭說，他有個學長在南投高中任教，會邊寫板書邊錄影，放到 YouTube 給學生看，雖然內容很棒，但畫質不像 DeltaMOOCx 在愛爾達電視攝影棚錄製那麼好。學長後來知道台達磨課師的課程，也會介紹學生看。

錄製「機器人微課程」的現任臺中高工資訊科主任劉政鑫指出，他曾和支裕文等老師到高雄六龜高中等偏鄉學校輔導，教學生如何做機器人，他從警察的防暴機器人得到靈感，教學生如透過手機遠端遙控驅動機器人，還可看到機器人活動的畫面，順便宣傳 DeltaMOOCx 的課程。

他坦言，不錄製磨課師課程，當老師一樣可以活得很好。但看到台達無私奉獻，釋出這麼多資源，卻完全不求回報，甚至還捐了兩間實驗室給臺中高工，對學生很有幫助，才能吸引很多高工老師投入。

◆ 莊凱喬圓夢錄磨課師，「孩子上網就看得到我！」

「DeltaMOOCx 讓我長久以來的夢想，終於實現。」臺中高工控制科老師莊凱喬指出，國中畢業生約一半就讀技高，但國內中小學線上教學平臺，卻獨漏技高，是個完全被忽略的客群。一大原因是技高分成幾十個群科，分散凝聚力，因此不受重視。

曾編寫「基本電學」等教科書的莊凱喬說，高中老師寫一本教科書，全臺高中生都可以看，但技高老師寫一本專業教科書，可能只有某群科的學生看，市場是高中的幾十分之一。在商言商，投資報酬率太低，書商或教學平臺自然不願投資技高課程。所以網路上的技高課程，都很零碎片段，只有 DeltaMOOCx 是根據課綱編寫的完整系列課程，因此願意貢獻所學，參與錄製「電子學實習」等科目。

「我錄台達的課程，還有一個很奇怪的理由，就是希望我的小孩以後想念爸爸，上網就可看到我。」莊凱喬笑說。

臺中高工電子科老師陳政旭錄製的「基本電學」，是 DeltaMOOCx 最早錄的高工課程。他說，技高的教學資源不只和普高有落差，學校彼此也有城鄉差距。以他之前任教的非都會區學校為例，設備往往用了很多年才淘汰，但中工則會因應課程改變快速，更新設備。

技高學生的程度高低落差也很大。陳政旭以電學為例，學生只在國中理化教了一點皮毛，升上技高後，有的學生對電學就是完全沒感覺，再怎麼努力，就是看不懂，學不來。尤其在智慧型手機流行的年代，學生常將專注力放在手機，更容易分心。

陳政旭說，所以教學上須先導正學生使用 3C 產品的觀念，將專注力轉移到數位學習平臺，引導他們使用 DeltaMOOCx 的課程先預習，上課

再來講解，增加學習成效，課後請學生上網做作業、評量等。

錄製 DeltaMOOCx 的教學影片，讓陳政旭收穫最多的，是精進製作教材的能力。他說，以往做簡報，以桌錄為主，比較隨便。但錄台達的影片，愛爾達電視的製作團隊協助他修改很多教學方式，例如簡報應該以圖形為主，列出關鍵數學式，文字不要多，由口述補充，且講得越簡單、越生活化越好，學生才能接受。

◆ 電學概論從生活出發，「阿旭師」首錄影片 12.3 萬人點閱

例如陳政旭錄的「基本電學」概論引言，就從實用角度出發，以「阿旭師的早晨」當開頭，從手機鬧鐘響起，打開電燈，用電動牙刷及刮鬍刀，到從冰箱拿豆漿，放到微波爐加熱。然後烤麵包機傳來香味，邊看電視邊吃早餐，凸顯現在生活已完全不能沒有電。

他說，若電燈或手機壞掉，學過「基本電學」，也可自己修理；而技專統測電資類，「基本電學」更是必考專業科目。最後他還推薦學生讀《法拉第的故事》及《別鬧了，費曼先生》等暢銷科普書。

陳政旭深入淺出的電學概論引言，6 年來累計的點閱人次已高達 12.3 萬，可見多受歡迎。

學會怎麼製作動畫，也讓他受益匪淺。陳政旭舉例，他在「基本電學」概論中提到，一馬力的定義是一匹馬在一秒鐘將 76 公斤（746 牛頓）重物提高一公尺做的功。他就做了動畫，呈現一匹馬在高臺上用滑輪把底下的 76 公斤拉上來的畫面，在課堂上播放，學生很容易了解。

陳政旭說，觀摩其他老師錄製的課程，也讓他精進教學，在以前講不清楚的地方，找到突破點。例如教「電子學」的臺中高工退休教師陳以熙，

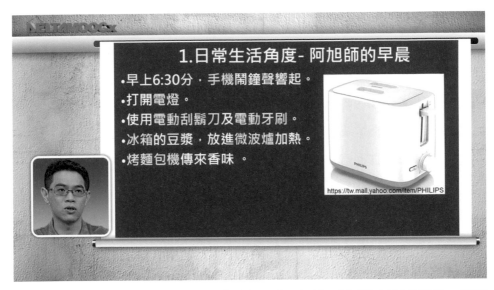

臺中高工電子科老師陳政旭錄製的「基本電學」概論，以「阿旭師的早晨」當開頭，累計點閱人次高達 13 萬，非常受歡迎。

經驗豐富，願意無私分享教學法，就很偉大，讓他獲益良多。

劉政鑫強調生活應用，把 MIT 開放課程融入技高教材

　　劉政鑫曾先後任教光華高工、基隆海事、二林工商、嘉義高工、臺中高工等學校，教過各種不同程度的學生。他說，普高學生的基礎學科能力比較強，技職生的強項在於實作能力，但所學要能應用在生活，讀了一大堆書，要轉成商品才能賺錢，不能老是停留在理論。

　　所以劉政鑫說，台達磨課師的課程也逐漸強調應用，例如他教到「電晶體的串級放大電路」，就提到它和光敏電阻結合，可以自動感應光線大小，在烏雲密布下大雨時，路燈

不用等到傍晚，就可自動開啟，不用人工調整。

他表示，自己很喜歡將所學應用在日常生活，例如在沒有手機的年代，還是要買時鐘，他就學著將炸雞用的定時器裝在裡面，成為鬧鐘。後來他看到彰化老家房內電燈的開關設計不良，竟裝在房外，他於是弄了一個電路，改用手機遠端遙控開關。透過解決生活上的問題，程式及系統整合的能力越來越強，這是現在技高學生最缺乏的能力。

他舉例，在 3C 產品不普遍的年代，高職學生喜歡自己組裝音響、擴大機，到光華商場買電子零件。反觀現在學生，資源取得太容易，花幾百塊就能買到藍芽音響，根本不會想要組裝有線的音響，零件放在桌上，他們也不會用。

劉政鑫說，以前的高職老師教完原理，會提出一些功能的要求，不給

臺中高工資訊科主任劉政鑫錄製磨課師影片強調生活應用，把 MIT 開放課程也融入教材。

電路圖，要學生用有限的材料自己組裝，所以得思考設計，現在的學生，這部分能力普遍很薄弱。所以 DeltaMOOCx 未來會利用專題化的微課程，加強技高學生實務應用能力。

他表示，臺中高工的畢業生，將來都是很優秀的工程師，但和臺灣多數工程師一樣，較缺乏創意，無法發現、定義問題，研發出畫時代的產品。磨課師課程由於缺乏師生互動，如何激發學生創意，是未來努力方向。

「錄磨課師，讓我的成長超大的，在學生面前可以抬頭挺胸。」劉政鑫說，由於課程是要放在平臺上給所有人看，他錄製課程誠惶誠恐，力求在濃縮的課程中，如何把學生教會，而不只是教完，以免淪為和補習班老師沒兩樣的教書匠。

他錄製的課程也常講到課本沒有的觀念，甚至還上國外網站，把麻省理工學院（MIT）的開放課程轉成技高學生聽得懂的內容。

⬡ 特斯拉如何打敗愛迪生？張雅鈞教馬達融入科學史

南港高工電機科老師張雅鈞表示，在缺乏實物及師生互動的情況下，要如何呈現教學內容，得花很多時間設計簡報。例如她錄製的科目「電工機械」，會教到如何設計馬達，線圈怎麼繞，若能看到實際馬達的樣子就簡單多了，用簡報的圖片或動畫模擬，比較傷腦筋。

為了吸引學生觀看，電機與電子群課程每一單元的概論或引言，都講得特別生動有趣，甚至結合科學史。例如張雅鈞錄的「三相感應電動機引言」，介紹馬達的發展史，有一萬多人次點閱。

她從最早法拉第發現電磁感應原理，談到直流電、交流電供電系統之爭，最後「交流電之父」特斯拉協助西屋打敗他的前老闆、堅持直流電的

愛迪生。這段歷史在 2020 年的美國電影「特斯拉」有很詳盡的描述。

張雅鈞在教學影片中提到愛迪生的名言：「天才是 1% 的天分，再加上 99% 的努力」，強調努力的重要；可是特斯拉卻說，「愛迪生如果能多想一想，那麼 99% 的努力都是不必要的」，強調打破窠臼的創意有時更重要。

張雅鈞說，老師不是天生的演員，進到專業攝影棚的高壓環境下，要對著前面的鏡頭講話，一鏡到底，是很大考驗，一開始常 NG，後來才漸入佳境。她表示，技高強調實作，錄製課程時愛爾達常要出機外拍，製作費很高，台達基金會的無私奉獻讓人感動。

南港高工電機科老師張雅鈞錄製的「三相感應電動機引言」，融入愛迪生、特斯拉等科學家競爭的馬達發展史，有一萬多人次點閱。

她最近較常在重補修自學班使用 DeltaMOOCx 平臺上的課程，把學生都拉進 SPOC，連結平臺所有相關課程，部分課程由她上，部分則請學生看影片、交作業，省去很多麻煩。

透過 SPOC 線上開課，
偏鄉老師翻轉教學

「在資訊爆炸，網路普及率全球前幾名的臺灣，我們該做的不是沒收學生手機，而是教他們如何使用手機。」2016 年，在一場推廣 DeltaMOOCx 課程的研習會上，東石高中數學老師陳凌岑被講師的這段話啟發，教書生涯從此改變。

她一頭栽進線上教學的世界，申請使用台達磨課師的 SPOC，不但自製 PPT 錄製上課內容及所有習題的解題影片，甚至把近 10 年來的技專統測每一題數學的解題影片也全放到 SPOC 課程。

位於偏鄉的東石高中設有高中及高職部，不只線上教學資源貧乏，補

東石高中數學老師陳凌岑（中）善用台達磨課師建立 SPOC，自錄近 10 年來技專統測每一題數學的解題影片，全放到 SPOC 課程，學生獲益良多。

習班也很少，有的學生從小就放棄數學，升到高中甚至連負數及分數加減都不會。他們在陳凌岑的循循善誘下，手機不再只是拿來玩遊戲，而是成為課前預習、課後複習、補救教學及準備升學的利器，很多人重拾對數學的興趣與信心，見證 DeltaMOOCx 在偏鄉翻轉教學的奇蹟。

陳凌岑說，她 2015 年到嘉義朴子的東石高中任教，發現數學是多數學生覺得「很難」的學科。但學生覺得難，往往只是因為他們害怕數學，不去了解、克服，成為惡性循環。

她私下和學生聊天得知，有些人從國小就放棄數學，有的人連負數加減都有問題，或不會通分。在學到因數、倍數及應用題時卡關，問題沒及時解決，容易受挫，就更不想學，一直累積到升上高一。

東石高中的教學資源，比都會高中貧乏，陳凌岑思索如何利用有限資源，幫助學生不害怕數學，至少能在高中 3 年補足基本程度，重拾信心。

◆ 比都會老師還數位化！ 東石高中陳凌岑老師用 SPOC 幫學生免費補習

2016 年陳凌岑參加一場研習，其中一堂課介紹 DeltaMOOCx，因當時一直想如何更有效率地幫助學生，便試著使用 DeltaMOOCx 平臺，一直至今。她透過在課堂上引領學生進入數學領域，再利用數位學習，讓學生在家獨自面對數學時，也能聽見老師熟悉的聲音；習題不會還可看老師的解題影片，至少對數學不那麼畏懼。

不過，陳凌岑說，DeltaMOOCx 上面的數學教學影片，雖然教得很好，但對於許多偏鄉生而言仍太難。隔年她決定自錄影片，針對學生程度量身訂作 PPT，不露臉只錄音，把上課內容都放到 SPOC，方便學生複習。兩

年前她又學會使用微軟的教學軟體 OneNote，至今上課都使用電腦平板，已很少寫板書了，比很多都會區老師還數位化。

東石高中每年級有 4 班高中、7 班技高，陳凌岑兩種班級都教。她第一節上課，都會先介紹 DeltaMOOCx 平臺的功能及課程，告訴學生手機不只能玩遊戲，還可上網自學。有工科學生也上平臺看電機與電子群的課程，覺得很不錯。

剛開始陳凌岑花很多精神與時間製作數位課程。首先，她請專案辦公室幫忙開設 SPOC 課程，然後將每個章節的 PPT 內容、每道習題都錄製解題影片，放在各班中。她上完課後，會先請同學寫習題，隔天再把解題影片放上去，不會的先看解題。若還是看不懂，就留到課堂檢討時發問。

她表示，數學課最重要的是要檢討習題，確認學生真的學會。但這很花時間，若檢討 10 題，兩節課就沒了，因此以往各版本的講義她幾乎都沒上到。自從採用 SPOC 教學，省去許多時間，看過解題影片後，學生不會的基本題變少，上課會問更進階的題目。

針對重補修的學生，她直接請學生看她錄的影片，做練習題，不會的看解題。她則下講台巡視，確認學生真的有看，同時接受提問。如此一來，不僅每個同學都能針對自己不懂的部分再釐清，也不用像早期連聽老師講解 4 堂數學課；而老師也能因材施教，針對不同學生提供不同協助。

◈ 100-109 年統測數學，陳凌岑自錄所有解題影片

即使是偏鄉高中，多數學生畢業後仍升學，陳凌岑說，SPOC 也很適合用來大考衝刺。由於她錄製的課程及解題影片，到學生高三畢業前都一直放在平臺，考前留校夜輔時，就直接請學生做歷屆試題，看影音解題，

因為都由她親自錄製，所以更能用學生熟悉的方式講解。

　　陳凌岑透露，她足足花了 4 年時間，把 100-109 年的技專統測數學科每道題目，都錄了解題影片，造福歷屆學生。不過她說，很多版本的教科書商也提供影音解題，老師也可連結廠商解題影片即可。

　　她表示，適用 108 新課綱的學生，上網搜尋資訊的能力比較好，但網路的教學影片既多且雜，正確性也無法保證。但 DeltaMOOCx 根據課綱有系統地找各校名師錄製課程，經過一關關審查，學生不用花時間搜尋，就能循序漸進學到最正確的內容。老師若能自己補充錄製影片，線上學習對學生幫助很大。

　　最近這幾年教學平臺如雨後春筍出現，陳凌岑也曾了解其他平臺，發現有的無法自己上傳影片；有的雖能上傳影片，但限制頗多，她還是習慣使用 DeltaMOOCx 的系統。

　　東石高中屬於稍偏遠的學校，早期家長學生想法較傳統，對數位教學還是有些遲疑，不過近幾年手機網路普及，接受度也相對提高了許多。陳凌岑說，她帶的第一屆高一生，一開始還半信半疑，覺得上網看影片，數學真的能進步嗎？但至少上課不用把手機收起來，學生很開心，升上高二後，就漸入佳境。

　　陳凌岑說，學校對於她使用 SPOC 數位教學，持開放態度，也很支持。同年段的老師也會互相協助，例如有的老師會上傳書商的解題影片連結到 SPOC，她也分享自己的解題影片。

　　她很感謝台達磨課師提供這麼優質的免費教學平臺，對高中師生真的幫助頗大。她期望 SPOC 能增加連結分享的功能，因為目前須將同一個連結複製到多個不同的班級，有些麻煩。若能複製整個班級中的影片連結，相信使用上會更便利。

◆ 體育生練田徑常缺課，透過 SPOC 補課超方便

東石高中 109 學年應屆畢業生張丞富，是高三班長，高一起就跟著老師陳凌岑用 SPOC 學數學。他說，自己是體育生，下午常在練田徑，數學課沒上到，往往就放棄。自從老師把課程內容和解題影片放到 SPOC 之後，有助他把落後的進度補上來。

張丞富說，他沒補習，通常會留校到晚上八點半，這段時間就先做題目，不會的做記號。晚上回家洗完澡，再看老師的解題影片，非常方便，不用在學校排隊等著問老師。若還是有些觀念不懂，也會參考 DeltaMOOCx 其他老師錄製的課程，他的數學因此慢慢趕上來。

張丞富的同學黃鈺荃則表示，他以前也會上網找 YouTube 的教學影片，但既多且雜，往往找不到想要的內容。透過 DeltaMOOCx 的 SPOC，老師把上課內容及解題影片都放上去，方便很多。

黃鈺荃說，他曾在朴子的補習班補數學，老師都一直解題，但上完課就結束，不可能把教學內容 PO 上網，回家不懂也沒得問；有些同學甚至花 1 小時的車程到嘉義市補習。但透過上網看 DeltaMOOCx 的教學影片，不但省錢省時間，若不懂還是可用 LINE 問老師。除了數學，他在準備學測時，也看過 DeltaMOOCx 的物理及化學課程，尤其化學實驗很仔細，補學校課堂不足，對準備大考有幫助。

◆ 花蓮高工老師郭德潤愛用 SPOC，
引用臺科大教授的影片作為教材

同樣在偏鄉學校教書，花蓮高工資訊科教師、前教務主任郭德潤也致

力推廣 DeltaMOOCx 及 SPOC，幫助沒補習資源的弱勢學生，至少能達到及格的基本能力。他也推動重補修部分時數不用上課，改依學生需求看 SPOC 的教學影片，更能因材施教，還可幫學校節省鐘點費支出。

　　三年前，郭德潤得知電機與電子群科中心與台達電子文教基金會合製一系列線上教學課程，且完全無償開放學生使用。這對於偏鄉學校師生而言，實在是一大福音。尤其老師可開設封閉式的 SPOC 課程，將上課錄影或照片及學生實習作品放在網路上一起分享，個性低調的老師不用公開露面；當學生請假想補課，也可透過平臺線上補課，遇到不懂的地方再找老

花蓮高工資訊科老師、前教務主任郭德潤致力推廣 DeltaMOOCx，並引用臺科大教授的開放式課程影片，放在自己的 SPOC 給學生看。

師討論，節省老師面授時間。

以他教的高一「基本電學」為例，是一門既基礎又不容易懂的科目，因為電看不到也摸不到。不同老師講解理論時，往往舉不一樣的例子，就好比瞎子摸象，有時光聽一個老師講，學生無法掌握全貌。

但在 SPOC 課程可直接引用 DeltaMOOCx 或網路其他教學影片與資源，讓學生聽不同老師的說法，達到全面理解的效果。例如：他看過某位臺科大教授的開放課程，在電學的部分搭配實驗講得很清楚，他就引用這段影片放在 SPOC 給學生看。

他說，針對 108 課綱著重的素養學習，在科目增多、授課時數下降的教學現場，要全面培養學生的學科素養，實在不容易。尤其很多教師在師資養成教育中，並未學到素養教學的技巧，藉著做中學的方式，雖可慢慢培養出學生的素養，但有些緩不濟急。

◈ SPOC 融入重補修課程，可幫學校省鐘點費，並使學生專注在未理解的難點

開設 SPOC 課程，可讓教師依任教班級的學生程度，建立不同深度的教材，讓學生依自己的進度選擇合適的補充資料。針對不喜歡這門課，只求及格的學生，他把習題答案放在平臺，不會的學生至少可核對解答，拿到作業的基本分數；段考一半的題目，也出自放在 SPOC 的習題，只要有上網練習，學期成績及格很容易。至於對這門課很有興趣的學生，則可按部就班，依照老師設定的補充講義與網路連結的材料，自主深度學習。

郭老師 2019 年卸下教務主任，改接高一導師。他卸任前一年，鼓勵教「基本電學」的老師嘗試把 SPOC 融入重補修課程，原本要面授 6 次課，

改為 4 次面授，2 次看 SPOC 的影片，讓學生複習自己不會的單元。且考試有 9 成都出自 SPOC 的課程內容，學生想過關，不看都不行。成效不錯，也可幫學校節省鐘點費。

此外，花工有很多原住民學生，常因參加運動比賽或歲時祭儀請公假，學校依規定要補課。若請假 3 天，就要補 21 節課，即使教師願意，學生也恐難配合。

他因此建議學校，將來老師若能將上課內容錄影放在 SPOC，讓請假的學生利用課餘時間自行觀看，有問題再請教老師，就可兼顧減少學校經費、降低教師負荷與確保學生受教權。其實很多補習班也把老師上課內容錄起來，請假學生就到補習班看錄影補課。SPOC 在家就可補課，其實更方便。

目前如空中大學，學生平時看教學影片、交作業，也規定要到校面授一定節數及考試，達到標準就可拿到學分及文憑。既然大學可以，為何高中不能比照辦理？盼教育部能與時俱進，修改法規，開放普高、技高得採線上教學核給學分。

他表示，現在高中沒畢業，也可用同等學力考大學，但若是要找工作就只能用國中起薪。針對學分被當，沒拿到畢業證書就離校工作的學生，就可比照空大開放他們重補修學分，可採遠距視訊教學及郵寄作業，考試時再返校，學生應該會更願意修課，補回高中學歷。

108 課綱希望高中對準大學科系，開設多元選修課程。但有的偏鄉學校每年級普高只有一班，根本沒足夠師資開那麼多選修課。若某個學生想申請生農學院的科系，卻沒修過生物相關選修課，學習歷程不如別人，難免影響甄試成績。

郭老師表示，透過非同步的 SPOC 搭配同步視訊課程，都會區高中

可以和偏鄉學校共享師資，共同開設選修課。例如臺北市的學校開了一門 AI 或物聯網的課程，老師可以把教學錄影、PPT 及習題都放到共享的 SPOC 上面，偏鄉學校學生也可上網看。若有看不懂的地方，可約定時間，請開課的授課老師透過視訊幫偏鄉學校學生解答。

至於考試，為避免作弊不用線上評量，可請開課學校把試卷寄到收視學校教務處，安排老師監考、閱卷。甚至可由一所大學和幾所高中組成聯盟，由大學相關科系老師開線上課程給高中生選修，類似很多大學目前為高中生開的英文或微積分等預修課程，若通過測驗，入學可抵免學分。

配合新課綱，教育部希望推動課程評鑑。但外聘的評鑑委員通常只到校一次觀課，和現實有差距，往往可事先準備。若老師把多節的教學錄影都放到 SPOC，評鑑委員可看到更真實、更全面的教學情況，落實課程評鑑。

◈ 趙振良結合同好聯合開課，SPOC 讓師生跨校觀摩

SPOC 的重要功能之一，是老師可以聯合開課，互補長短，相互觀摩。新北市立三重高中物理老師趙振良在明德高中任教時，就曾結合另三校老師在 DeltaMOOCx 共同開課，一起錄製解題影片，在新冠肺炎疫情還沒來襲的五年前，就先帶領學生體驗數位教學。

趙振良說，很多高中生覺得物理很難，因為不但公式、定理多，也有不少計算。尤其社區高中學生的入學成績，自然科分數原本就不高，選自然組的人也比較少，對數學可能更沒興趣。等升到高三，多數社區高中生只想以學測成績申請入學，想拚指考的寥寥無幾，以他帶的高三班，只有 5 個人想要考，但他還是得為他們上高三選修物理。

針對較沒學習動機、理解比較慢的學生，物理老師更要活化、有趣教學，但不見得能帶起來，一開始讓趙振良有點挫折，反問是否是自己不會教。後來他加入高中物理學科中心，透過大理高中老師林春煌等前輩的引領，開始接觸 DeltaMOOCx。

　　他除了錄製高一能量、高二牛頓力學這兩個單元的影片，還和桃園平鎮高中林欣達（現已轉任中大壢中）、南投旭光高中劉揚安及高雄女中陳姵文等同是清大畢業的老師，聯合開設 SPOC 課程，希望能為教學開創新局。

　　成大物理系、清大電子所畢業的趙振良，曾借調吉隆坡臺商學校一年。他和一群清大畢業的熱血老師，每年寒暑假都到花蓮等偏鄉國中辦科學營，寒假則是到各地辦教學研習，類似共備團體，彼此交流成長。

◆ 「良欣二人組」搭檔，錄影片介紹 SPOC

　　他說，剛開始接觸 SPOC 的時候，他覺得透過平臺，把磨課師融入課程，或許是個機會，於是和同是清大畢業的林欣達等三名老師在 SPOC 聯合開課。他還和林欣達組成「良欣二人組」，錄製 9 支影片介紹如何申請及使用 SPOC。

　　趙振良說，SPOC 開課成功的關鍵之一，就是不能都用別人的教學影片，老師也要露臉自錄影片，才更能吸引學生。所以雖然觀念講解引用 DeltaMOOCx 的影片，但由四人分工錄製解題影片，有的用 PPT，有的寫板書，各有不同解題方式，師生可彼此觀摩成長。

　　除了錄解題，他們也設計讓學生在平臺繳作業，更嘗試使用平臺線上互動的功能，仿照大學教授的「office hour」，每週約好固定時間，在線

新北市立三重高中物理老師趙振良（左）曾和中大壢中老師林欣達合作，錄製影片，介紹如何使用 DeltaMOOCx 的 SPOC。

上虛擬教室為學生解答；林欣達還使用平臺的線上測驗功能，當作段考前的複習測驗。

趙振良表示，不管是為 DeltaMOOCx 拍影片或開設 SPOC 課程，都讓他的教學專業大幅成長，也因此接觸到計畫主持人彭宗平教授及台達文教基金會的成員，深感課程製作嚴謹，台達磨課師是「玩真的」。所以當化學科找北一女名師周芳妃來錄製新課綱素養課程，他也會上網觀摩，看看素養課程怎麼教。

趙振良說，就他的觀察，以往上課使用磨課師等數位教材的老師其實很少。直到這次新冠肺炎疫情，很多老師才開始接觸還不熟練的同步及非同步線上教學。要推廣磨課師，一定要多辦研習，請開課老師現身說法，大家才知道好在哪裡，可以怎麼用。尤其可針對不熟悉的磨課師的偏鄉學

校，根據個別需求到校輔導。

　　他表示，線上教學平臺，要越簡單、越好用，才能吸引老師注意。台達磨課師若能針對某個單元、主題或教案，精挑細選教學影片，設計模組化課程，省去老師挑影片的時間，相信更能鼓勵老師使用台達磨課師。

9

台達磨課師口碑佳，
疫情停課更奏效

DeltaMOOCx 高中磨課師的課程，自 2014 年初發想，5 月開始籌備，8 月正式展開規劃。過去 7 年多來，經過嚴謹的規劃、錄製、審查，迄今（2021）年 11 月，上線影片超過 3,000 支，總時數逾 500 小時。能產出數量如此龐大的高品質影片，非常感謝 6 個學群科中心及所有參與教師的努力，以及各單位（國教院、愛爾達、捷鎣、元智大學等團隊）的支持與協助。

　　DeltaMOOCx 平臺上的影片與練習題，以及累計的觀看次數，其實都是一點一滴慢慢累積而成。平臺的影片總時數， 2016 年 6 月超過 100 小時，2017 年 7 月超過 200 小時，其後，逐漸加快速度， 2021 年 3 月達到 500 小時。而觀看人次，前兩年半，至 2017 年 9 月才累計 50 萬，2018 年 3 月超過 100 萬。之後則快速成長，至 2021 年 10 月，已達 900 萬次。觀看人次的大幅成長，除了影片持續上線，數量增加外， 更與 DeltaMOOCx 團隊長期以來，非常積極推廣磨課師課程，投入相當多心力建立口碑有關。

　　由於基金會及各學群科中心的努力宣傳與推廣，DeltaMOOCx 已逐漸得到高中師生的肯定，並受到教育機關及其他平臺的重視。國教院早已將 DeltaMOOCx 各科的教材影片，放置在國教院的「愛學網」網站，作為教師的教學示例影片及學生的學習影片。要分析瞭解一個平臺課程影片受重視及其產生的效果，其實有許多的評量指標。若以瀏覽次數衡量，並不真實，因為瀏覽只是「路過」，而沒「登入」；其次數常是登入觀看次數的 5-10 倍，甚至可達 20-30 倍。但登入觀看影片的次數，也不必然反映影片的品質與成效，如果進一步統計實際觀看時間與影片時間的比率，則更能瞭解影片內容及教師講授的方式是否吸引學習者，讓學習者受益。DeltaMOOCx 高中的影片，觀看時間的平均比率，大多介於 35% 至 50%

之間。依此比率，亦可與總觀看次數及時數相對照。雖然分析每位學習者的學習模式並非易事，但若以最簡單的方式，將這個比率解釋為有三分之一到二分之一的學習者將影片從頭看到尾，此足可表示 DeltaMOOCx 的影片教材，確實吸引有心學習的學習者，也可預期學生的確從中受益。這是 DeltaMOOCx 課程所有團隊可引以為慰的成果。

◆ 推廣不遺餘力，105 年學測數學解題成媒體焦點

在 2014 年 8 月啟動初期，國教署即安排基金會參加全國北區高中校長會議，向 200 位校長報告籌劃高中磨課師課程計畫。第一、二批課程影片上線前，也分別召開記者會，說明 DeltaMOOCx 的規劃及進展。隨後，基金會即開始主動積極參加各教育團體及學科中心的重要會議，推廣台達磨課師，包括：2015 年 7 月「高中學科中心十週年成果展」、8 月「吳健雄科學營」及「2015 年全國物理教育聯合會」、11 月「104 年度全國高中數學教學研討會」及「104 年度電機電子群科中心委員暨諮詢委員會議」等。而 12 月又應高雄市教育局之邀，對全市高中職校長專題演講，推介台達磨課師。經由參加這一系列活動與會議，希望教育與學術團體及相關學群科之教師，認識看見台達磨課師的理念與內涵，進而使用 DeltaMOOCx。

2016 年 1 月，數學學科中心宣布，在 DeltaMOOCx 推出「105 學年度數學學測解題」，受到教育界的關注，吸引媒體大量報導，讓「學測解題」蔚為風潮，成為每年學測結束後的新常態。DeltaMOOCx 率先以 MOOCs 方式，在平臺播出，公開數學團隊優秀教師錄製教材的嚴謹過程，這項「壯舉」大大提升了 DeltaMOOCx 的聲望。

2016 年 11 月，數學學科中心辦理「SPOC 亮點計畫」，擇定全臺 5 所高中作為前導學校，分三天由錄製教師在線上與學生就平臺上的數學教材，即時討論，並驗收學生的學習成果。在此之前，學科中心早已使用 DeltaMOOCx 課程，運用於補救教學，並推動學生自主學習。之後，清大專案辦公室規劃，密集到全臺 12 所高中推廣，進入課堂帶領學生實地使用平臺，提高 DeltaMOOCx 能見度。

台達磨課師第一階段的實施及推廣成效，也受到媒體的肯定。2017 年 4 月，「DeltaMOOCx－讓「好老師」的影響，無遠弗屆」榮獲第 13 屆遠見雜誌 CSR 社會責任獎之「傑出方案－教育推廣組」楷模獎，而台達電子也因推動 DeltaMOOCx 線上學習平臺，而於同年 8 月獲頒天下雜誌「天下企業公民獎」的大型企業組首獎。

KPMG 針對台達磨課師高中端課程的經費投資，進行公益投資社會報酬分析（SROI），發現每投入 1 元，DeltaMOOCx 所創造的價值等同於 9.49 元。

DeltaMOOCx 是台達電子文教基金會基於公益所贊助創設的平臺，基金會迄今已投入超過 1.5 億元開設高中的 STEM 課程。2019 年，基金會為具體衡量效益，作為持續推動、改善的參考，特別委託 KPMG（安侯永續發展顧問股份有限公司），就 2018 年當年基金會對大學端及高中端課程的經費投資，分別進行公益投資社會報酬分析（Social Return on Investment， SROI）。SROI 主要的國際推動組織為 Social Value International，提供 SROI 認證服務，另包括計算工具及資料庫等。

KPMG 根據 SROI 的七大評估原則，設定評估步驟，包括：規劃及設定目標、標記衝擊、蒐集資訊、分析衝擊及評估與建議等 5 個步驟。其中「標記衝擊」包括鑑別投入（金錢、人力、時間）、產出、成果與衝擊；「蒐集資訊」包括訪談、問卷、實地考察；「分析衝擊」則包括建立財務代理指標、進行調整性因子分析、計算未來價值的 SROI；最後的「評估與建議」步驟，則依據計算的 SROI 結果，檢視專案目標的達成情況，提出未來的改善方向，以優化社會投資策略。

◈ 高中課程公益投資報酬效益高，每投入 1 元創造 9.49 元價值

KPMG 自 2019 年 1 月開始規劃及設定目標，經過前述 5 個步驟的作業，對 2018 年的投入與成效，推估未來 5 年的影響價值，於 2019 年底完成 SROI 評估報告。高中端的課程產生的 SROI 為 9.49，亦即基金會每投入 1 元，DeltaMOOCx 所創造的價值等同於 9.49 元。KPMG 副理帥文欣指出，這比 KPMG 就公開資料觀察臺灣其他單位教育相關專案的 SROI 平均值 6.69 高出許多，主因是使用者多，主軸明確。

分析報告指出，高中課程主要的效益包括：提升學科知識、促進校際

間教學資源共享、節省獲得學習資源所需花費的成本。這三項在 SROI 的占比分別為 38.6%、39.7%、19.7%。其他的效益還包括：提升學習自信心、提升教學成就感、提高課程豐富性等。若再進一步分析，產生的效益依不同利害關係人而有所不同。在 9.49 元的 SROI 中，學生獲得的報酬最高，占 59.4%，其主要效益依次為：提升學科知識、節省獲得學習資源所需花費的成本、提升學習自信心、提升學習成績。對參與的高中及高工，其報酬占 39.7%，主要效益為促進校際間教學資源共享。對教師而言，報酬僅占 0.8%，其效益包括：提升教學成就感、提高課程豐富性、精進教學技能等。

根據 KPMG 的問卷統計，DeltaMOOCx 使用者有高達 19.5% 為國／高中教師，顯示 DeltaMOOCx 的教學資源對教師具有影響力，也確實反映了教學資源共享的重要性。因此，建議 DeltaMOOCx 可強化教師間教學方法的交流，分享教學經驗或最受學生歡迎的影片，以達到培育「好老師」與強化學生獲得學科知識的目的。此外，KPMG 建議建立獎勵機制，激勵學生學習動機，包括提供學習歷程、學習證明書等。

KPMG 的分析報告，對所有參與 DeltaMOOCx 的成員而言，的確是很高的鼓勵。因為該項調查係針對 2018 年基金會的投資及 DeltaMOOCx 有形的產出，但一直到當年年底，影片上線總時數雖已達 360 小時，總觀看次數卻僅 240 萬，仍須努力，期待更多成長。

◈ 疫情爆發全國大停課，台達磨課師觀看人數驟增

2020 年新冠肺炎（COVID-19）疫情蔓延，網路教學與線上學習的重要性，開始受到更多的關注。3、4 月間，疫情益形嚴峻，各級學校採取

較嚴格的措施，要求或鼓勵教師使用數位教學，爰線上教學資源使用量，有較大幅度上升。但也由於臺灣的疫情控制得當，學校仍維持開放，不需要採取遠距教學，校園的線上教學不久又趨於平淡。與國外學校全面採取線上教學的狀況相比，對遠距教學沒有急迫性，臺灣在建置數位學習的環境與經驗，已遠遠落後。

　　但也由於疫情的衝擊，喚醒各界對線上教學的重視。台達磨課師是全臺最早因應 108 課綱規劃或配合課綱精神而製作的各科教材，也是唯一製作技高電機與電子專業科目及技高工科數學的平臺。因此，2020 年起，基金會經常受邀到各單位介紹分享台達磨課師。例如同年 9 月、2021 年 3

2021 年 9 月教育部長潘文忠（左三），率同國教院院長林崇熙（左二）、教育部資訊科學與教育司司長郭伯臣（右一），拜會台達集團創辦人暨台達基金會董事長鄭崇華先生（右三）。

月分別應臺中市及桃園市教育局邀請，對全市高中教務主任及校長演講，實地示範平臺功能，增進對台達磨課師的瞭解。臺北市「酷課雲」也主動邀請，將台達磨課師所有高中/高工的影片教材，連結至該平臺，讓更多高中生亦可透過「酷課雲」直接觀看台達磨課師課程。

2021年5月中旬，臺灣疫情突然大爆發，全臺採取三級防疫警戒措施。教育部亦宣布，各級學校一律停課，改採線上教學，直至學期結束。由於事出突然，教學現場相當慌亂，除了各級教師必須立即學習並採用數位工具，進行遠距教學外，各平臺的線上教材也受到格外重視。台達磨課師的教材影片觀看次數，也急劇增加，大幅成長。5月24日全國防疫記者會，教育部推介可運用YouTube台達磨課師高中職線上學習資源，並利用教育部建置的「因材網」，建立台達磨課師在YouTube所有影片的連結，學校師生只要進入「因材網」，也可直接觀看台達磨課師影片，不僅有助於使用的便利性，同時也是對台達磨課師高度的肯定。

根據YouTube的數據分析，2021年5月中旬疫情爆發，全臺停課後，DeltaMOOCx許多被大量使用的高中課程影片，其觀看時間比率，往往高達50%以上。

磨課師課程老少咸宜，小學生、退休人士都愛看

DeltaMOOCx的高中課程符合108課綱的素養精神，力求深入淺出，貼近生活，老少咸宜。從小學到大學師生，甚至退休人士，都有人觀看，也是準備升學考及國家考試的利器。尤其電機與電子群的課程，因為是國內獨有的藍海市場，點閱率特別高，光「基本電學」概論引言的8分鐘影片，就累計逾13萬人次點閱。

高雄市前鎮高中地科老師黃翊展透露，他有次在臺南歸仁某家知名臭豆腐店，一對素昧平生的夫婦突然跟他打招呼，對方是國小老師，在教小學生天文知識時，會放他在 DeltaMOOCx 講「恆星的視運動」的影片給學生看，影片拍得很好，跟他說聲謝謝。

臺中高工電子科老師張元庭指出，他就讀國小的孩子，級任老師是資訊組長，為了推廣 3D 列印，曾請他幫學校老師開研習，他也藉此宣傳 DeltaMOOCx 的高工課程，很多老師也跟著看，有助專業成長。

DeltaMOOCx 的影片也可當成國中資優生「跳級」自習高中化學的輔助教材。周芳妃說，她在科展等某些場合，就曾有國中生跑來和她合照，因為他們看過台達磨課師的化學課程，受惠良多。

有些對電機電子有興趣的高中生，也會跨界看 DeltaMOOCx 的高工課程。張元庭說，他有朋友的小孩念到高中物理課的近代物理，提到半導體、電晶片，但課本只點到為止。朋友就推薦孩子看 DeltaMOOCx 相關影片，從頭到尾講得很詳細，不再一知半解。

國內的教學平臺缺乏技高課程，DeltaMOOCx 的電機與電子群教學影片，成為藍海市場，點閱率高。臺中高工電子科老師陳政旭說，以他參與錄製的「基本電學」為例，第一章所有影片累計點閱人次就已飆到好幾十萬人次。

◆ 磨課師免費補習，助弱勢生考上公立大學

竹南高中退休數學老師李政豐說，台達磨課師課程對縮短貧富、城鄉差距有很大幫助。他舉例，以前班上有名大陸新住民的小孩，家境不好，雖然很上進，但數學不好，上課無法專注。後來透過看磨課師影片，數學

大有進步，考上很不錯的國立大學。他朋友的孫女就讀臺中后綜高中，平時參加羽球隊，常因練球無法上第八節課。他因此介紹她透過觀看磨課師課程補課，數學成績進步很快。

高師大附中教務主任歐志昌回憶，曾有位臺北市立大同高中的高三學生，用臉書傳訊息感謝他，說看過他錄製有關函數與極限的影片，「覺得幫助非常大，也使我這次段考成績比以往高。我很喜歡您的教學風格，在此想簡單地表達對您的感謝。」

DeltaMOOCx 的影片，不只高中師生觀賞，甚至大學教授也引用。臺北市大理高中物理老師廖建銘說，他教過的學生上大一普通物理學時，就看過教授引用他為台達錄製的「甩水桶」等實驗片頭，教圓周運動的原理。

台達磨課師錄製生物課程的成大教授王涵青說，她在成大上普通生物學等基礎課程時，也會引用她為 DeltaMOOCx 影片做的動畫。甚至她參加學生舉辦的活動，學生介紹她時，還特別提到，她為台達錄製的影片，把生物機制講得很清楚，讓她有點驚訝。

連社會人士也愛看台達磨課師。成大生物科技與產業科學系副教授郭瑋君說，曾有人用英文寫電子郵件給她，說看了她為台達拍的植物科學介紹影片，現在想自學。對方不只稱讚她哪個部分講得很好，還幫她校正錯字。

DeltaMOOCx 電機與電子群錄製的課程點閱率特別高，不只因為是技專統測的必考科目，有助升學；「電子學」、「數位邏輯」等科目，也是高普考、地方特考等國家考試相關類科的考科，吸引很多國考學生觀看。

相較補習班的函授課程動輒收費幾萬元，台達磨課師課程不但完全免費，還可上平臺提問。張元庭就表示，常有國考生到平臺提問；甚至有準

備考碩士班的學生，因看不懂原文書，改看 DeltaMOOCx 的相關課程，也常在討論區發問，他都盡力解答，若答不出來，還可推薦他們看平臺上的科大進階課程，對考生幫助很大。

DeltaMOOCx 的高中課程由學科中心老師團隊合作，尤其物理、化學科特別強調實作，拍了很多別出心裁的實驗影片，物理科甚至大玩科學魔術及特技，闖出名號，連大愛電視台都請物理科團隊到攝影棚拍攝科普影片「TRY 科學」。

10

後疫情時代教學，
線上線下、虛實整合成常態

2021 年 4 月，雖然 COVID-19 新冠肺炎變種病毒已在各國蔓延，臺灣因疫情相對輕微，疫情指揮中心將機師入境檢疫標準，由原本居家檢疫 5 天採檢陰性，自主健康管理 9 天（5+9），放寬為居家檢疫 3 天，自主健康管理 11 天（3+11）。

沒想到防疫因此出現漏洞，先後爆發華航機師、桃園機場諾富特飯店等一連串群聚感染，並快速蔓延到萬華社區，病毒迅速流竄全國。5 月 17 日，全國確診數激增到單日新高 335 例，前一天率先將疫情警戒提升到第三級的雙北市政府，同時宣布 18 日起，市內高中職以下學校停課兩週，改採線上教學。

指揮中心隔天跟進，宣布自 5 月 19 日起全國疫情警戒提升到第三級，各級學校全面「停課不停學」，改為線上教學。直到 7 月 27 日降為二級警戒，學校才有條件恢復暑期輔導課的實體教學。

⬢ 疫情停課不停學初期亂象多，城鄉數位落差明顯

相較於許多歐美國家，因疫情嚴重，實施線上教學已一年多，臺灣仍缺乏「實戰經驗」。全國學校改居家網路授課的政策一宣布，隔天就要實施，從教育局處到各校師生都措手不及，狀況百出，出現軟硬體不足、數位落差、線上教材及老師資訊力良莠不齊、實習實作課難落實及線上評量難防弊等問題。

例如臺北市的教學平臺「酷課雲」，在停課第一天就因瞬間流量爆增，頻寬不足而掛掉，無法進入。此外，各種教學平臺的學習資源不均，國中小課程比較多，高中比較少，群科眾多的技高課程更少。尤其技高實習課程，除了台達磨課師提供電機與電子群科部分共同實習科目的教學影片，

其他平臺幾乎都掛零。

根據全國家長團體聯盟的問卷調查，很多家長認為，這次停課不停學準備不周，配套不足，且出現明顯的城鄉數位落差。對比臺北等都會區，花東、南投等偏鄉學童不但較缺乏上網的行動載具及網路設備，甚至停課同時還要擔心家中經濟，午餐沒著落。

花蓮高工前教務主任、資訊科老師郭德潤指出，偏鄉國中的數位落差比高中職嚴重。以花工為例，學校有 40 台備用的 iPad 可借給學生，資訊科本身除了有筆電可外借，學生家裡的電腦若沒有網路鏡頭，資訊科也可借外接的 web camera 給學生，絕大多數學生在家上網課沒問題。但據他所知，有的偏鄉國中因很多學生缺乏上網工具及網路門號，加上家裡沒午餐吃，最後學生幾乎都仍到校上課，吃營養午餐。

東石高中數學科老師陳凌岑則表示，該校仍有少數學生沒有 3C 設備及上網門號，學校開放他們到電腦教室上網課。據她了解，有非她任教班級的學生，因家中經濟不好，在停課期間就和父親到外打工，根本沒居家上課，令人遺憾。

◈ 線上教學內容差異懸殊，DeltaMOOCx 授課老師沒問題

因只在學校演練過一兩次，未真正長期居家線上教學，停課初期，不同學校、不同老師的教學方法及教學內容，也相差懸殊。例如有偏鄉家長向媒體抱怨，孩子停課後第一週的課表「週一到週五每節課（共 35 節）都是自主學習」，老師卻沒提供自主學習材料，形同放牛吃草。

相較之下，幫台達磨課師錄製課程的老師，大多能利用同步視訊搭配非同步的磨課師教學。以臺北市陽明高中物理老師張智詠為例，一開始用

酷課雲開課，後來因伺服器超出負荷無法登入，就改用 Google Classroom 線上授課。以他教的「探究與實作」為例，屬於操作型課程，但後面 1/3 進度都改線上教學，他設計約 1/3 時間線上直播授課，2/3 自學與實作，由他提供素材，請學生上網查資料，分析、討論後繳交作業，有問題可隨時在線上問他。

例如他帶領學生研究「冰屋取暖」，探討哪種素材的隔熱（保冰）效果最好，問學生若用海綿、包裝紙、鋁箔紙、不織布、泡泡紙等 5 種素材包住鋁罐冷藏飲料，哪種最能保冰。學生可在家實際做看看，也可上網查這 5 種材質的特性，根據熱傳導的原理，找到答案。學生平均出席率與作業完成率都能達到 95% 以上。

DeltaMOOCx 高中物理科召集人林春煌表示，若老師上課只是講授學科知識，沒和學生互動，線上教學效果跟錄影帶差不多，全國每門學科大約只要錄 3 種程度的教學影片即可。然而，老師的功能不只單向傳授知識，更要跟學生互動，刺激他們成長。但很多老師不會做，線上教學只是單向的講課。當 YouTube 上的網紅教學影片，逐漸超越老師的課堂教學，政府應該重新思考，課堂教學有哪些可被磨課師等網路課程取代，重新調整教室裡的學習，創造節省資源又有效的學習樣態。

◆ 技高實作線上教學成問題，結合 AR、VR、3D 技術成趨勢

技高的實習課程如何進行也是一大問題。郭德潤表示，資訊、製圖科的實習課，本來就可用電腦模擬軟體操作，在家上網課沒問題。但像機械科要操作車床，汽車科要修引擎，實習課無法在家操作，只能先由老師線上講解，實作部分等開學返校再補上。

南港高工冷凍空調科主任黃俊程以他教的冷凍空調實習為例，就自己錄操作畫面，每段 5-10 分鐘，某些片段還故意出錯。然後在線上教學時請學生觀看，再隨機抽問學生問題出在哪裡，測試學生是否認真看。不過，學生將來還是要上機台練習，才能減少犯錯。

南港高工電機科老師張雅鈞指出，電機、電子科的實作，主要寫程式或設計電路，都還可用模擬軟體練習；但像模具科或重機科，實作需要用到車床或開挖土機，目前缺乏模擬操作軟體，未來應結合 AR、VR、3D 等技術，研發模擬教學軟體。

針對理化或生物的實驗課，為 DeltaMOOCx 錄製生物課程的成大生物科技與產業科學系教授王涵青說，有時光看影片，沒實際動手做實驗，感覺還是差很多。

王涵青表示，即使醫學系開發出模擬開刀或解剖的軟體，戴上 VR 頭罩操作，但還是很難和真實手術相比。

◈ 線上測驗難公平，多元評量刻不容緩

線上考試的公平性及技術問題，也讓老師很苦惱。張雅鈞舉例，她上高一「基本電學」，有少數學生要補考，為確保他們不作弊，只好採一對一視訊，學生一定要開鏡頭及麥克風，讓她看到人、聽到聲音，減少作弊機會。若線上大班考試，老師恐難一一顧及。

不過，陳凌岑表示，因應疫情線上測驗的需求，國內教科書商馬上推出因應措施。例如針對有 20 道題目的試卷，不同學生線上考試，題號都會亂數編排，且每道題目的選項次序也會打亂，在有限考試時間內，學生較難作弊。若學生考試成績和平時表現差距懸殊，她會另外找時間，請學

生開視訊鏡頭，一對一重考。

臺中高工控制科老師莊凱喬指出，國內不管實體或線上教學評量，仍以四選一的選擇題為主，是「填鴨式的工匠教育」，只要學生答對就好，不問為什麼。反觀規模很大的國際教學平臺 Moodle，當初採用美軍訓練軍人的架構，評量的作法很不一樣，重視開放式作答，值得臺灣學習。

◈ 呂家榮：2020 年是數位教育元年，無法走回頭路

總計至 2021 年 11 月底，全臺確診人數已逾 1.6 萬人，逾 800 人死亡；全球更因變種病毒肆虐，確診人數高達逾 2 億人，超過 500 萬人死亡。臺灣中小學在暑假結束開學後，雖恢復實體教學，但為加強校園防疫，疫情指揮中心宣布，由民間捐贈，9 月陸續到貨的 BNT 疫苗，先開放給 12-17 歲的青少年造冊施打，其次讓 18-22 歲的年輕人也優先上網登記意願施打。

但因緩不濟急，包括臺大、臺師大、中興、成大、中正等許多大學都決定，開學初期仍先暫採遠距教學。這凸顯防疫優先，已讓線上教學成常態。

「2020 年是數位教育的元年，大家要接受新時代的來臨！」臺師大副研發長、化學系教授呂家榮表示，遠距教學雖推動已久，但直到新冠肺炎 2020 年席捲全球，多數國家全面停課改為線上教學，數位教育才真正深入影響每個師生。

他說，尤其臺師大，在臺灣各級學校全面停課的前一年，就因有兩個學生確診，成為全臺第一所全校停課兩週的大學，所有課程頓時被迫全改為線上教學，因此感受更深。後疫情時代，不可能再走回頭路了，線上學習從此成為必然趨勢，未來學生將更習慣上網取得教育資源。

◈ 吳清山：高中職可師法新加坡，未來每週固定時段線上教學

「這次疫情的殺傷力很大，但也快速催化線上教學的需求，有些從來不接觸資訊科技的老師，也被迫線上教學。」臺北市立大學教育行政與評鑑研究所教授、前國教署署長吳清山指出，新冠肺炎席捲全球後，歐美國家因初期疫情比臺灣嚴重，從小學到大學都停課，有一年多的線上教學實戰經驗，發展比臺灣成熟。

他表示，雖然疫情催化線上教學的需求，但以臺灣來看，目前仍只是應急，取代教科書、實體教學的時機尚未成熟，但未來勢必走向實體與虛擬教學並行，線上線下混成的雙軌制。例如新加坡就打算自 2022 年起，推動學校每週 5 天有 1-2 天採線上教學，其他 3-4 天實體上課。臺灣也可考慮在高中職試辦，因高中職學生較成熟、自律，加上新課綱推動自主學習。初期或可先每週空出半天，例如每週三下午改線上教學，成效良好再擴辦。政府當務之急，要把教師數位增能、研發數位教材列為未來教育優先發展項目。

宜蘭大學數位學習資源中心主任朱達勇表示，這次全國停課改線上教學，起初很多老師及學校手忙腳亂，顯見疫情雖已延燒一年半，各級政府及學校仍未準備好「數位轉型」，包括沒盤點遠距教學工具是否足夠、停課期間需要多少留守人力及老師是否熟悉線上教學的技術與內涵等。

例如針對偏鄉弱勢生沒有上網載具或網路，導致疫情停課期間仍要到校上課一事，朱達勇認為，根本不應發生在臺灣。政府沒利用疫情相對輕微的第一年，確保所有學生的「數位人權」，包括每人都有上網工具及連網門號等；即使編不出那麼多預算，也早應建立公私協力平臺，向民間企業募捐平板、筆電，相信很快就能搞定，不應等到全面停課才來籌措。

朱達勇坦言，臺灣推動數位教育的最大阻力，其實是不懂線上學習本質的學校及政府長官。例如疫情停課初期，有學校讓學生在家用網路上課，卻把所有老師都叫到學校，關在教室或辦公室裡和學生視訊教學，也要求所有行政人員到校，就讓人很傻眼。這不只沒落實防疫，也凸顯校方不懂、不信任線上居家教學。

他以自己為例，在疫情停課前早已預作準備，盤點宜大數位學習資源中心包括他在內的 6 個人力，停課時只要留守 1 人，其他都在家上班。至於沒兼行政職的教師，他認為根本不用到校，在家上網課即可。

「推動數位教育，首先要變革的，是長官們的頭腦。」朱達勇不諱言，只要教育領導人願多花點時間了解數位教學，願意聽專家的話，找到對的人來執行，很多問題就可迎刃而解。

◆ 教長：國內學生數位學習能力低於國際平均，疫情加速改善四大問題

針對數位教學及疫情停課不停學遇到的種種問題，教育部長潘文忠接受本書專訪時，不但有完整回應，也提出具體改善方案。

他表示，這次疫情雖然帶來很多恐慌與不便，但也相對讓國內數位教學快速成長，迎頭趕上國際水平。最大好處是讓所有老師清楚認知，數位教學是不得不具備的基本技能，要有隨時因應疫情改線上教學的心理準備。

潘文忠指出，依據 2018 年國際調查，臺灣教師讓學生運用資訊與通訊科技完成專題或作業比率，國小約 16%、國中 14%、高中 24%，明顯低於國際平均（國小 39%、國中 60% 及高中 60%），顯示國內教師引導

學生善用資通訊科技於學習的比率，與國際相較，仍有提升空間。

根據教育部分析，以往學校推動線上教學，最常遇到的四個問題：

1. 行動載具不足、網路效能不穩等設備及網路問題。
2. 教師有待增能：面臨傳統的教學方式，要學習如何轉化為新型態數位教學模式，並培養學生運用數位學習工具，透過網路資料或影片自主學習的能力。
3. 須協助支援人力：教師利用數位教學，迫切需要行政體系對數位學習計畫的支持與完善的實施機制，及學校資訊人員對技術的支援。
4. 不是所有課程內容都適合線上教學：特別是術科操作或情意態度較多的單元，如技高的實習實作課程或音樂、美術、體育等。但教師實作示範與講解，仍可採直播或錄影供學生觀摩學習。

◈ 教部推兩期前瞻計畫，改善數位教學軟硬體，建公私協力平臺

潘文忠表示，為解決上述問題，教育部自 2017 年起，推動兩期前瞻基礎建設計畫，投入 100 億元經費，強化數位教學暨學習資訊應用環境，補助全國中小學建置近 5 萬間智慧學習教室。

也讓全國校園的有線網路環境達到 99.59%，並建置 6 萬間無線網路教室，讓老師更方便線上教學。配合 108 新課綱強調培養學生自主學習能力，教育部也補助學校採購平板電腦等行動載具，至 110 年已有 703 所國中小，3400 多個班級，共 7.6 萬名學生接受人手一機的個別化科技輔助學習。疫情停課改線上教學後，這些學校師生很自然就上手。

教育部另一創舉，是自 2014 年起，成立推動數位學習資源的公私協力平臺，結合 43 個公私學習網站，包括教育部因材網、臺北市酷課雲及

民間的均一、學習吧、PAGAMO 等，分享多元、優質的線上教學與學習資源，供全國師生使用，在疫情停課期間發揮很大功效。

潘文忠說，DeltaMOOCx 提供普高及高工數學、高中物理、生物、化學、地球科學及技高電機與電子群科等高畫質影片，涵蓋理工科學生必備的「STEM」基礎學科，教育部後來也納入公私協力平臺，讓老師可以快速使用，在疫情期間幫了大忙。

經過這次疫情，教育部歸納，線上教學最應改善的部分，除了硬體及網路，也要提升數位平臺的效能及教材內容；並加強教師培力，加速提升現職老師及師資生數位教學能力，且要建立教師數位教學認證機制。

潘文忠指出，居家線上教學一大挑戰是技高實習課及高中實驗課等實作課程如何進行。

針對某些實作線上課程，因學生無法在家操作，有技術上的困難，但也並非完全不能上。例如可由老師錄影或線上視訊示範操作，請學生敘述操作步驟或注意事項當成評量。像 DeltaMOOCx 高中化學科課程，甫獲頒師鐸獎的北一女化學老師周芳妃帶領團隊錄製質量俱佳的實驗影片，就可當成典範。

至於技高實習科目，教育部已由各群科中心於 2021 年暑假優先拍攝 15 群 40 科「群共同實習科目」，逐年充實專業群科線上學習資源，並由各學群科召開專家委員會議，審查確認無誤後，再上傳影片連結至各中心網站及納入因材網線上教學資源。

◆ 教師研習變熱絡，疫情帶來線上教育三大改變

潘文忠觀察，這次疫情為教師帶來三大改變：

1. 數位教學增能意識提高

有別以往教師對研習興趣缺缺，教育部自 2021 年 6 月起辦理線上教學教師增能研習，吸引超過 1.8 萬人次參加，場場額滿且踴躍提問，足見教師自我增能的意願大大提升。

2. 運用數位工具輔助教學意願提高

從疫情爆發以來，包括台達磨課師、酷課雲等各大數位學習平臺使用量均大幅提升，許多教師頻頻向教育部反映數位教材需求，例如建議因材網增加社會領域、加開更多輔助教學應用軟體的操作課程等。

3. 快速精進線上教學能力

線上教學不能只是把實體課表完全翻版成線上課表，若比照課堂每節都連續講 50 分鐘，不但無法吸引學生的注意力，一直盯著電腦或手機螢幕也很傷眼。很多老師已設計出「微課程」，同步、非同步教學工具搭配使用，有的大受學生歡迎，堪稱另類網紅。教育部將彙集這些教學典範供各校老師研習時參考。

◆ 教育部修法，建立高中遠距教學採認學分機制

潘文忠指出，疫情加速線上學習，也提升教師的數位教學能力。未來

高中職可鼓勵教師線上教學，或異校合作，開設遠距課程，讓不同學校課程能跨校分享。也可鼓勵各校重補修、銜接課程或寒暑假課業輔導改線上教學。

他表示，「自主學習」是 108 課綱重要內涵，尤其教育部正推動雙語國家政策及多元選修學分，鼓勵高中生自主選修跨校、甚至跨國的遠距課程。而磨課師正是很好的自主學習資源。

教育部已修改「高級中等學校學生學習評量辦法」與相關法令規定，學校若須將磨課師等遠距教學納入課程並採計學分，只要課程經學校課程發展委員會通過，載明在學校課程計畫中，就可採計學分。

另外，學生修習台達磨課師，若完成課程任務（如教學影片、討論、作業等），並通過評量機制後核發「修課證明書」，亦可列入 108 新課綱升學採計的「學習歷程檔案」。

11

展望磨課師 2.0，

納 12 項建言

利用線上課程大力推動數位學習的重要起點，可回推到 2000 年左右大學 OCW 開放式課程的興起，世界各地的學習者都可以藉由網路連結到各大學網站，學習各校任一門課。知識的傳播，驗證了佛里曼（Thomas Friedman）提倡的「世界是平的」的概念。

2006 年「可汗學院」成立，把線上學習的彈性和互動性又向前推進一步。可汗利用 YouTube，上傳教學影片，並開設平臺，提供線上諮詢，受到舉世矚目。

2012 年 MOOCs 的問世，將線上教學與學習的功能，發揮得更徹底。除了製作影片教材與提供練習題外，繳交作業及考試測驗，均可在平臺進行，而且可以在線上互動，進行雙向討論或提供諮詢。更重要的是，教師可以從後臺瞭解學生的學習狀況。平臺可以記錄學習者觀看影片的時間、做練習題及參加討論的次數，以及線上測驗的成績。平臺更可以累計學習者的學習資料，進行大數據分析，作為教師製作及管理課程和學生修課學習的參考，藉以提升教與學的效果。

MOOCs 的發起，來自美國的大學，主要是開設大學課程，修課學生也以大學生為主。因此，可視為大學教學的另一型態。台達電子文教基金會於 2014 年初籌劃開設 MOOCs 公益課程時，雖然也優先考慮大學課程，但又考量到臺灣情形特殊，所有高中生都必須通過大學入學考試（包括學科能力測驗、指定科目考試等）才能上大學，而入學考試的考科有限，如果能同時開設為高中生設計的 MOOCs 形式的線上課程，應該可以幫助更多學生，因此決定同時推動大學端與高中端 MOOCs 課程。

◆ 高中採用共同課綱，製作磨課師相對容易，CP值更高

大學教育與高中教育進行的方式，非常不同。大學下設學院與學系，每個學系又開設各種必修、選修的課程。一般綜合型大學，例如臺大，一學年開課高達五、六千門，若要大量改為MOOCs課，實務上不可能，而且也沒必要。但高中的課程，則相當集中，而且都必須採用共同的課綱，甚至選用相同或相近的教科書。因此，聚焦於高中三學年的主科，以MOOCs形式製作線上教材，相對容易，而且「CP」值更高。

然而，在經營與推動大學與高中磨課師的作法上，DeltaMOOCx採取的策略並不相同。大學自動化學程，迄今共開設32門課，每門課每學期配合各大學行事曆，每週在平臺上新加1小時的教材影片。所有報名修課的學習者（包括在校生、非在校生），均可參加該課程的教學活動，如期中考、期末考（有些課程以繳交作業或報告代替考試），成績合格者，核發中、英文修課證明書。每學期結束後，課程即下線，直到新學期開始，再重新上線開放報名。所以，大學端的課程運作與管理，與其他國外MOOCs課程的開設方式無異。雖然目前有許多國外MOOCs課程已採自訂進度（self-paced），但仍規定要在一定期限內完成修課規定。DeltaMOOCx大學端磨課師課程的發展歷程及經營成效，請參閱《線上學習新視界－大學篇：台達磨課師致力培育自動化人才》（聯經出版）。

DeltaMOOCx規劃高中端課程時，參酌臺灣的高中教學現場及大學入學制度，即考慮不宜比照大學端的運作方式，而採取與國教院及各學群科中心合作，由各學群科邀集優秀教師，組成團隊，製作課程教材影片，並經由國教院嚴謹的審查及愛爾達高畫質影片的錄製，確立DeltaMOOCx教材影片的品質及內容的正確性。再經由自建平臺（及後來

上傳 YouTube），提供給全國高中師生作為優質的線上教材，同時安排各科教師負責線上諮詢與回覆問題。

◈ 高中磨課師隨時可上平臺學習，下載學習歷程，非常適合自學

雖然課程內容係配合高中課程的學期及冊別製作，但課程教材長期放在線上，學生可隨時觀看。而課程的運作及經營，則以「單元」為主，由學群科中心的團隊或授課教師負責，並由清大專案辦公室協助後臺管理。因此，DeltaMOOCx高中端的磨課師，雖然是以MOOCs的形式製作教材，平臺也具 MOOCs 的功能，但課程的運作及經營卻比較類似「可汗學院」的作法，讓學習者隨時可上平臺學習。學習者雖然不是「修課」，但可以下載自己的學習歷程。因此，DeltaMOOCx 的高中課程，讓學習者可以更彈性的學習，依本身程度，自訂學習進度，也可以選擇只想學習的章節單元，或反覆觀看特定單元影片。

所以，DeltaMOOCx 的高中教材，非常適合學生自學，也可作為課前預習與課後複習。對教師而言，學生的補救教學或重補修，DeltaMOOCx 也是很好的選擇，特別是平臺上所有的教材都經過學群科中心教師團隊充分討論，精心製作而成，學生可以學習到不同的教學方法與教材設計。

◈ 磨課師學習歷程不能當正式成績，高中師生不夠重視

其實，DeltaMOOCx 只是臺灣眾多提供高中教材線上學習的平臺之一。但長期以來，臺灣中小學的教學現場，仍以傳統的實體教室上課為主，教師在臺上講課，學生在臺下聽課、作筆記。每學期定期的段考及期末考，

加上平時的課堂表現，作為學生的學習成績。即使高中生早已有能力從網路找資料，在線上看教材，但實體課程的負擔，已不太容許學生有多餘的精力或時間上平臺學習。何況，目前線上學習的「學習歷程」並不能列為正規學科成績。雖然許多平臺（包括 DeltaMOOCx）的教材已相當豐富，但顯然仍未受到高中師生足夠的重視。

2020 年由於爆發 COVID-19 新冠肺炎疫情，蔓延全球，世界各地學校紛紛關閉停課，改採線上授課，學生一律居家學習。因此，線上學習不僅是教學的新形式，也因疫情，成為教學現場的新常態。換言之，在後疫情時代，數位學習必將改變傳統教學方式與教育體制。而由於資通訊技術的快速發展及 AI 興起，利用網路的線上教學，勢必更蓬勃普及，也勢必對教育體制帶來更大的衝擊與挑戰。

經過 2020 年疫情的肆虐，國外各級學校對線上教學與學習，早已習慣，可以順利迎接後疫情時代新的教學變遷。但臺灣由於疫情控制得宜，學校的教學，並未受到太大影響，各級學校仍習於實體教室的上課。未料2021 年 5 月中旬，臺灣的疫情突然爆發，教育部宣布全國各級學校全面停課，改採線上教學，迄學期結束。突如其來的嚴峻疫情，打亂了教學現場的步調。一方面是師生不熟悉線上教學，另一方面則是許多平臺的頻寬與容量，無法應付突然巨大的流量與使用者，不勝負荷，而頻頻當機。所幸，臺灣畢竟資通訊非常發達，雖然經歷了始料未及的「停課不停學」的衝擊與陣痛，在政府及民間機構的通力支援下，逐漸解決了教學現場的困難與不適應。疫情造成的危機，似乎反而帶來了新型態教學的轉機。臺灣的線上「教」「學」，在後疫情時代，或許也能因此而與國際接軌，變成另一種教育的新常態。

教師的教學與學生的學習，也必然要因應新常態而有所改變。學生必

須學習從網路上搜尋資料，找尋課程，提高主動學習的動機，培養自修自學的習慣。而教師也得改變角色，從知識的傳授者，轉變為學生的諮詢者與輔導者，並且要不斷進修，汲取新知，才能滿足學生需要的「解惑」。

◈ 繼往開來承先啟後，12 項建議盼未來磨課師更精益求精

基於國內外 MOOCs 平臺的運作和高中教材開發的現況與趨勢，以及 DeltaMOOCx 深耕高中 STEM 課程的經驗與成效，未來磨課師及其他線上教學的發展，若要發揮更大的貢獻與影響力，建議以下幾個面向供各界參考，一起努力，也是 DeltaMOOCx 未來持續發展應注意的方向：

1. 教材內容要精心設計

線上教材的呈現及講述方式應有別於教科書或參考書。如果只是平鋪直敘或照本宣科，將教科書的內容改用口頭的方式重新複述一遍；或比照參考書整理的重點，直接灌輸給學生；不僅無法引起學生的興趣，也浪費學生寶貴的時間。線上教材應能在一個小單元內，將相關教材整合，匯聚為一個重要觀念，同時要考慮，是否可利用繪圖或動畫，將該觀念更明確地表達、傳授給學生，讓學生更容易瞭解。利用影音或圖畫作為輔助工具，是線上教學的一大優勢，也更能提高學生的學習動機及興趣。因此，應該善用輔助工具，並從學生立場設想，設計更容易讓學生接受的教材與講授方式。

2. 建立教材審核機制

由於網路發達，任何人都可以輕易將文字或影音資訊，透過網路傳

播。各種課程教材，亦可在網路上取得。雖然以機構或教師名義建立的平臺或網站，所提供的教材內容，大都經由嚴謹的製作程序，但仍有相當大比率的教材，其內容的正確性或資料的可靠性，有待商榷。由於大部分的線上教材是公開給大眾利用，屬於教育的一環，為保障學生的學習權益及正確的認知，宜建立線上教材的審核機制，確保品質與正確性。

3. 教材宜有滾動式修正的機制

教材上線後，其內容的正確性與妥適性，應持續追蹤。若發現有修正的必要，或從學習者的回饋意見，發現錯誤，即應進行修正。此外，科技的發展、時空環境的改變，或課綱的變更，有些內容過時、落伍，或有更好的呈現或講述方式，應有必要定期審視、更新，與時俱進。

4. 落實課程經營管理

磨課師課程，非常強調互動式的教與學，教師或助教應能儘速回應線上的提問，落實線上的互動。作業的修改及測驗的評分，應兼顧時效。此外，亦應善用平臺分析功能，瞭解學生的反應及學習狀況，並適時調整課程內容與講授方式，提高學生學習成效。

5. 增開實驗或實習教材

STEM 有許多課程，需要透過實驗或實習，才能真正瞭解原理與應用。但一般線上教材，以理論居多，若能透過影片，將實驗或實習過程，帶入教學，將可加深印象，增進瞭解，並提升實作能力。此外，引用 VR（虛擬實境）、AR（擴增實境）等技術，可大幅提升學習效果。

6. 設計微課程

108 課綱實施後，高中除了要開設「生活科技」、「資訊科技」等必修課外，還要增開多元選修的課程。但學校大小規模各異，學校教師人數與專長有限，學生修課負擔亦重，要能真正落實多元選修，提高學生科技與人文素養，有實質困難。磨課師的教材影片，經過縝密規劃，精心製作，將每個重要觀念濃縮在 10 分鐘內完成講解，教材的「知識密集度」遠比實體課程高。若能針對學校或學生的需要，規劃設計各式微課程，供學生選讀，應可解決學校開課的困難，亦可滿足學生的學習需求。

7. 增開技高線上教材

技高的學生數與普高學生數相當，根據 109 學年度的統計，共約 30 萬人。長久以來，技高的教學資源遠比普高低，不僅未受到教育界應有的重視，也缺乏社會大眾的關愛。統計現有可利用的線上教材，不僅官方平臺數量很少，民間平臺提供的教材，也相當有限。以 DeltaMOOCx 所提供的電機與電子各專門課程的磨課師教材而言，每支影片的平均觀看次數，竟為其他普高學科影片的 2.75 倍，除了顯示技高線上教材是「藍海市場」外，卻也顯示技高學生對線上教材的強烈需求。另從後臺統計，也發現學習者有相當比率來自社會人士或年齡層較高者，此亦顯示技高的線上教材可提供回流教育、在職進修的管道，值得教育主管機關正視，也建議技高線上教材有必要更大幅提高。

8. 鼓勵教師共備課程合作製作教材

製作線上教材，並公開分享，對教師而言，的確是相當耗時耗力的負

擔。若能結合校內外的教師，以團隊的方式，分工合作，共備課程，共同規劃製作更適合其教學所需之教材，或增加練習題，建立題庫，不僅可減輕個別教師的負擔，亦可將教材內容作最佳闡釋，讓學生得到更多資源，效益更大。

9. 課程平臺功能的持續改善與提升

由於資通訊技術快速進步，電腦運算與網路傳輸速度越來越快，網路頻寬與數據機容量越來越大，再加上大數據的分析及人工智慧的導入，磨課師平臺的功能將須持續擴充，不僅要容納更多人在線上互動交流，且可透過智慧化的設計，對個別學生進行學習診斷，建議學習路徑，進行差異化的教學。而以大數據分析學生的學習模式，亦可回饋給師生，作為教與學的參考，讓網路課程的教學效果，趨近實體課程，甚至超過實體課程。藉由平臺功能的持續改善與提升，線上學習的發展前景，將有更多可能。

10. 促進平臺間資源共享

國內針對中小學線上學習所開設的官方及民間平臺，為數不少。過去各平臺之間鮮少交流，但在 2021 年 5 月中旬，全國各級學校一律停課，改在線上教學之後，雖然曾經歷一段慌亂期的摸索，師生已逐漸適應新的教學模式。教師除了會利用各種數位工具在線上開課外，也大量使用各平臺的教材，輔助教學。而各平臺之間，似乎也自動「解封」，相互連結，整合資源，求同存異。雖然每個平臺設立的宗旨及提供的線上教材並不相同，但大都以公益為目的；未來若能加強交流合作，資源共享，將使更多師生受惠。

11. 學校與教師宜致力推廣線上學習

臺灣各級學校的數位教學，原落後於許多國家，不僅未受到足夠的重視，也未深思如何結合數位教學與實體教學，創造更大的教學效果。但經過 2021 年 5 月中旬全國各級學校「停課不停學」的洗禮後，教師有了實際數位教學的經驗，加上學校設施的改善，家長的配合，應能體會線上教學的優缺點，並重新思考後疫情時代的新教學模式。除了正規的實體課程外，如何利用同步與非同步的線上教學，亦即「混成式」的教學，賦予教學方式更大的彈性，並善用線上教材，增進教學效果，實在是學校與教師共同的責任。而教師教學角色的改變，從主要的知識傳授者，逐漸轉變為學生學習的輔導者與諮詢者，更是重要的課題。

12. 建立學生學習歷程與學分的認證制度

由於平臺技術的提升及功能的強化，許多平臺已能完整記錄學生在平臺上觀看影片、做練習題、參與討論及參加考試的所有歷程，並可提供給教師及學生下載，作為正式學習紀錄。

根據 DeltaMOOCx 大學自動化課程的經驗，利用題庫（程度分為易、中、難）隨機選題，確能提升線上測驗成績的可靠性。目前 DeltaMOOCx 許多高中課程也已建立完整的題庫，可供線上測驗採用。

雖然教育界提倡數位學習已經二、三十年，但大部分學校及教育主管機關仍未正視數位學習的重要，賦予數位學習正式的地位。2021 年 5 月臺灣疫情爆發，教育部呼籲各級學校及教師應採計線上學習成果，彈性處理學生的成績，並且強調學生的學習歷程，可納入未來申請大學的備審資料。此舉顯示政府已開始將線上的「教」與「學」視為學生正規學習的一環。各級學校也應藉此機會，研擬制度，鼓勵並獎勵師生進行線上「教」

「學」，並採計為學生的成績。對於教師的補救教學，學生的自學、重補修，如何利用線上學習，而承認其學習成果，亦是可立即規劃的實施項目。

　　此外，對於選讀大學先修課程而取得成績者，亦有必要核實認證，給予學分證明，進入大學後可予抵免學分。如果教育當局及各級學校願意在後疫情時代，制定辦法，積極推動採認學生學習歷程及修課學分，不僅將翻轉傳統的教育制度，也將激發新的教學與學習能量，改變人才培育的模式。

附錄

2014.2	基金會召集「台達磨課師」第一次籌備會議。
2014.3	基金會召集「台達磨課師」第二次籌備會議。
2014.5	①國教院邀請各學群科中心籌劃製作高中磨課師課程，召開兩次會議。 ②國教署邀請各學群科中心，召開推動「高級中等學校 MOOCs 課程計畫」座談會，確定合作方向與方式。
2014.6	①宜蘭高中代表國教署召集經費編列及支用第一次會議。 ②基金會邀請國教院、學群科中心參觀愛爾達電視台。
2014.7	①基金會與國教院共同辦理三天兩夜「MOOCs 課程發展工作坊」。 ②基金會與捷鎏科技公司，簽約使用 ShareCourse 平臺。 ③國教院邀請各學群科中心，籌劃錄製「高級中等學校 MOOCs 課程計畫」第一階段三年期課程，召開兩次會議。
2014.8	①各學群科中心提出三年期課程錄製規劃。 ②基金會應邀參加北區高中校長會議，報告籌劃製作高中磨課師課程。 ③基金會與愛爾達科技公司簽約，委託錄製「台達磨課師」課程影片。
2014.9	①國教署邀請基金會與國教院討論「高級中等學校 MOOCs 課程計畫」合作協議書內容及經費編列與支用方式。 ②國教署／宜蘭高中召集經費編列及支用第三次會議。
2014.10	①基金會與國教院及國教署簽訂合作協議書，共同推動「高級中等學校 MOOCs 課程計畫」，期間自 103 年 8 月 1 日至 106 年 7 月 31 日。 ②清大專案辦公室成立。

2014.11	①教育部正式核定基金會與國教院及國教署三方合作協議書。 ②國教院召開 103 學年度第一學期（第 1 期）課程錄製規劃審查會議。
2014.12	①愛爾達召開高中教師第一次製播會議。 ②聯合報採訪「台達磨課師」計畫。
2015.1	國教院召開 103 學年度第二學期（第 2 期）課程錄製規劃審查會議。
2015.2	基金會與國教院共同辦理二天一夜「高級中等學校 MOOCs 課程發展工作坊」。
2015.3	第一批課程影片上線，5 小時。
2015.5	遠見雜誌採訪「台達磨課師」計畫。
2015.6	①第二批課程影片上線，10 小時。 ②國教院召開 104 學年度第一學期（第 3 期）課程錄製規劃審查會議。
2015.7	基金會應邀參加「高中學科中心十週年成果展」，推介「台達磨課師」。
2015.8	①基金會與國教院共同辦理北區及南區「104 年度暑期高級中等學校 MOOCs 工作坊」。 ②基金會應邀至「吳健雄科學營」推介「台達磨課師」。 ③基金會應邀至「2015 年全國物理教育聯合會」演講，推介「台達磨課師」。
2015.9	基金會應邀參加數學學科中心「高中數學課綱分區座談會暨推廣數位研發成果」各分區座談會。

2015.11	①基金會應邀至建國中學參加「104 年度全國高中數學教學研討會」，推介「台達磨課師」。 ②基金會應邀至南華大學參加「104 年度電機與電子群科中心委員暨諮詢委員會議」，推介「台達磨課師」。 ③國教院召開 104 學年度第二學期（第 4 期）課程錄製規劃審查會議。
2015.12	基金會應高雄市教育局邀請，對全市高中職校長推介「台達磨課師」。
2016.1	①數學學科中心拍攝「105 學年度數學學測解題」，並召開記者會。 ②基金會與國教院共同辦理北區及南區「「磨」力攻略－高級中等學校 MOOCs 發展工作坊」。
2016.2	①平臺開放提供教師申請 SPOC 教學，共 74 名教師申請。 ② DeltaMOOCx 高中／高工影片上線總時數超過 50 小時。
2016.5	國教院召開 105 學年度第一學期（第 5 期）課程錄製規劃審查會議暨第 2、3 期進度檢討會議。
2016.6	① DeltaMOOCx 高中／高工影片上線總時數超過 100 小時。 ②平臺推出平臺操作及 SPOC 教學示範影片。
2016.7	①基金會與國教院共同辦理北區及南區「「磨」教秘笈－高級中等學校 MOOCs 課程教案發展與應用工作坊」。 ② DeltaMOOCx 影片同時放置國教院「愛學網」。
2016.10	高中‧高工首頁改版。
2016.11	①國教院召開 105 學年度第二學期（第 6 期）暨成功大學生命科學院「娓娓道出生物學的精粹與光彩」課程錄製規劃審查會議。 ②基金會召開「當適性學習碰上 DeltaMOOCx」記者會，數學學科中心說明 SPOC 互動教學及學生自學與補救教學成效。 ③數學學科中心辦理「SPOC 亮點計畫」，5 所學校師生分三天參與線上即時討論。

2017.3	①專案辦公室密集赴 12 所高中推廣台達磨課師課程,迄 5 月底止。 ②成大生命科學院團隊開始錄製生物教材影片。
2017.4	「DeltaMOOCx－讓好老師的影響無遠弗屆」獲第 13 屆遠見雜誌 CSR 社會責任獎之「傑出方案－教育推廣組」楷模獎。
2017.6	①基金會與國教院及國教署議定,第一階段三年合約延期至 106 年 12 月 31 日;第二階段另訂協議書,改曆年制,自 107 年 1 月 1 日起,為期 3 年。 ②國教署同意基金會逕與各學群科中心簽約,不須透過宜蘭高中。
2017.7	①基金會與國教院共同辦理「高級中等學校 MOOCs 課程計畫第一階段成果分享工作坊」,並頒獎 MOOCs 課程製作與 SPOC 教室經營卓有成效之教師及主動學習表現優異之學生。 ②DeltaMOOCx高中／高工影片上線總時數超過 200 小時。
2017.8	台達電子獲「天下企業公民獎」大型企業組首獎,得獎內容包括推動 DeltaMOOCx 線上學習平臺。
2017.9	DeltaMOOCx 高中／高工影片總觀看次數超過 50 萬。
2017.11	國教院召開會議,審查第二階段三年期總規劃暨 107 年度課程錄製規劃。化學科改由北一女教師周芳妃組成團隊執行。
2018.3	DeltaMOOCx 高中／高工影片總觀看次數超過 100 萬。
2018.4	DeltaMOOCx 高中／高工影片上線總時數超過 300 小時。
2018. 5	數學學科中心「國中數學素養課程」上線,並召開記者會。
2018.11	① DeltaMOOCx 高中／高工影片總觀看次數超過 200 萬。 ②課程影片重整,重新編號。
2019.2	國教院召開 108 年度課程錄製規劃審查會議。
2019.3	DeltaMOOCx 高中／高工新平臺上線。
2019.5	① DeltaMOOCx 高中／高工影片總觀看次數超過 300 萬。 ②DeltaMOOCx 高中／高工影片上線總時數超過 400 小時。

2019.10	KPMG 完成 DeltaMOOCx 之公益投資社會報酬（SROI）評估，高中／高工課程之 SROI 為 9.49。
2019.11	DeltaMOOCx 高中／高工影片總觀看次數超過 400 萬。
2019.12	國教院召開 109 年度課程錄製規劃審查會議。
2020.5	DeltaMOOCx 高中／高工影片總觀看次數超過 500 萬。
2020.8	基金會與國教院及國教署簽訂合作協議書，共同推動「高級中等學校 MOOCs 課程計畫」，期間自 109 年 9 月 1 日至 110 年 12 月 31 日。
2020.9	基金會應臺中市教育局之邀，對全市高中教務主管推介「台達磨課師」。
2020.11	DeltaMOOCx 高中／高工影片總觀看次數超過 600 萬。
2021.3	①基金會應桃園市教育局之邀，對全市高中校長推介「台達磨課師」。 ②DeltaMOOCx 高中／高工影片上線總時數超過 500 小時。
2021.4	①DeltaMOOCx 與臺北市「酷課雲」簽訂線上教學資源合作備忘錄。 ②DeltaMOOCx 高中／高工影片總觀看次數超過 700 萬。
2021.5	①教育部在全國疫情會議，推介可運用「台達磨課師」高中職線上學習資源，進行課程作業指導。 ②DeltaMOOCx 授權教育部「因材網」使用高中／高工教材影片。
2021.6	DeltaMOOCx 課程影片於臺北市「酷課雲」上線。
2021.7	DeltaMOOCx 高中／高工影片總觀看次數超過 800 萬。
2021.10	DeltaMOOCx 高中／高工影片總觀看次數超過 900 萬。
2021.11	DeltaMOOCx 高中／高工影片上線總時數超過 600 小時。
2021.12	《線上學習新視界－高中篇：台達磨課師深耕高中職 STEM 課程》專書出版。

各科課程資料

· **數學**

國中數學素養課程

章節名稱	授課教師	影片長度 （時：分：秒）	上線時間 （年／月）
幾何	賴政泓	4:09:52	2018/3
代數	吳汀菱	4:29:43	2018/3
數與式	曾政清	3:19:45	2018/3
機率與統計	蘇麗敏	1:24:24	2018/3

高中基礎數學第一冊

章節名稱	授課教師	影片長度 （時：分：秒）	上線時間 （年／月）
導論：數學思考與學習	曾政清	0:46:02	2015/9
數與式 _ 數與數線	蘇麗敏	1:23:40	2015/9
數與式 _ 數線上的幾何	蘇麗敏	0:58:13	2015/9
多項式函數	李政豐	3:10:43	2015/11
指數與對數公式	藍邦偉	0:59:16	2015/3
指對數函數圖形	蕭佑玟	0:48:12	2015/9
指數與對數的應用	李惠雯	0:54:45	2015/8
數與式（基礎觀念）	曾慶良、董涵冬 張敬楷	3:02:15	2017/7
多項式（基礎觀念）	曾慶良、董涵冬 張敬楷、林玉惇 張志豪	2:32:40	2018/9

高中基礎數學第二冊

章節名稱	授課教師	影片長度 （時：分：秒）	上線時間 （年／月）
數列級數	曾政清	1:50:08	2015/11
排列組合— 基本計數原理排列	歐志昌	1:01:38	2016/1
排列組合— 組合及二項式定理	張淑娟	1:47:09	2016/1
機率	陳凱群、柯麗妃 藍邦偉	2:43:43	2015/12
一維數據分析	曾政清	1:10:10	2016/5
二維數據分析	曾俊雄	2:30:53	2016/5

高中基礎數學第三冊

章節名稱	授課教師	影片長度 （時：分：秒）	上線時間 （年／月）
三角_直角三角形的邊角 關係、廣義角與極坐標	吳汀菱	1:51:07	2015/11
三角_正弦定理與餘弦定 理、三角測量	曾政清	1:39:56	2016/11
直線方程式及其圖形	曾慶良	1:38:02	2016/2
二元一次不等式	曾慶良	0:16:45	2016/2
線性規劃	曾政清	0:46:01	2016/3
圓	曾慶良	1:11:14	2016/2
平面向量	紀志聰、王人傑	2:39:43	2016/6

高中基礎數學第四冊

章節名稱	授課教師	影片長度 （時：分：秒）	上線時間 （年／月）
空間向量	簡大為	4:17:23	2016/9
空間中的平面與直線	賴政泓	3:32:55	2016/9
矩陣	簡心怡、曾政清	4:38:01	2016/12
二次曲線	歐志昌、張淑娟	4:21:44	2016/9

高中基礎數學第五冊

章節名稱	授課教師	影片長度 （時：分：秒）	上線時間 （年／月）
數學甲（機率與統計）	蘇麗敏	5:26:05	2017/5
數學甲（三角函數）	吳汀菱	5:26:34	2017/7
數學乙（機率與統計）	曾政清	2:27:48	2017/7
數學乙（三角函數）	曾政清	2:12:46	2017/7

高中基礎數學第六冊

章節名稱	授課教師	影片長度 （時：分：秒）	上線時間 （年／月）
數學甲（極限與函數）	歐志昌	4:14:20	2017/12
數學甲 （多項式函數的微分）	賴政泓	4:29:15	2017/12
數學甲（積分）	李宜展	2:15:58	2017/11
數學甲（積分的應用）	丁宇	2:21:31	2017/11
數學乙（極限與函數）	曾政清	2:18:30	2017/9
數學乙（統合與演習）	曾政清	2:15:34	2017/9

108 普通型高中高一第一冊

章節名稱	授課教師	影片長度 （時：分：秒）	上線時間 （年／月）
實數的計算	歐志昌	4:06:07	2019/3
直線	黃嘉男	1:45:31	2019/8
圓	黃嘉男	1:14:51	2019/5
多項式	賴政泓	6:17:50	2019/5

108 普通型高中高一第二冊

章節名稱	授課教師	影片長度 （時：分：秒）	上線時間 （年／月）
三角函數	吳汀菱	5:03:04	2019/5
數列與級數	陳亮君	2:33:24	2019/3
數據分析	游崇鑫	2:38:18	2019/5
排列組合	翁玉華	4:07:02	2019/5
機率	葉政峯	3:23:17	2019/5

108 普通型高中高二 A 類第三冊

章節名稱	授課教師	影片長度 （時：分：秒）	上線時間 （年／月）
三角函數	吳汀菱	4:41:27	2020/9
指對數函數	葉政峯	4:16:21	2020/9
平面向量	葉政峯	2:05:17	2019/3

108 普通型高中高二 B 類第三冊

章節名稱	授課教師	影片長度 （時：分：秒）	上線時間 （年／月）
平面幾何與設計	賴政泓	3:33:25	2020/1
按比例成長	賴政泓	3:26:32	2020/6
週期性現象	陳亮君	2:14:09	2020/9

108 普通型高中高二 A 類第四冊

章節名稱	授課教師	影片長度 （時：分：秒）	上線時間 （年／月）
矩陣	陳亮君	3:07:02	2020/9
空間向量	黃嘉男、簡大為	4:06:17	2021/5
空間中的平面與直線	賴政泓	4:32:13	2021/3
條件機率與獨立事件	黃嘉男	4:22:07	2021/6

108 普通型高中高二 B 類第四冊

章節名稱	授課教師	影片長度 （時：分：秒）	上線時間 （年／月）
空間概念與圖形	歐志昌	3:47:58	2020/9
矩陣與資料表格	陳亮君	2:35:48	2021/9
條件機率與獨立事件 （不確定性與列聯表）	黃嘉男	4:22:07	2021/6

普通型高中高二數學 B 類轉銜高三選修數甲

章節名稱	授課教師	影片長度 （時：分：秒）	上線時間 （年／月）
三角的和差角公式 與三角函數的圖形	吳汀菱	4:01:52	2021/10
矩陣的應用	簡心怡	1:30:10	2021/10
指數與對數函數	葉政峯	3:33:01	2021/10

108 普通型高中高三選修甲

章節名稱	授課教師	影片長度 （時：分：秒）	上線時間 （年／月）
極限與函數	歐志昌	4:26:06	2021/12
微分	歐志昌	6:17:27	2021/12
積分	李宜展	2:15:58	2021/10
積分的應用	丁宇	2:21:31	2021/10
複數	吳汀菱	3:59:45	2021/10
二次曲線	歐志昌	4:37:25	2021/12
離散型隨機變數	賴政泓	3:30:02	2021/5

108 普通型高中高三選修乙

章節名稱	授課教師	影片長度 （時：分：秒）	上線時間 （年／月）
極限與函數	黃嘉男	2:27:00	2021/10
微分與導函數	黃嘉男	2:37:37	2021/10
積分與積分的應用	黃嘉男	2:12:45	2021/10
線性規劃	黃嘉男	1:01:15	2021/5
複數	吳汀菱	1:56:28	2021/11
離散型隨機變數	賴政泓	2:56:56	2021/7

108 普通型高中多元選修

章節名稱	授課教師	影片長度 （時：分：秒）	上線時間 （年／月）
數學寫作	賴以威、翁玉華 黃精裕、黃禎貞	3:09:54	2022/1
數學的設計藝術	李華倫	3:36:59	2021/10
跟著小蟒蛇玩數學 —計算數學基礎學	曾正男、劉繕榜 曾慶良、柯麗妃	4:03:20	2022/1
跟著數學家去旅行	劉柏宏、黃禎貞 林秋華、方婉茜	3:01:59	2022/1

108 技術型高中工科一年級

章節名稱	授課教師	影片長度 （時：分：秒）	上線時間 （年／月）
數與式	陳亮君	2:02:22	2019/3
數列與級數	陳亮君	2:28:05	2019/3
平面向量	葉政峯	2:21:20	2018/11
機率	葉政峯	3:23:17	2019/5
圓	邱婉嘉	1:26:59	2019/5
三角函數的應用	陳亮君	1:57:19	2019/5
直線函數圖形與多項式	黃嘉男	5:56:05	2019/9
三角函數	林如苹	5:48:34	2019/9
比與比例式	葉政峯	1:10:13	2019/8

108 技術型高中工科二年級

章節名稱	授課教師	影片長度 （時：分：秒）	上線時間 （年／月）
複數	黃嘉男	4:25:40	2020/8
空間向量	葉政峯、李政豐	4:47:44	2020/8
指數與對數	葉政峯	3:08:56	2020/8
二次曲線	陳亮君	2:32:13	2020/8
微分	林如苹	4:04:33	2021/2
矩陣	陳亮君	3:21:28	2021/3
積分	林如苹	3:57:29	2021/5
一次不等式與線性規劃	黃嘉男	1:01:15	2021/5
排列組合	翁玉華	2:30:01	2021/7

108 技術型高中數學素養專區

章節名稱	授課教師	影片長度 （時：分：秒）	上線時間 （年／月）
技術型高中 工科數學統合與演習	陳亮君、林如苹 黃嘉男	5:15:19	2021/10
技術型高中 數學素養評量試題	數學學科中心	4:52:43	2021/7

105 學年度數學學測解題

章節名稱	授課教師	影片長度 （時：分：秒）	上線時間 （年／月）
105 學年度數學學測解題	曾政清、吳汀菱 蘇麗敏、歐志昌 李政豐	2:04:43	2016/1

・物理

基礎物理（一）

章節名稱	授課教師	影片長度 （時：分：秒）	上線時間 （年／月）
緒論與物質的組成	謝孟揚、陳冠宏	1:24:02	2016/3 2020/12
直線運動	林春煌、張智詠 趙臨軒	2:27:26	2015/8 2019/10
牛頓運動定律	張智詠、黃有志	0:49:34	2015/8
克卜勒行星運動定律	蔡皓偉、趙臨軒 趙晉鴻、陳家騏	1:01:50	2015/11 2021/5
基本交互作用	黃有志、張智詠	1:14:30	2015/11
電與磁	趙臨軒、蔡皓偉 林春煌、余怡青	2:43:36	2015/11 2021/2
波與光	張智詠、黃有志 林春煌	4:17:09	2016/8 2020/1
能量	趙振良、林欣達 翁正鴻、劉佩佳 王一哲、陳家騏 陳冠宏	4:15:30	2016/7 2020/9
量子現象	吳原旭、蔡皓偉 翁正鴻	3:10:54	2016/3 2021/11
宇宙學	張智詠、黃有志	0:59:50	2016/3

基礎物理（二 B）

章節名稱	授課教師	影片長度 （時：分：秒）	上線時間 （年／月）
靜力學	黃有志、張智詠 王一哲	3:47:56	2016/8 2020/12
運動學	翁正鴻、劉佩佳 蔡皓偉、張智詠	3:33:56	2016/10 2021/10
牛頓運動定律	趙振良、林欣達	2:22:18	2016/11
摩擦力	趙臨軒	0:40:34	2016/8
動量與衝量	黃有志	0:30:00	2016/8
動量守恆定律	趙臨軒、蔡皓偉 林春煌、余怡青	2:43:36	2015/11 2021/2
質心運動	黃有志	0:40:45	2016/8
圓周運動	趙臨軒	0:39:28	2016/8
角動量與因次	謝孟揚	0:49:38	2016/10
簡諧運動	趙臨軒	0:46:13	2016/9
萬有引力定律	趙臨軒	0:47:51	2017/2
功與能量	張智詠、黃有志 謝孟揚、蔡皓偉	3:16:06	2017/6
碰撞	謝孟揚	2:08:22	2017/4
實驗 A—測量與誤差	謝孟揚	0:09:47	2017/7
實驗 B—靜力平衡	謝孟揚	0:14:04	2017/7
實驗 C—自由落體與物體在斜面上的運動	謝孟揚	0:09:55	2017/7
實驗 D—牛頓第二運動定律	趙振良	0:10:21	2017/7

選修物理

章節名稱	授課教師	影片長度 （時：分：秒）	上線時間 （年／月）
熱學（1）	黃有志、謝孟揚	1:58:16	2017/4
熱學（2）	張智詠、謝孟揚	1:51:20	2017/4
波動	張智詠、陳冠宏 蔡皓偉、謝孟揚	2:38:32	2018/3
聲波	趙臨軒、謝孟揚	1:13:52	2018/5
水波槽與共鳴空氣柱實驗	林春煌	0:09:16	2018/3
折射率、成像 與干涉繞射實驗	林春煌	0:15:05	2018/5
幾何光學	張智詠、陳冠宏 蔡皓偉、謝孟揚	3:27:22	2018/5
物理光學	趙臨軒、謝孟揚	1:47:24	2018/5
靜電學	林欣達、翁正鴻 張智詠、蔡皓偉 謝孟揚	2:55:20	2018/7
電流	趙臨軒、謝孟揚	2:35:08	2018/10
電流磁效應	陳冠宏、謝孟揚 張智詠	3:35:52	2018/9
電磁感應	趙臨軒、謝孟揚 翁正鴻	2:19:41	2018/8
近代物理	陳家騏、謝孟揚 陳冠宏、翁正鴻 蔡皓偉、趙臨軒 張智詠	5:35:18	2019/9
等電位線與電場、歐姆定 律、惠司同電橋實驗	陳家騏、陳冠宏	0:44:02	2019/1
電流天平、電子的荷質比 認識實驗	翁正鴻、陳家騏	0:20:16	2019/3

・化學

基礎化學（必修化學）

章節名稱	授課教師	影片長度 （時：分：秒）	上線時間 （年／月）
緒論	林克修	1:04:54	2015/6
常見的化學反應（一）	施建輝、江月媚	0:40:29	2016/4
原子說	鍾曉蘭	0:56:25	2015/6
化學反應速率	鍾曉蘭	1:08:05	2017/6
化學平衡	鍾曉蘭	1:18:17	2017/9
常見的化學反應（二）	鍾曉蘭	1:22:25	2019/3
理想氣體基礎篇	鍾曉蘭	1:09:20	2019/3
理想氣體進階篇	鍾曉蘭	1:01:28	2019/3

綠野仙蹤─化學宅急便 (必修化學)

章節名稱	授課教師	影片長度 （時：分：秒）	上線時間 （年／月）
單元一　未知物鑑定	周芳妃	0:29:20	2016/2
單元二　有機官能基	周芳妃	0:50:42	2016/3
單元三　常見反應	周芳妃	1:35:56	2016/10
單元四　週期表	周芳妃	0:29:44	2016/3
單元五　反應熱	周芳妃	0:55:10	2016/12
單元六　化學鍵	周芳妃	0:57:39	2017/1

致謝：

行政協助：林克修校長

教案多媒體動畫助理：黃蕙君老師、段以南老師、李盈萱老師

展示關卡影片：103 學年度北一女中高一跨班選修化學特色課程─科學創意關卡優良作品

科學素養—化學宅急便 (選修化學)【基礎探索、模擬試題】

章節名稱	授課教師	影片長度 （時：分：秒）	上線時間 （年／月）
1. 原子結構與週期性	周芳妃、高貫洲	2:16:56	2020/12
2. 分子鍵結與晶體之結構與鍵結	周芳妃、高貫洲	2:03:34	2020/12
3. 物質的三態	周芳妃、高貫洲	2:01:19	2020/12
4. 化學平衡與沉澱平衡	周芳妃、林克修 高貫洲	1:59:13	2021/5
5. 水溶液中酸鹼鹽的平衡	周芳妃、林克修 高貫洲	2:19:20	2021/5
6. 氧化還原與電化學	周芳妃、林克修 高貫洲	2:32:02	2021/5
7. 化學在生活中的應用	周芳妃、林克修 高貫洲	2:13:37	2021/12
8. 有機化合物的組成及結構	周芳妃、林克修 高貫洲	2:26:27	2021/12
9. 有機化合物反應與應用	周芳妃、林克修 高貫洲	2:09:24	2021/12

科學素養—化學宅急便 (選修化學)【跨領域型】

章節名稱	授課教師	影片長度 （時：分：秒）	上線時間 （年／月）
化學史與原子說	曹雅萍、陳昭錦	2:51:19	2020/4
科學史與美麗化學實驗	曹雅萍、陳昭錦 劉泓其	2:22:03	2021/12

科學素養—化學宅急便 (選修化學)【通關試題】

章節名稱	授課教師	影片長度 （時：分：秒）	上線時間 （年／月）
1. 原子結構與週期性	林克修、范智傑	0:26:25	2021/7
2. 分子鍵結與晶體之結構與鍵結	林克修、范智傑	0:20:16	2021/7

章節名稱	授課教師	影片長度 （時：分：秒）	上線時間 （年／月）
3. 物質的三態	林克修、范智傑	0:18:16	2021/7
4. 化學平衡與沉澱平衡	林克修、范智傑	0:18:07	2021/7
5. 水溶液中酸鹼鹽的平衡	林克修、范智傑	0:18:42	2021/7
6. 氧化還原與電化學	林克修、范智傑	0:20:35	2021/7
7. 化學在生活中的應用	林克修、范智傑	0:21:19	2021/7
8. 有機化合物的組成 及結構	林克修、范智傑	0:18:34	2021/7
9. 有機化合物反應與應用	林克修、范智傑	0:21:57	2021/7
10. 跨領域型 _ 化學史 與原子說	林克修、范智傑	0:23:42	2021/7
11. 跨領域型 _ 科學史 與美麗化學實驗	林克修、范智傑	0:57:05	2021/7

科學素養—化學宅急便 (選修化學)【綠色化學實驗】

章節名稱	授課教師	影片長度 （時：分：秒）	上線時間 （年／月）
1. 原子結構與週期性	周芳妃、范智傑	0:57:28	2021/5
2. 分子鍵結與晶體之結構 與鍵結	周芳妃、范智傑	1:00:46	2021/5
3. 物質的三態	周芳妃、范智傑	0:51:32	2021/5
4. 化學平衡與沉澱平衡	周芳妃、范智傑	1:12:27	2021/12
5. 水溶液中酸鹼鹽的平衡	周芳妃、范智傑	0:59:15	2021/12
6. 氧化還原與電化學	周芳妃、范智傑	1:05:20	2021/12
7. 化學在生活中的應用	周芳妃、范智傑	1:09:12	2021/12
8. 有機化合物的組成 及結構	周芳妃、范智傑	0:56:04	2021/12
9. 有機化合物反應與應用	周芳妃、范智傑	0:53:22	2021/12

科學素養—化學宅急便（選修化學）團隊：
指導教授：葉名倉教授、張一知教授、呂家榮教授
行政組：林克修、周芳妃
課程組教師：
周芳妃、陳昭錦、曹雅萍、高貫洲、姚月雲、黃蕙君、段以南
林睿宸、白蕙菜、蕭琬莉、周界志、劉泓其、江慧玉、張永佶

·生物

觀察力的培養與訓練

章節名稱	授課教師	影片長度 （時：分：秒）	上線時間 （年／月）
生物觀察入門	許慶文	0:31:06	2015/11
進階生物觀察	許慶文	1:16:28	2017/6
生物的偽裝	許慶文	1:22:03	2016/12
生物繪圖原則與技法	劉時傑	1:01:54	2015/11
生物攝影與藝術創作	吳安芩	0:50:52	2015/11
顯微觀察	許慶文	1:13:30	2017/12

鄉土生物觀察

章節名稱	授課教師	影片長度 （時：分：秒）	上線時間 （年／月）
香山海濱生態觀察	許慶文	1:00:13	2016/3
基隆潮間帶生態觀察	陳國芳	1:01:17	2019/2
馬崗潮間帶生態觀察	許慶文	1:03:40	2017/10
蕨類的觀察	郭智琳	1:01:58	2016/12
花的觀察	蘇佳文	1:42:25	2016/12
探索六足家族	林主旭、許慶文	1:34:21	2018/5
千奇百態的真菌	林主旭、許慶文	1:24:47	2018/5

生命的特性

章節名稱	授課教師	影片長度 （時：分：秒）	上線時間 （年／月）
生命現象	洪良宜	1:15:03	2018/7
細胞的構造與功能	洪良宜	0:58:59	2017/6
細胞的生理	陳炳焜	1:05:53	2018/7
細胞的能量運作	陳炳焜	0:35:22	2018/3

動物的構造與功能

章節名稱	授課教師	影片長度 （時：分：秒）	上線時間 （年／月）
防禦與免疫	王涵青	0:56:56	2017/9
消化與吸收	張文綺	0:44:01	2018/6
神經與內分泌	王涵青	1:02:02	2018/3
循環、呼吸與排泄	王涵青	1:05:31	2018/8

植物的構造與功能

章節名稱	授課教師	影片長度 （時：分：秒）	上線時間 （年／月）
植物的特性與生存策略	郭瑋君	1:13:58	2018/4
開花植物的繁殖與適應	郭瑋君	1:03:19	2018/5
植物的荷爾蒙	郭瑋君	1:02:33	2017/4
植物對環境刺激的反應	林士鳴	0:48:07	2018/3

遺傳與生物工程

章節名稱	授課教師	影片長度 （時：分：秒）	上線時間 （年／月）
遺傳學	羅竹芳	0:45:11	2018/3
現代分子遺傳學	何盧勳	0:59:23	2018/12
生物技術	羅竹芳	0:57:59	2018/6
生物科學的應用	曾淑芬	1:02:18	2018/7

氣候變遷與環境

章節名稱	授課教師	影片長度 （時：分：秒）	上線時間 （年／月）
氣候變遷	陳一菁	1:08:14	2018/12
生物多樣性	陳一菁	0:46:04	2018/11
生態、環境與生物多樣性	李亞夫	0:34:34	2018/1
生態保育與環境永續	李亞夫	1:08:04	2018/3

·基礎地球科學

基礎地球科學

章節名稱	授課教師	影片長度 （時：分：秒）	上線時間 （年／月）
地球的起源	劉育宏	0:09:04	2015/6
大氣的運動	吳嘉鴻	0:33:02	2018/11
大氣與海洋的結構	曾世佑	0:43:29	2018/6
海水的運動	曾世佑	0:33:46	2018/9
溼度的定義與測量	王貞琇、劉育宏	0:19:21	2017/6
恆星的視運動	黃翊展	0:30:57	2017/7
板塊構造學說	張堯婷	0:39:29	2019/5
星光與星色	黃翊展	0:17:42	2018/12
固體地球結構	張堯婷	0:18:14	2019/5

附註：
腳本撰寫：高雄中學莊福泰校長、吳嘉鴻老師、復旦高中王貞琇老師、板橋高中劉麗純老師、東港高中邱廷熙老師、前鎮高中黃翊展老師、劉育宏老師、中山附中謝隆欽老師、暨大附中曾世佑老師、臺中女中劉承珏老師、臺北市立大同高中張堯婷老師。

星空奇航

章節名稱	授課教師	影片長度 （時：分：秒）	上線時間 （年／月）
天文學	孫維新	0:15:49	2018/7
充滿活力的宇宙	孫維新	0:16:02	2018/7
探訪冰世界	孫維新	0:15:40	2018/7
面對外星生命的省思	孫維新	0:16:13	2018/7
從中秋的皓月當空 看天體的長期演化	孫維新	0:16:11	2018/7
火星	孫維新	0:16:04	2018/7

· 電機與電子

基本電學

章節名稱	授課教師	影片長度 （時：分：秒）	上線時間 （年／月）
電學概論	陳政旭	3:02:54	2015/6
電阻	張偉勤	1:47:26	2015/6
串並聯電路	陳培基、陳政旭 胡凱詠	3:04:07	2015/3
直流網路分析	陳政旭、胡凱詠	3:10:16	2015/6
電容與靜電	張書誠	2:26:07	2016/3
電感與電磁	陳政旭	4:26:12	2015/8
直流暫態	張偉勤	3:26:44	2015/11
交流電	張書誠	3:44:02	2016/6
基本交流電路	張偉勤	6:45:53	2016/7
交流電功率	陳政旭	4:21:56	2016/3
諧振電路	陳政旭	4:16:48	2016/3
交流電源	陳政旭	4:42:21	2016/5

基本電學實習

章節名稱	授課教師	影片長度 （時：分：秒）	上線時間 （年／月）
工場安全衛生 及電源使用安全介紹	黃文林	0:24:51	2021/12
常用家電量測	黃文林	2:21:58	2021/12
直流電路	黃文林	1:28:06	2021/12
電子儀表之使用	莊凱喬	1:22:30	2021/10
直流暫態	莊凱喬、劉政鑫	0:43:18	2021/12
交流電路	劉政鑫	2:59:13	2021/9
常用家用電器之檢修	黃俊程	5:58:06	2020/6

電子學

章節名稱	授課教師	影片長度 （時：分：秒）	上線時間 （年／月）
概論	黃俊程	0:27:59	2016/6
二極體	黃俊程	2:06:58	2016/6
二極體之應用電路	黃俊程	3:02:02	2016/6
雙極性接面電晶體	陳以熙	2:40:13	2016/5
電晶體直流偏壓電路	陳以熙	3:28:39	2016/5
電晶體放大電路	陳以熙	4:16:03	2017/2
串級放大電路	陳以熙	3:32:17	2017/2
場效電晶體	郭浩鵬	3:28:54	2017/10
場效電晶體放大電路	郭浩鵬	3:01:49	2017/10
運算放大器	支裕文	5:58:47	2017/10
基本振盪電路	支裕文	5:20:58	2017/9

電子學實習

章節名稱	授課教師	影片長度 （時：分：秒）	上線時間 （年／月）
工場安全衛生 及電子應用產品介紹	邱孟希	0:36:23	2020/12
二極體及應用電路	邱孟希	3:06:08	2020/12
雙極性接面電晶體	洪均在	2:23:16	2022/1
音訊放大電路	洪均在	3:28:36	2022/1
雙極性接面電晶體放大電路	洪均在	7:00:58	2022/1
雙極性接面電晶體多級放 大電路	劉政鑫	1:30:31	2021/5
金氧半場效電晶體 （MOSFET）之判別	張元庭	0:53:40	2021/3
金氧半場效電晶體放大電路	劉政鑫	3:37:51	2021/11
金氧半場效電晶體多級放 大電路	陳龍昇	1:19:46	2021/11
金氧半場效電晶體數位電路	莊凱喬	1:58:08	2021/9
運算放大器應用電路	支裕文	4:42:17	2022/1
運算放大器振盪電路及濾 波器	支裕文	7:50:13	2022/1

數位邏輯

章節名稱	授課教師	影片長度 （時：分：秒）	上線時間 （年／月）
概論	支裕文	0:32:24	2017/7
數字系統	支裕文	2:44:42	2017/9
基本邏輯閘	朱洪福	1:17:39	2017/5
布林代數及第摩根定理	朱洪福	1:16:56	2017/5
布林函數化簡	支裕文	2:43:03	2017/10
組合邏輯電路之設計及應用	支裕文	4:14:02	2017/3
正反器	朱洪福	1:35:43	2017/5
循序邏輯電路之設計及應用	朱洪福	4:56:26	2017/5

數位邏輯實習

章節名稱	授課教師	影片長度 （時：分：秒）	上線時間 （年／月）
工場安全及衛生	張元庭	0:53:39	2016/12
邏輯實驗儀器之使用	張元庭	1:16:10	2017/1
基本邏輯閘實驗	鄭旺泉	2:09:05	2017/1
組合邏輯實驗	張元庭	1:13:01	2018/1
加法器及減法器實驗	張元庭	3:16:49	2018/2
組合邏輯電路應用實驗	張元庭	4:46:43	2018/2
正反器實驗	鄭旺泉	1:51:24	2017/11
循序邏輯電路應用實驗	鄭旺泉	4:32:07	2018/1

電工機械

章節名稱	授課教師	影片長度 （時：分：秒）	上線時間 （年／月）
概論	黃文林	1:08:16	2017/9
直流發電機	王溫鋒	3:04:16	2017/10
直流電動機	張雅鈞	3:26:32	2017/9
變壓器	黃文林	4:56:49	2018/11
三相感應電動機	張雅鈞	6:20:48	2018/8

單相感應電動機	江彥良	0:32:30	2018/1
同步發電機	江彥良	0:57:28	2018/1
同步電動機	江彥良	0:18:45	2018/1
特殊電機	王溫鋒	1:56:01	2018/10

機器人微課程

章節名稱	授課教師	影片長度 （時：分：秒）	上線時間 （年／月）
底盤基礎篇— 機器人概論	支裕文	0:18:30	2021/12
底盤基礎篇— 機器人底盤與組裝	支裕文	0:59:05	2021/12
底盤基礎篇— 電的基本概念	支裕文	6:08:33	2021/12
底盤基礎篇— 基本手工具使用	支裕文	0:46:30	2021/12
底盤基礎篇— 控制與通訊	支裕文	4:51:24	2021/12
底盤基礎篇— 方向控制與驅動系統	支裕文	2:48:03	2021/12
底盤基礎篇— 機器人整合設計	支裕文	0:20:00	2021/12
軟體篇— 樹莓派系統環境與指令	劉政鑫	0:21:29	2021/9
軟體篇— Python 語言入門	劉政鑫	0:25:41	2021/9
軟體篇— GPIO 與感測器	劉政鑫	0:30:05	2021/9
軟體篇— 網頁架構與設計	劉政鑫	0:45:09	2021/9
軟體篇— 綜合應用	劉政鑫	0:07:18	2021/9

‧空白表

_____ 科 _____ 學年第 __ 學期 **MOOCs** 課程錄製規劃表

聯絡人：_____ 單位：_____

電話：_____ 電郵：_____

_____年_____月_____日　填寫

一、課程單元：_____

二、本單元課程學習對象：_____年級第_____學期

三、影片時間：_____ 小時

四、預定錄製日期：_____年_____月

五、錄製地點：□攝影棚、□教室、□實驗室、□其他

六、錄製型式或需求：□投影片呈現、□外拍、□動畫、□其他

七、內容大綱（約 100~300 字）

八、小單元名稱或內容（每一單元之影片請切割為數個小單元，
　　每一小單元以約 10 分鐘為原則）

1. _____ ，（_____分）

2. _____ ，（_____分）

3. _____ ，（_____分）

……

九、錄製教師

　　姓名：_____ ，_____ ，_____

　　學校：_____ ，_____ ，_____

十、參與人員：□學生_____ 人、□其他人員

十一、錄製需求與建議及其他需協助事項
　　　　　（特殊之教材、教具與特效等）

附註：

1. 每一課程單元填寫一頁，若有需要請自行加頁。

2. 若已有腳本、練習題或其他相關數位教材等，歡迎提供。

·數學科實例

___數學___ 科 _104_ 學年第 _二_ 學期 **MOOCs** 課程錄製規劃表

聯絡人：___曾政清___ 單位：數學學科中心（臺北市立建國高中）

電話：(02)23034382-212 電郵：cctseng@ck.tp.edu.tw

___104_ 年 _11_ 月 _1_ 日 填寫

一、課程單元：___矩陣___

二、影片時間：___4___ 小時

三、預定錄製日期：___105___ 年___5___ 月

四、錄製地點：☑攝影棚、☑教室、☐實驗室、☐其他

五、內容大綱（約 100~300 字）

依據現行高中 99 課綱高二第四冊基礎數學第三章矩陣的綱要內容，主要分成 4 個知識節點來拍攝，包括 (1) 線性方程組與矩陣、(2) 矩陣的運算、(3) 矩陣的應用、(4) 平面上的線性變換與二階方陣。本單元課程結合數學素養與情境問題解決，以學生學習者的角度來進行。透過發問與實作方式，提升學生的數學能力與學習興趣，並能選擇符合自身程度與學習速度的方式來學習。提供高中學生少壓力、跨領域、差異化兼具啟發思考的學習藍圖。

六、單元名稱或內容

本單元「矩陣」之影片共分成4個知識節點來拍攝，每個知識節點課程內容以1個小時為原則，並切割成6~7個小單元。每一個小單元的課程長度約10分鐘。小單元的課程內容主要可分為「核心概念介紹」、「情境或故事引導」、「實作演練講解」等三個方式來拍攝。而在線上每個小單元後均設計有「精熟A」、「普通B」、「容易C」三個等級各一題，共三道課後評量試題，以檢核使用者自我學習成效。

本單元4個知識節點名稱如下（包括預計拍攝長度）

1. 線性方程組與矩陣（60分鐘）

2. 矩陣的運算（60分鐘）

3. 矩陣的應用 （60分鐘）

4. 平面上的線性變換與二階方陣（60分鐘）

七、錄製教師

姓名：臺北市立建國高中曾政清老師與數學教師團隊

學校：臺北市立建國高中

八、參與人員：☐其他人員　數學學科中心工作團隊（腳本設計）

九、錄製需求與建議及其他需協助事項：

製作動畫與電腦輔助教具。

· 物理科實例

___物理___ 科 _105_ 學年第 _二_ 學期 **MOOCs** 課程錄製規劃表

聯絡人：___林春煌___　單位：___臺北市立大理高中___
電話：02-23026959-121　電郵：springhuan@gmail.com
_105_ 年 _9_ 月 _25_ 日　填寫

一、課程單元：___電磁感應___

二、本單元課程學習對象：___三___ 年級第 ___一___ 學期

三、影片時間：___3___ 小時

四、預定錄製日期：___106___ 年 ___6___ 月

五、錄製地點：☑攝影棚、☐教室、☐實驗室、☐其他

六、錄製型式或需求：☑投影片呈現、☐外拍、☑其他 VideoScribe

七、內容大綱（約 100~300 字）

　　電磁感應現象的應用在日常生活中處處可見，像是電磁爐、發電機、變壓器……等。但要在線圈上產生感應電流，則必須使線圈內產生磁場變化，也就是要有磁通量的變化，進而產生感應電動勢，讓導線內的自由電子移動形成電流，這就是法拉第的電磁感應定律。利用在銅管內丟入磁鐵實驗，觀察磁鐵掉落速度差異，再向學生介紹冷次定律可用

來判斷導線上感應電流的方向。透過以上原理，解釋發電機、變壓器以及電磁波產生的工作原理及相關物理應用。

八、小單元名稱或內容（每一單元之影片請切割為數個小單元，每一小單元以約 10 分鐘為原則）

1. 法拉第電磁感應定律與感應電動勢（20 分）

2. 指考題講解（10 分）

3. 冷次定律（20 分）

4. 指考題講解（10 分）

5. 渦電流（20 分）

6. 指考題講解（10 分）

7. 發電機與交流電（20 分）

8. 指考題講解（10 分）

9. 變壓器（20 分）

10. 指考題講解（10 分）

11. 電磁波（20 分）

12. 指考題講解（10 分）

九、錄製教師

姓名：林春煌、廖建銘、余怡青、張智詠、蔡皓偉、趙臨軒、謝孟揚、陳冠宏、林欣達、翁正鴻

學校：臺北市立大理高中、陽明高中、松山高中、臺東高中、埔里高工、木柵高工、中壢高中、金陵女中

十、參與人員：□學生＿＿＿＿＿ 人、□其他人員

十一、錄製需求與建議及其他需協助事項
（特殊之教材、教具與特效等）

附註：
1. 每一課程單元填寫一頁，若有需要請自行加頁。
2. 若已有腳本、練習題或其他相關數位教材等，歡迎提供。

· 電機與電子群科實例

電機與
電子群 科 105 學年第 二 學期 **MOOCs** 課程錄製規劃表

聯絡人：<u>鍾裕峰主任</u> 單位：<u>高級工業職業學校</u>
電話：<u>04-22613158-7060</u> 電郵：<u>cyf1973@tcivs.tc.edu.twcom</u>

電子科 國立臺中

<u>105</u> 年 <u>10</u> 月 <u>17</u> 日 填寫

一、課程單元：<u>數位邏輯實習―組合邏輯實驗</u>

二、本單元課程學習對象：<u>二</u>年級第 <u>二</u> 學期

三、影片時間：<u>1</u> 小時

四、預定錄製日期：<u>105</u> 年 <u>8</u> 月

五、錄製地點：☑攝影棚、□教室、☑實驗室、□其他

六、錄製型式或需求：☑投影片呈現、□外拍、□動畫、□其他

七、內容大綱（約 100~300 字）

1. 布林定理實驗

2. 第摩根定理實驗

3. 邏輯閘之互換實驗

4. 布林函數化簡實驗

八、小單元名稱或內容（每一單元之影片請切割為數個小單元，每一小單元以約 10 分鐘為原則）

1. 本章導引（2 分）

2. 布林定理實驗（13 分，視需要切割為數小節）

    a. 布林代數基本定理

    b. 布林代數基本表示式

3. 第摩根定理與卡諾圖化簡實驗

    （10 分，視須要切割為數小節）

    a. 第摩根定理實驗

    b. 卡諾圖化簡實驗

4. 邏輯閘之互換實驗（15 分，視需要切割為數小節）

    a. 使用 NAND 反及閘轉換其他基本閘實驗

    b. 使用 NOR 反或閘轉換其他基本閘實驗

5. 布林函數化簡應用實驗（20 分，視需要切割為數小節）

    a. 三人表決器

    b. 水位檢知器

九、錄製教師

國立臺中高工電子科張元庭老師所組團隊、其他友校教師

十、參與人員：□學生＿＿＿＿＿人、□其他人員　群科中心助理

十一、錄製需求與建議及其他需協助事項
（特殊之教材、教具與特效等）

1. 協助教學影片內容的後製與美化。

2. 教材格式應給予明確規範，若格式時常變動，將影響
   規劃進程。

3. 格式修改並無專業上的問題，應以後製方式處理，而
   教師僅須於後續製作教材時配合新格式製作。

4. 部分專業內容敘述上必比較拗口，應尊重教師專業保
   持字句完整。若有變動，形容味道將走味，恐失去欲
   傳達的重要概念。

5. 專業知識談到深入處教材版面必較複雜，須有先備
   知識才能理解。若學習者無法一次吸收亦可多觀看幾
   次，而非一味簡化，喪失專業性。

6. 若製播前會議須「逐字討論」，每次會議除差旅支應
   外，應要發給與會教師出席費。

附註：
1. 每一課程單元填寫一頁，若有需要請自行加頁。
2. 若已有腳本、練習題或其他相關數位教材等，歡迎提供。

高級中等學校 MOOCs 課程規劃審查機制

·審查機制流程圖

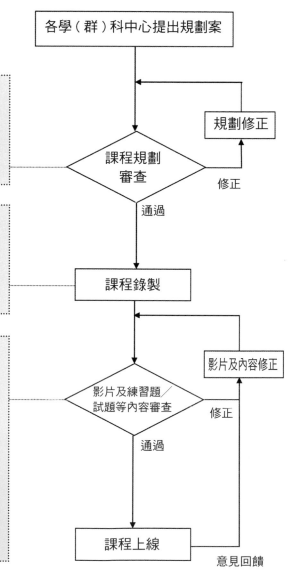

①每學期期末前1個月召開下一學期課程規劃內容審查會議。
②邀請各學群科相關領域學者專家、影像錄製專家等擔任審查委員。

①教育部國民及學前教育署督導，各學群科中心承辦。
②各學群科中心依據課程規劃審查意見內容修正後，進行課程拍攝。

①線上審查為主，必要時得召開會議審查。
②每月月初邀請委員針對前一個月拍攝且後製完成之課程內容進行審查。
③每次審查時間以7天，並提供約5項建議為原則。
④審查意見將提供學群科中心進行修正，並經國家教育研究院確認修正完成，通知專案辦公室協助課程上線。

各學（群）科中心提出規劃案

課程規劃審查

規劃修正

修正

通過

課程錄製

影片及練習題／試題等內容審查

影片及內容修正

修正

通過

課程上線

意見回饋

註：本流程圖相關細節詳見審查機制表

· 高級中等學校 MOOCs 課程規劃審查機制表

壹、課程規劃審查

項次	與會單	參與成員組	會議討論項目	備註
1	國家教育研究院	副院長、本院課程中心研究員或外部學科課程專家、教資中心研究員	1.錄製課程內容之單元及完整性。 2.課綱契合性、課程安排邏輯性。 3.錄影前置規劃，錄製方式、時程安排。 4.素材蒐集、特效之考量。 5.其他應注意事項。	1.依據103年11月20日會議決議辦理。 2.各學群科中心每學期期末提出下一學期拍攝課程內容規劃,由國家教育研究院邀請審查委員並召開規劃會議。
2	財團法人 台達電子文教基金會	彭宗平教授、基金會代表、專案辦公室、愛爾達電視台代表		
3	教育部國民及學前教育署	高中職組代表		
4	宜蘭高中	王垠校長、鄭景元主任、林暐倫助理		
5	學科專家學者	各學群科指導教授		
6	學群科中心	學群科中心本案承辦人員、課程設計團隊代表		
7	其他領域專家學者	法務顧問、影像傳播學者、數位學習課程設計學者		

貳、課程內容及影片審查

項次	與會單	參與成員組	審查執行之內涵	備註
1	國家教育研究院	副院長、本院課程中心研究員或外部學科課程專家、教資中心研究員	1.以知識傳達的正確性為主，講述者表達方式、影像品質等意見提供未來重錄或新單元錄製之參考。 2.線上審查每次以7天為原則，學群科中心修正作業以5天為原則，國家教育研究院確認修正完成作業時間以2天為原則。 3.其他應注意事項。	1.由國家教育研究院邀請學科與傳播學者擔任審查委。 2.考量課程時效性，確保完成影片及練習題／試題等內容能即時上線，以「線上審查」為原則，必要時得進行會議審查。 3.審查並修正完成之課程單元，由國家教育研究院通知DeltaMOOCs專案辦公室協助上線。
2	學科專家學者	各學（群）科指導教授		
3	財團法人台達電子文教基金會	彭宗平教授、基金會代表、專案辦公室、愛爾達電視台代表		
4	學群科中心	學群科中心本案承辦人員、課程設計團隊代表		
5	其他領域專家學者	法務顧問、影像傳播學者、MOOCs課程設計學者		

【備註】
1. 審查會議由國家教育研究院召開。
2. 審查會議與會人員出席費與交通費、影片線上審查審查費等，由國立宜蘭高級中學支付。
3. 國家教育研究院、教育部國民及學前教育署、財團法人台達電子文教基金會、宜蘭高中本案承辦助理等出席人員不支領出席費用。

國家教育研究院
「MOOCs 課程發展工作坊」課程表（2014 年 7 月）

日　期			7 月 14 日	7 月 15 日	7 月 16 日
星　期			一	二	三
07:30~08:10			早餐		
上午	第一節	08:10 ｜ 09:00	報到 1. 上午 9:20 於豐原火車站專車準時發車 2. 上午 9:00 於高鐵臺中站專車準時發車	MOOCs 課程錄製介紹 （愛爾達電視）	各課程團隊老師 成果展示討論 科大聯盟 MOOCs 課程規劃 （臺科大、北科大、 雲科大代表） （清華大學黃教授能富）
上午	第二節	09:10 ｜ 10:00			
上午	第三節	10:10 ｜ 11:00	1. 開幕貴賓致詞：國教院柯院長華葳、國教署吳署長清山、鄭董事長崇華 2. 基金會 MOOCs 專案計畫介紹 （彭教授宗平）		均一教育平臺經驗分享 1. 方董事長新舟 2. 呂老師冠緯
上午	第四節	11:10 ｜ 12:00	MOOCs 國際與國內發展趨勢介紹 （清華大學黃教授能富）	課程製作智慧財產權議題 （交通大學科法所劉教授尚志）	
12:00~12:50			中餐		
下午	第五節	13:30 ｜ 15:00	1. 學員自我介紹（30 分鐘） 2. 台達電子鄭董事長崇華心路歷程分享	1. MOOCs 課程錄製/授課經驗分享（臺灣大學電機系葉教授丙成） 2. MOOCs 課程經營推廣經驗分享（臺灣大學磨課師經理楊博士韶維）	高中職各學科 MOOCs 課程介紹內容成果展示以及未來課程規劃（高中：數學、物理、化學、生物、地科，高職：電機與電子） （清華大學黃教授能富）
下午	第六節				
15:00~15:20			Break (Tea time)		
下午	第七節	15:20 ｜ 17:20	1. MOOCs/SPOCs 課程授課經驗分享（清華大學黃教授能富） 2. 數學科 MOOCs 課程授課成效分析與分享（泰北高中藍老師邦偉） 3. 數學科 MOOCs 課程授課成效分析與分享（竹南高中李老師政豐）	1. MOOCs 課程錄製/授課經驗分享 2. 基金會 MOOCs 平臺（ShareCourse）功能介紹（捷鎏科技陳經理奎昊）	1. 座談會（座談會引言人：國教院柯院長華葳、彭教授宗平、基金會郭執行長珊珊、清大黃教授能富、科大聯盟代表、高中職各科教師代表等等） 2. 閉幕
下午	第八節				
17:30~18:10			晚　餐		
晚間		18：30 ｜ 20：20	翻轉教室（學）成效分享 （中山女高張教師輝誠）	各科 MOOCs 課程介紹、資料上架個別演練（各課程團隊老師，安排第三天成果展示）	
備註			研習天數：3 天 28 小時 研習人數：160 人		

國家教育研究院
「MOOCs 課程發展工作坊」課程表（2015 年 2 月）

日　期			2月12日	2月13日
星　期			四	五
07:30~08:10			早餐	
上午	第一節	08:10 ∣ 09:00	1. 豐原火車站專車於上午9:20準時發車 2. 高鐵臺中站於上午9:00專車準時發車　報到9:30~10:20	MOOCs & SPOCs趨勢分享 清大黃教授能富
	第二節	09:10 ∣ 10:20		
	第三節	10:30 ∣ 10:50	研習工作坊開幕 貴賓致詞	實務操作：DeltaMOOCx平臺 捷鎏科技陳經理奎吳
	第四節	11:00 ∣ 12:00	鄭董事長崇華及彭教授宗平與談「對DeltaMOOCx的期待」	
12:00~12:50			中餐	
下午	第五節	13:30 ∣ 14:20	課程前置作業：腳本準備、簡報製作、製播會議 愛爾達電視台	13:30~15:00 錄製經驗分享二：物理學科 錄製經驗分享三：電機與電子群科 錄製經驗分享四：北科大林教授顯易
	第六節	14:30 ∣ 15:00	課程錄製方式：電子白板、綠棚、桌錄、出機拍攝、後製 愛爾達電視台	
		15:00 ∣ 15:20	錄製經驗分享一：臺科大林教授淵翔	15:10~16:10 1. 座談會（座談會引言人：國教院柯院長華葳、彭教授宗平、基金會張副執行長楊乾、清大黃教授能富、高中職各科教師代表等） 2. 閉幕
	第七節	15:30 ∣ 16:20	動畫軟體應用 台達基金會&甲尚動畫	
	第八節	16:30 ∣ 17:20	DeltaMOOCx平臺功能介紹：習題上傳、討論區、考試及作業管理 捷鎏科技陳經理奎吳 後臺學習數據分析 台達基金會	
17:30~18:10			晚餐	
18:20~20:20			課程經營方式與推廣交流討論 DeltaMOOCx專案辦公室	
備註			研習天數：2天14小時 研習人數：130人	

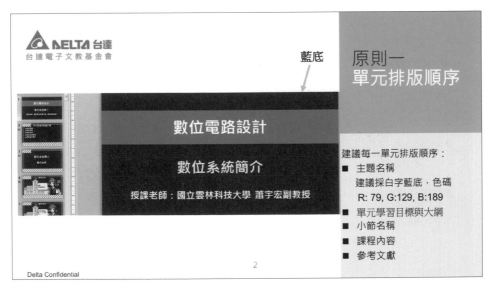

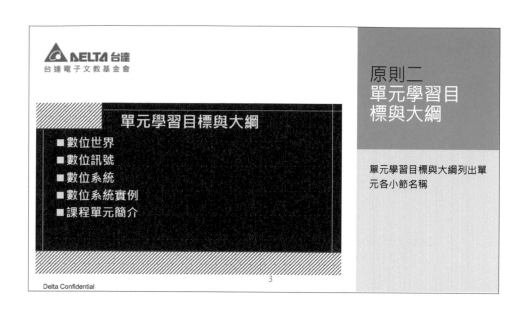

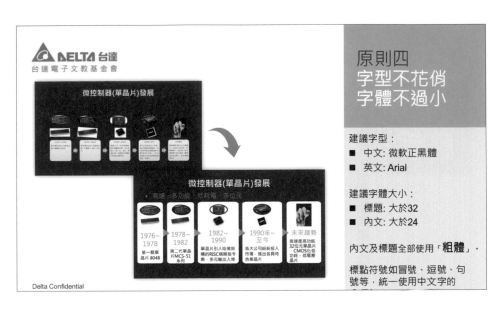

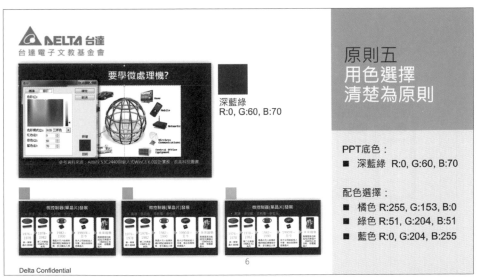

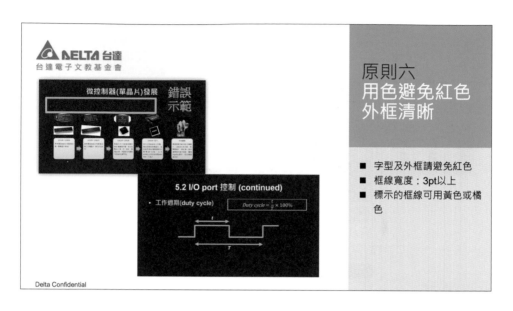

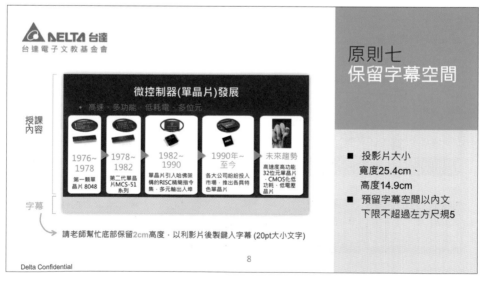

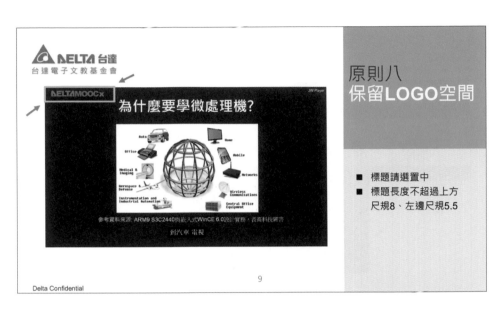

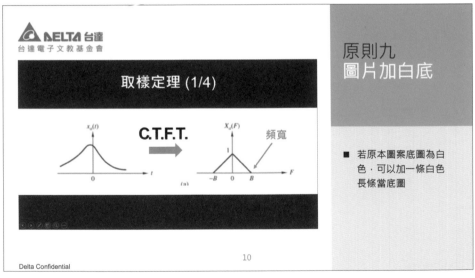

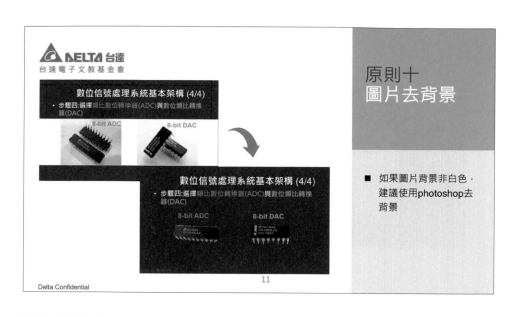

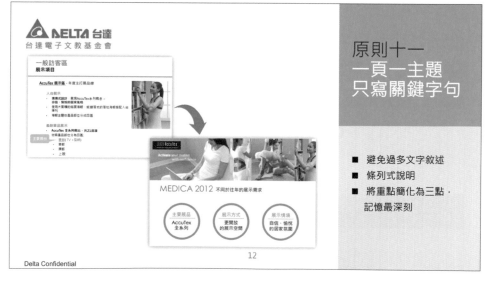

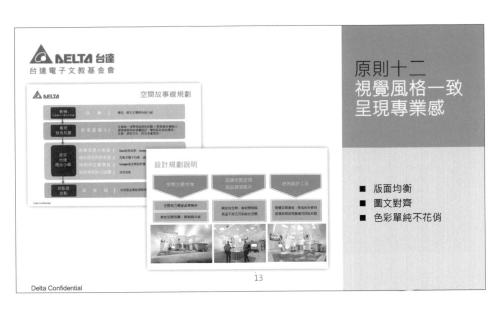

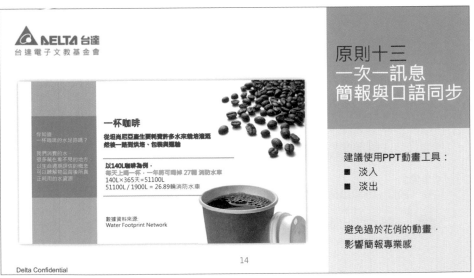

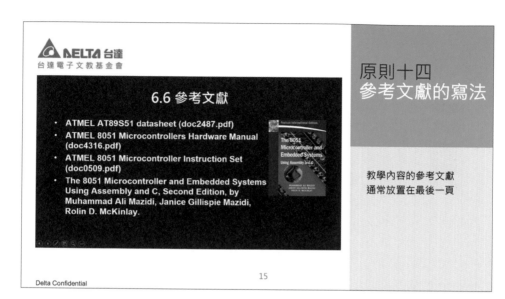

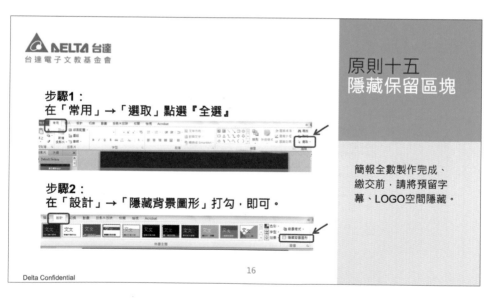

教師錄影注意事項

附錄　DeltaMOOCx老師錄影注意事項

* 不能穿綠色、白色以及細條紋衣服。
* 以V領衫或襯衫為主，儘量不要穿圓領衫。
* 多帶兩套衣服可有選擇性
* 襯衫須燙平，衣服儘量不要太皺。
* 兩件式穿搭，顏色多變化。
* 眼鏡不能為自動變色鏡片。
* 請刮鬍子。
* 視線固定，不左右飄移。
* 開頭與結尾都須看鏡頭，唸投影片教材內容時可看大螢幕。
* 手可自然垂放著或些許手勢輔助。
* 講完開頭與結尾後，看著鏡頭固定3秒鐘。
* 請特別留意投影片的正確性，若有誤，請立刻停下修改。
* 儘量口語化，不要照著投影片上的內容唸。

* 攝影棚內手機須關機或關靜音。
* 只能帶水，不能帶飲料進入攝影棚。
* 棚內冷氣較強，建議帶外套。
* 錄影過程當中若發現任何錯誤請馬上修正。
* 一段不能超過10分鐘，導播會透過耳機告知時間。
* 不能自行擅自錄影，須事先徵求同意。

ΔELTΛMOOCx愛學網

學習歷程

茲證明

朱chu

test01@student.com

於DeltaMOOCx台達磨課師平臺完成以下課程

物理_基礎物理(一)

課程影片觀看率 – 6.28 %　　習題完成率 – 4.98 %

課程影片總時數 – 12:43:49　　習題總題數 – 321 題

實際修習總時數 – 00:47:57　　實際答題數 – 16 題

*統計資訊詳見後續頁面　　匯出時間：2021-10-25

物理_基礎物理(一)

章	內容	課程時數 (時:分:秒)	觀看時數 (時:分:秒)	比率 (%)
0.緒論與物質的組成	課程影片	00:46:31	00:02:29	5.3
1.直線運動	課程影片	01:13:21	00:00:00	0
2.牛頓運動定律	課程影片	00:49:38	00:00:00	0
3.克卜勒行星運動定律	課程影片	00:25:11	00:00:00	0
4.基本交互作用	課程影片	01:14:39	00:00:00	0
5.電與磁	課程影片	00:51:41	00:00:00	0
6.波與光	課程影片	02:48:40	00:00:00	0
7.能量	課程影片	02:12:04	00:23:27	17.8
8.量子現象	課程影片	01:26:39	00:03:42	4.3
9.宇宙學	課程影片	00:55:25	00:18:19	33.0

物理_基礎物理(一)

章	內容	練習題題數	實際答題數	比率 (%)
0.緒論與物質的組成	練習題	27	0	0
1.直線運動	練習題	45	0	0
2.牛頓運動定律	練習題	30	0	0
3.克卜勒行星運動定律	練習題	19	0	0
4.基本交互作用	練習題	29	0	0
5.電與磁	練習題	33	0	0
6.波與光	練習題	65	0	0
7.能量	練習題	36	3	8.3
8.量子現象	練習題	25	2	8.0
9.宇宙學	練習題	12	11	91.7

線上學習新視界 ── 高中篇：台達磨課師深耕高中職STEM課程

2021年12月初版　　　　　　　　　　　　定價：新臺幣500元
有著作權・翻印必究
Printed in Taiwan.

著　　者	彭	宗	平
	張	錦	弘
	曾	政	清
叢書主編	李	佳	姍
校　　對	林	錦	櫻
整體設計	江	宜	蔚

出　版　者	聯經出版事業股份有限公司	副總編輯	陳	逸	華
地　　　址	新北市汐止區大同路一段369號1樓	總 編 輯	涂	豐	恩
叢書主編電話	(02)86925588轉5320	總 經 理	陳	芝	宇
台北聯經書房	台北市新生南路三段94號	社　　長	羅	國	俊
電　　　話	(02)23620308	發 行 人	林	載	爵
台中分公司	台中市北區崇德路一段198號				
暨門市電話	(04)22312023				
台中電子信箱	e-mail：linking2@ms42.hinet.net				
郵政劃撥帳戶第0100559-3號					
郵撥電話	(02)23620308				
印　刷　者	文聯彩色製版印刷有限公司				
總　經　銷	聯合發行股份有限公司				
發　行　所	新北市新店區寶橋路235巷6弄6號2樓				
電　　　話	(02)29178022				

行政院新聞局出版事業登記證局版臺業字第0130號

本書如有缺頁，破損，倒裝請寄回台北聯經書房更換。　ISBN 978-957-08-6143-3 (平裝)
聯經網址：www.linkingbooks.com.tw
電子信箱：linking@udngroup.com

第P.114圖片由《聯合報》提供

國家圖書館出版品預行編目資料

線上學習新視界—高中篇：台達磨課師深耕高中職STEM課程/
彭宗平、張錦弘、曾政清著 . 初版 . 新北市 . 聯經 . 2021年12月 . 360面 .
17×23公分

ISBN 　978-957-08-6143-3（平裝）

1數位學習　2.教學法　3.中等教育

524.3　　　　　　　　　　　　　　　　　　　　110020032